JN175778

外食国際化のダイナミズム

新しい「越境のかたち」

川端基夫

新評論

まえがき

二〇世紀は「生産拠点（工場）」の海外進出が進んだ時代であった。しかし、二一世紀に入ってからは、消費市場の世界的拡大とともに「販売拠点（店舗）」の海外進出が急激に進んできている。「販売拠点（店舗）」の海外進出と言えば、かつては百貨店やスーパーによる進出をイメージさせたが、近年では外食、コンビニ、衣料専門店、理容・美容店、学習塾など、フランチャイジングを行う流通・サービス業全体に広がっている。

そのなかでも、近年もっとも海外進出が活発な領域が外食業である。この外食業の国際化（外食国際化）は、従来の製造業を中心とした国際化あるいはグローバル化とは大きく異なるものである。というのも、外食業の多くは個人経営店も含めた中小零細企業であるが、一見、海外進出とは無縁に思えるそのような外食企業が海外に次々と進出しているのが近年の状況なのである。すなわち、この状況は、海外進出に必要な資金・人材・ノウハウをもたない企業でも、容易に国境を越えられる仕組みができていることを暗示しているものであり、これまでの経済活動の国際化やグローバル化のパラダイムを転換する、「新しい越境のかたち」が生まれつつあることがうかがえる。

本書は、海外進出を行った外食企業とその関連企業の計八七社に対して、海外と日本で行った一二五回に及ぶヒヤリング調査から得た知見をベースに、この「新しい越境のかたち」のダイナミズムに迫るとともに、日本の外食国際化が目指すべき方向性を展望したものである。

本書が、外食国際化という興味深い現象の理解に留まらず、今急速に広がりつつある新しい国際化の潮流を捉える一助となることを願ってやまない。

筆者

もくじ

第2章　食文化問題から見た外食国際化　75

第3章 海外での成長を支える三つの鍵

第4章　外食国際化に果たすサポーティング・インダストリーの役割　137

外食国際化のダイナミズム——新しい「越境のかたち」

序章

急増する外食業の海外進出とその研究課題

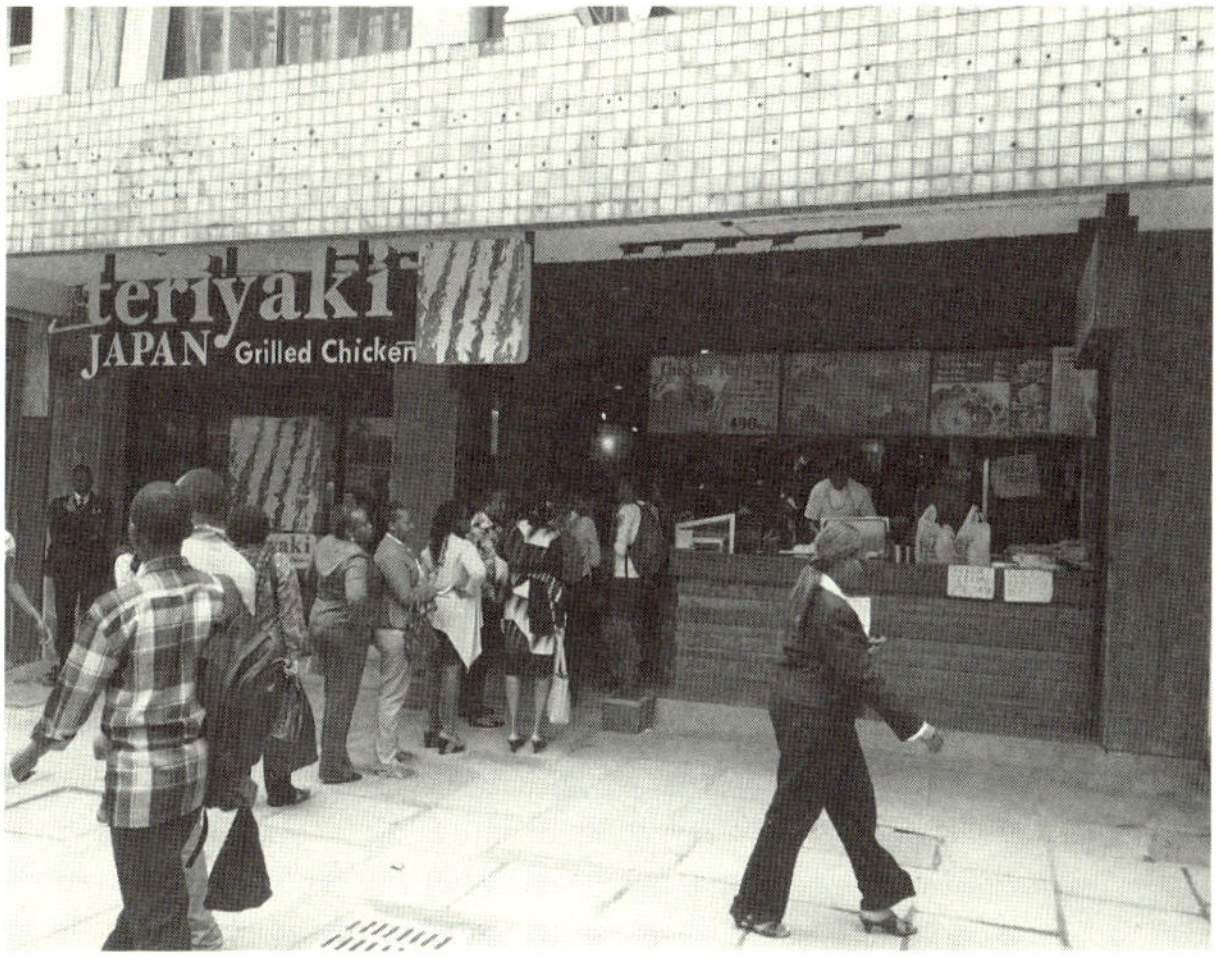

アフリカのケニアに開店した日系外食店「テリヤキ・ジャパン」(2015年3月開店、写真提供：株式会社トリドール)

1 急増する外食業の海外進出

近年、海外に進出した日本の外食チェーンがマスコミで話題になることが増えてきた。また、海外旅行先で、馴染みのある日本の外食チェーンの看板を目する機会も増えた。いったい、どれくらいの外食企業が海外に進出しているのであろうか。

この素朴な疑問に答えることは、実はそう簡単ではない。外食企業の海外進出の公式統計など存在しないし、関係機関も部分的にしか把握できていないからである。外食の海外進出には多様なものがあるが、筆者はそれを「海外出店行動」と捉え、新聞や業界雑誌の記事、関係機関の調査資料、インターネット上の情報や記事などを収集したほか、一部は直接企業への問い合わせなども行って戦後の海外出店のデータベースを独自に作成した。それが巻末のリスト（二六四〜三一二ページ）である。

これによると、戦後初の出店である一九五六年から二〇一四年末までに、実に一四〇〇件以上もの進出が行われたことが明らかとなった。次ページのグラフは、このうち出店年が確認できた一九六〇年代以降の一三九八件の経年変化を追ったものである。

ただし、ここでの「件数」とは店舗数のことではない。日本で外食業を営む企業(1)が新たな海外

図序－1：外食企業の海外進出件数の推移（1963-2014）

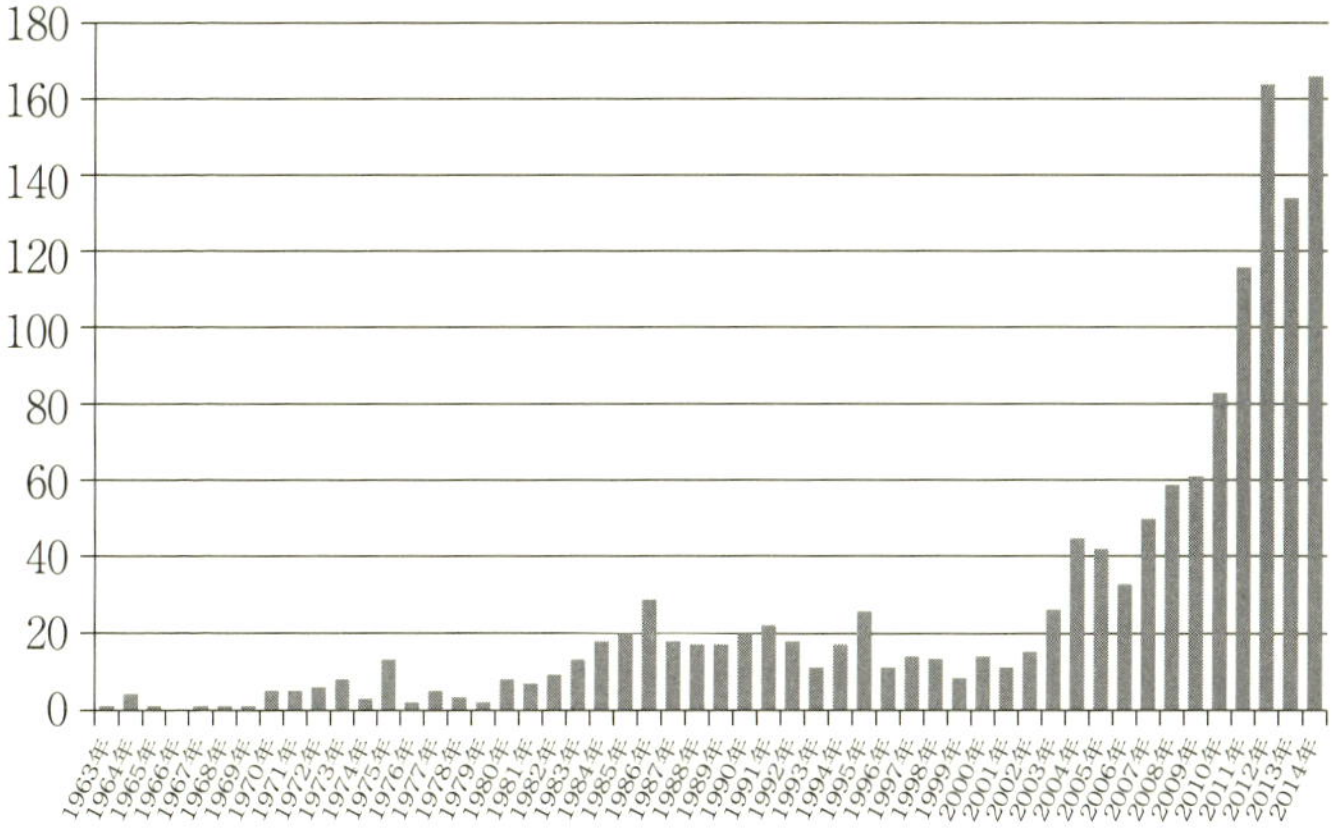

出所）筆者調べ。

市場に進出する（現地で運営会社を設ける）ごとに「一件」とカウントしたものである。[2] したがって、同じ「一件」でも、進出先で一店舗しか出店していない場合もあれば、一〇〇店舗以上を展開している場合もある。ちなみに、店舗数では九〇〇〇店近くが確認できている（二〇一五年一〇月末）。

　また、本書では「海外進出」という現象に焦点をあてているため、原則として日本で飲食業を営

(1)　これは外食専業企業とはかぎらない。食品製造、百貨店、スーパー、衣料品卸、不動産、鉄道、コンサルタント、建設、建材販売などを事業の柱とする企業にも飲食店の海外出店を行うものが見られる。

(2)　たとえば、中国で北京と上海と広州に三つの運営会社を設立して進出している場合は、三件とカウントしている。したがって、海外での運営会社の数と理解することもできる。

む企業や個人が海外に出店を行うことを対象としている。したがって、現地で創業された外食企業は対象とはしていない。

詳細な分析は第1章で行うが、このグラフでまず目を引くことは、二〇一〇年以降の激増傾向である。すなわち、二〇一〇～二〇一四年までの五年間で、戦後全体の約半数（約四八パーセント）に当たる六六五件もの進出が確認できたのである。(3) 近年、外食業を取り巻く状況が大きく変化していることがうかがわれる。果たして、何が起きているのであろうか。

本書は、このような日本の外食業の海外進出に着目し、研究が遅れているサービス産業の国際化のダイナミズムを明らかにしようとするものである。

2　なぜ、二〇〇三年から急増に転じたのか

先のグラフで示したように、それまで低調であった外食業の海外進出が転機を迎えたのは二〇〇三年であった。とくに急増したのは二〇一〇年以降であり、この年に八〇件を超え、それ以降は毎年一〇〇件を超える進出が続いている。なぜ、二〇〇三年が転機となったのであろうか。

この頃は、アジア各国の経済が通貨危機（一九九七～一九九八年）後の大不況から立ち直り、

とりわけ消費の復調と拡大が顕著になってきた時期であった。当時の日系小売業に対する筆者のヒヤリング調査でも、日系の百貨店やスーパーの業績は二〇〇一年頃から回復基調にあった。[4]そのなかにあって、アジア各地でショッピングセンターや大型小売店の開発が進み、商業施設間の競争が激化してきた。すなわち、アジアの大手小売業やディベロッパーたちが、新たな競争ツールを求めていた時期でもあった。その競争コンテンツ（集客装置）の一つとして、日本の外食業に進出を働き掛ける動きが出てきたのである。

しかし、それだけが増加の要因ではない。より重要なこととして、この二〇〇三年がアジアでSARS（重症急性呼吸器症候群）と鳥インフルエンザが蔓延した年であったことが挙げられる。SARSは二〇〇三年二月から感染が拡大、同年七月に終息宣言が出されたものの、この間に二九の国と地域で八〇〇〇人以上が感染し、八〇〇人近くが死亡したとされる（WHO発表値）。

---

(3)　もちろん、このデータは完全なものではない。そもそも進出時期が古くなるほど、経営規模が小さくなるほど情報は少なくなるからである。零細な外食企業の場合は、近年の進出であってもインターネット上にすら現れないケースも存在する。

(4)　この頃から、東南アジア一円において通貨危機で凍結されていたプロジェクトや工事が再開された。なかでもインドネシアでは、一九九八年に起きた政変で海外に逃避していた華人マネーがこの頃から国内に戻りはじめ、消費の回復を受けてショッピングセンター開発に投資が向かうようになっていた（「インドネシア建設ラッシュ華人マネー国内に環流」日本経済新聞、二〇〇九年九月三〇日付参照）。

感染者は、中国、香港、台湾、シンガポールなどの華人系の国・地域に多かった。一方、鳥インフルエンザは、一九九七年に香港からはじまり六人が死亡したが、二〇〇三年に再び香港で人への感染が起こり、ベトナムでも死者が出たことでアジア一円に深刻な不安が広がった。この年には、多くの日本企業が海外出張を禁止したり、海外駐在員を一時帰国させたりしている。

ところが、なぜか日本では一人の感染者も出なかった。これにより「日本人はなぜ感染しないのか」という疑問がアジアを中心に広がり、その結果、日本の衛生管理や食の安全性、そして日本食の健康への効果に注目が集まるようになった。さらにその後、二〇〇八年に起きた中国製の粉ミルクへのメラニン混入事件で多くの乳幼児が犠牲になったことで、中国市場における日本食への関心が一層高まったことも忘れてはならない。

こうして二〇〇三年以降は、それまでは単なる高級食であった日本の食が、とりわけアジアの消費者の間で「衛生」「安全」「健康」といった新たな価値（意味）を獲得したのである。そして、そのことに気付いた大手日系小売業や現地ショッピングセンターの運営者たちが、日本の外食業を積極的に誘致するようになった。また、日本の外食企業に提携を申し入れるアジアの個人投資家も急増していった。実際、筆者のヒヤリングにおいても、この頃を境に海外からの出店や提携の依頼が急増したという外食企業が珍しくなかった。

以上のように、アジア経済の回復に伴う日本の外食コンテンツへの潜在的なニーズが高まっていたタイミングでＳＡＲＳや鳥インフルエンザという突発的な要因が生じたことが、急増への転機になったと見ることができる。

3　なぜ、外食国際化に着目するのか（意義）

さて、企業の海外進出と言えば、長らく製造業の生産拠点が海外に進出することであった。家電や自動車、あるいはそれらの部品を生産する工場が生産コストの安いアジアをはじめとする途上国地域に多数進出してきたことはよく知られている。しかし、そのような製造業（生産拠点）の国際化は二〇世紀にピークを迎え、二一世紀の現在では、サービス産業の国際化の時代が到来している。サービス産業とは、小売業や外食業それに各種のサービス業（ホテル、クリーニング、学習塾、ブライダルなど）のことである。

このようなサービス産業の国際化が進展してきた理由は、言うまでもなく、消費市場が新興国で急拡大しているからにほかならない。要するに、これまでは市場と見なされてこなかった世界の多くの国・地域の人々が、コンビニを利用し、寿司やラーメンを食べ、塾に通いはじめたのである。

筆者が、サービス産業のなかでもとりわけ外食国際化に着目するのは、近年の海外進出の急増だけが理由ではない。外食国際化は、それが新しい国際化時代を捉えるのに極めて適した特性を有しているからである。以下で、外食国際化に焦点をあてる意義を述べていきたい。

(1) 市場が地球規模で広がること

食は人間の基本的な欲求の一つであるため、外食業の市場はどのような国・地域にも存在する。また、いわゆる貧困層の人々にとっても、外食は日常的な消費あるいは身近な贅沢や娯楽であることが多い(5)。それゆえ、外食市場は裾野が広くて規模も大きい。換言すれば、そこに参入しようとする外食企業は地球規模での成長機会を与えられているとも言える。その意味では、外食業は国際化やグローバリゼーションの問題を論じるのに適したテーマだと言える。

(2) 食文化の影響を強く受けること

飲食は、地域性が強く現れる消費行動である。すなわち、外食市場は地球規模で広がる一方で、常に地域的な特性(制約)を有するという二面性を備えている。したがって、外食企業は海外進出に際して、商品（メニュー）や運営手法の標準化による効率性を保ちつつも、市場ごとに異なる食文化への適応を行いながら、一つ一つ国境を越えていくことが求められている。本書が「グローバル化」という言葉を極力避けて「国際化」という語を使用するのは、このように国境＝国の際《きわ》が有する意味を重視しているからである。

この国際化に伴う現地適応化問題は、近年では自動車や家電、化粧品や食品などを世界各国の市場に向けて販売しようとする製造業においても大きな課題となっている。(6) 外食業の国際化にローカルな食文化はどのような影響を与えているのか、外食業はそれをどのように克服しつつ国境を越えているのか、といったことの検討と解明は、外食業以外の多くの企業に対しても貴重な示唆を与えることであろう。その意味でも、食文化の影響を強く受ける外食業を取り上げる意義は大きい。

---

(5)　日本では外食は贅沢というイメージが強いが、途上国では安く飲食ができる屋台も多く存在するため、外食は日常的なものとなっている。

(6)　わが国の製造業の海外販売比率は三八・八パーセントに達しており、収益も海外からのものが三五・五パーセントに上る（二〇一四年実績見込み）。また、海外販売比率の目標を五割以上に設定している企業も多く見られる（国際協力銀行［二〇一四］「わが国製造業企業の海外事業展開に関する調査報告」より）。

（3）中小零細企業を中心とした国際化現象であること

一般に外食業は、製造業や小売業などと比べると初期投資が小さく、ノウハウ取得も容易であるために業界への参入障壁が低い。それゆえ、個人経営店や零細企業も多く見られるわけだが、そのような店でも海外市場を目指すことが可能であるのが外食業の特徴と言えよう。実際、海外に出店をしてきた（している）外食業の大部分は、中小零細企業なのである（巻末リストを参照）。さらに近年では、まだ国内に一、二店舗しかない店が海外に出店することも珍しくない。

このように、中小零細企業を中心とする国際化現象であることが製造業を中心とした国際化とは異なる点であり、従来にはなかった国際化のあり方が検討できることが外食業に焦点をあてる大きな意義の一つと言える。

（4）国際化が多様な関連産業との関係で進むこと

前述のように、外食国際化の中心は中小零細企業である。とはいえ、海外進出には資金、人材、ノウハウ、情報力が必要とされるため、中小零細企業が多い、あるいは料理人かたぎ・職人気質の経営者が多い外食業にとっては海外進出のハードルは高いはずである。では、なぜ多くの中小零細外食業が国際化できるのだろうか。

とりわけ、なぜ近年になって海外進出が急増しているのかというと、その理由の一つとして、海外で外食国際化を支援するサポーティング・インダストリー（SI：Supporting Industry）が急増していることが挙げられる。すなわち、特別な知識やノウハウをもたなくても、海外に出店することが可能となっているのだ。

このようなSIには、調味料メーカー、食材加工業者、輸送業者、厨房設備メーカー、食品卸売業、進出支援コンサルタント、あるいは海外の外食企業など多様なものがある。さらに、海外で事業を行う日本人が増大し、彼らが現地パートナーとして進出を受け入れてサポートしていることも見逃すことができない。

近年の外食業の海外進出の増加は、このような多様なサポート企業の存在によるところが大きいのである。このことも、これまでの製造業の国際化研究では見えにくかった国際化の進展メカニズムを明らかにしてくれる（第4章参照）。

（5）資本を伴わない「契約による進出」が多く見られること

もちろん、外食国際化の進展は支援産業の存在だけが要因ではない。そもそも外食業は、進出に大きな投資を必要とする製造業とは異なり、投資やリスク、あるいは店舗開発ノウハウを伴わない進出が可能となっている。

たとえば、ラーメン店の場合なら、現地企業に店舗建設や店舗運営（スタッフの雇用や教育を含む）を任せ、日本側は看板（店舗ブランド）、味の決め手となるタレや調理ノウハウなどを提供して、売り上げに応じたロイヤリティ（手数料や指導料）[7]を受け取るという手法がしばしば用いられている。[8]これは、「国際フランチャイジング」と呼ばれる現地パートナーとの「契約による進出」である。

この手法だと、理屈のうえでは資本投資を一切行わずに、また誰も現地に派遣することなく、[9]海外に店舗を拡大していくことが可能となる。もちろんその分、後述（第5章）するように別のリスクや問題も発生するのであるが、この国際フランチャイジングという手法が使えることが海外進出の増大した要因の一つとなっている。

このように、国際化の新しい仕組みやダイナミズムが内包されていることも、外食国際化に焦点をあてる大きな理由である。

4 海外と国内での実態調査

このような外食国際化が有する多くの興味深い課題を検討するために、筆者は長年にわたって外食企業に対してヒヤリングによる実態調査を行ってきた。前述のごとく、外食業は中小零細企業が多く、全体としてはそれらが現在の外食国際化を担っているのであるが、それらは進出市場の数がかぎられ（多くは一か国）、市場ごとの店舗数も限定されている（多くは一～数店舗）のも事実である。

一方で、外食業界には株式上場を果たしている比較的大手と言える企業も七〇社以上存在し、その多くがすでに複数の国・地域で海外出店を行っており、複数の国境を乗り越えていく経験を積んできている。それらのなかには、一市場で数十～数百店舗を展開し、海外で多店舗展開を実

（7）ロイヤリティの多くは売り上げの1～4パーセント程度。

（8）川端基夫［二〇一〇］『日本企業の国際フランチャイジング』新評論を参照。フランチャイジングにより海外に進出する企業には、外食業だけでなく、コンビニ、専門店、各種サービス（学習塾やフィットネスなど）、ホテルなど多様なものがある。

（9）開店後数か月は日本人を指導員として派遣するが、その後は現地スタッフに任せるというのが一般的である。

現するための苦労を経験している企業も少なくない。

筆者がこれまでにヒヤリング調査を行った企業は巻末の一覧リストに掲げたごとくであるが、日本の外食業が五六社、韓国・台湾の外食企業が七社、海外の日系外食関連企業が九社、外食関連企業社（卸売、小売、食品メーカー・食品加工業者、コンサルタント）が一五社の合計八七社である。同じ企業でも時期を変えて複数回調査したものがあるため、ヒヤリングの延べ回数は国内四八回、海外七七回の合計一二五回となる。なお、電話やメールでの調査や問い合わせなどは含めていないので、現実に情報提供を受けた企業はさらに二〇社以上増える。

本書は、前項で挙げた五つの問題意識と、このヒヤリング調査から見えてきた外食国際化の現実との摺り合わせのなかから生まれたものである。

ただし、筆者のヒヤリング調査は、あくまでも外食国際化の課題発見や実態把握のための基礎調査であり、調査期間も二〇〇〇年からはじまって一五年にわたっている（中心は二〇一〇年以降）(10)。したがって、その間の外食国際化の進展状況や筆者の問題意識の深化に応じて、調査の焦点も変化してきている。つまり、質問項目が確定された面接方式のアンケート調査とは性格が異なるため定量的な分析は難しいが、逆に、さまざまな時期における幅広い課題に関する情報が得られた点が特徴となっている。このヒヤリング調査から得られた多くの知見や発見が本書のベースとなって全体が構成されている（企業ヒヤリングという手法については「あとがき」を参照）。

5　外食業はなぜ海外に出るのか

外食国際化現象に対する根本的な疑問の一つに、なぜ海外に進出するのか、ということがある。外食業は、そもそも地域の食文化や社会経済の特性に根づいて成長する産業であるため、あえて海外に進出する理由がないからである。近年の多くのマスコミ報道や業界識者の著述を読むと、以下の二つがその理由として挙げられることが多い。

❶国内市場の縮小や競争の激化。
❷新興市場での所得（中間層）の急増や世界的な日本食ブーム。

確かに、国内では市場縮小が見られる。すなわち、少子高齢化などによる中食《なかしょく》(11)の台頭が要因となり、国内の外食市場が一九九七年の二九兆円をピークに、二〇一四年には二四兆円強にまで

(10)　二〇〇九年までは国内の本社を中心に行い、進出が急増した二〇一〇年以降は海外を中心に行ってきた。
(11)　「中食」とは、「内食《うちしょく》（家庭内で調理し食する）」と「外食」の中間に位置するもので、家庭外で調理されたもの（惣菜や弁当など）を自宅などに持ち帰って食べることを言う。コンビニの惣菜・弁当の充実や、高齢化による家庭内調理や外食の減少などによって近年は中食が増大している。

縮小している。[12]また、外食業は新規参入が容易なこともあり、国内では多様な業態が次々と登場したことで競争が激化しており、ブランドや店舗の盛衰が激しくなっているのも事実であろう。[13]

一方、海外に目を転じると市場の拡大が著しい。たとえば、アジアにおける中間所得層と高所得層の人口は、二〇〇八年に九・四億人であったものが二〇二〇年には一九・五億人に、二〇三〇年には二五・九億人にまで拡大するという推計値もある。[14]外食市場自体の拡大も急激で、中国大陸の外食市場を見ても近年は毎年二桁増を示し、二〇一四年には日本の二倍以上の約五三兆円に達したとされている。[15]また、海外での日本食への人気の高まり（日本食ブーム）は、海外で目にする日本食店の多さやそれを利用する地元客の多さから確認できる。[16]

このように、外食業界では国内市場の閉塞感が高まる一方で海外市場への期待感が高まってきており、それが海外進出の要因とされている。

確かに、このこと自体は間違ってはいないであろう。しかし、よく考えると、これらは外食業界全体を覆う「環境要因」を説明したにすぎず、それぞれの企業が海外に進出する理由（動機）としては十分な説明にはなっていない。なぜなら、まず海外に進出している外食業は、国内でまだ十分に拡大する余地のある中小零細企業が中心である。また、市場規模も二四兆円にまで減じたというが、それは一九八〇年代後半の規模に相当し、むしろまだ巨大な市場が存在していると見るほうが正しいであろう。

国内での競争激化についても、基本的には経営の合理化や新業態の開発などによって解決可能な部分も多く、直ちに海外市場に出ざるを得ない理由にはならない。さらに、新興市場の中間層の台頭は、海外での成長の可能性を示すものではあるが、実際に海外で利益を上げることができるかどうかは別である。海外市場進出に伴う苦労とリスクを考えれば、国内で新たな展開を図るほうが確実で、はるかに楽かもしれない。

以上のように考えると、マスコミなどで進出の理由として挙げられてきた先の❶と❷は、「経営者（意思決定者）の関心を海外市場に向けさせる」あるいは「海外進出を検討してみる」きっ

(12) 外食産業総合調査研究センターによる推計値。

(13) 家計年収が五〇〇〇～三万五〇〇〇ドルを中間所得層、それ以上を高所得層と呼ぶ。中間所得層については、一万ドルを境に下位中間層と上位中間層に区別することもある。

(14) NIRA［2009］『アジアを「内需」に』(http://www.nira.or.jp/outgoing/report/entry/n091029_397.html)

(15) 中国割烹協会による二〇一五年七月の発表値である二兆七八六〇億元を円換算したもの。外食行為は比較的少額で「豊かさ」を実感できる消費行動でもあるため、所得が少し上がるだけで外食市場が急拡大する傾向も見られる（所得感応度が高い）。

(16) 博報堂によるアジア主要一四都市の消費者調査では、「食べたことのある和食」は寿司が六割以上、ラーメンと天ぷらがそれぞれ四割以上に上ったとされる。（博報堂【Global HABIT レポート 2015年 Vol.1】アジア一四都市における和食・日本酒・緑茶の浸透度［経験度］）

かけにはつながっても、進出の意思決定を行う直接的な理由にならないことが分かる。

ヒヤリング調査のなかでも、筆者は進出の経緯について尋ねてきた。多様な答え（進出に至るストーリー）が返ってくるために単純な集計は難しいが、その結果を端的にまとめるなら以下のようになる。

まず、進出の意思決定は、「将来を見据えた投資」あるいは「経営者のチャレンジ（夢の実現）」として行われたケースが圧倒的多数を占めていた。小規模な外食企業ほど、また経営者が若いほど、経営者の「夢」や「思い」が強く影響する傾向も見られた。[17] このような傾向には、先行して進出した一部の外食企業の「成功」報道が影響を与えていることもうかがえる。[18]

実態を見ると、外食業の海外進出が、当該企業の現在の経営上の課題解決とは直接的な関係が低いことが分かる。いわば、経営の現状とは断絶した戦略や意思（思い）によって支えられていることが理解できるのである。それらは「主体の戦略」と要約することができよう。

さらに、その主体の戦略を実現するプロセスにおいては、多くの企業において程度の差こそあれ「現地からの誘致」が一定の役割を果たしていることも明らかとなった。それは、企業規模が小さくなるほど、また近年の進出であるほど大きな影響を与えていた。ここで言う「現地からの誘致」とは、現地の企業（日系も含む）が新規に外食事業に参入するに際して、日本の外食業に提携を申し込んで来ることや、大手小売企業（日系も含む）やショッピングセンターの運営会社が自社施設のテナントとして誘致することである。

また、海外の投資家や海外に住む日本人事業家が合弁やフランチャイズでの出店の誘いをかけるケースも増えており、海外の投資家が飛び込みで日本の本社を訪れて誘致したケースも見られた（ラーメン店の場合など）。さらには、海外進出を支援する国内のコンサルタント会社の誘いに応じたというケースも見られた。

このような海外からの誘致が小さからぬ役割を果たすことが、現在の外食国際化の特徴の一つとなっている。この問題については第5章で検討したい。

6　外食業の海外進出は成功しているのか

では、海外市場に進出した外食業は果たして成功しているのであろうか。このような疑問は多くの人々が抱くものであろう。

(17) 近年、ラーメン業界で進出が急増しているのも、経営者の若さが背景にあると見てよい。また、多くの経営者の思いには、「自社のラーメンの味（おいしさ）を世界に広めたい」といった素朴なものが多い。

(18) たとえば、「味千ラーメン」の中国大陸での成功や「8番ラーメン」のタイでの成功など。

まず、「成功」とは何を指すのかであるが、ここでは単純に「利益が上がっている＝黒字化している」ことに限定したい。その場合の「利益＝黒字」にも多様なものがあるが、ここでは累積ベースでの黒字（初期投資回収後の黒字）、または単年度ベースでの黒字（営業黒字）が達成できているかどうかで評価をする。

ただし、そもそも外食業の海外事業の業績は、ほぼすべての企業で非公開となっていることを断っておきたい。当然、ヒヤリング[19]においても経営状態の正確な把握は難しいが、筆者が把握できた現地運営会社ベースでの五三件について言うなら、七割以上が累積ベースはもちろん単年度ベースでも赤字であった[20]。なかには、一〇年以上にわたって赤字が続いている現地子会社も見られた。

累積ベースでも、単年度ベースで黒字化している企業は、一～二店舗程度の小規模な現地運営会社が多く、店舗数が増えるほど、また日本での企業規模が大きくなるほど累積ベースで赤字の企業が増えるという傾向が見られた。これは、チェーン店では国内との共通化（標準化）にこだわるため店舗投資がかさんだり、将来の多店舗展開を前提にした基盤づくりの投資を行う必要があることが影響している（事務所や食材加工場を店舗とは別に設けたり、家賃が高い一等地立地を選定したりするなど）。

一方、零細な飲食企業の場合は、状況に合わせた店舗建設や臨機応変な業態変更が可能であるうえに人件費も抑えやすいため（駐在員の待遇も高くない）、利益が出やすい体質であることも判明した。

結論的には、海外で一～二店舗の運営（オペレーション）を行う場合は利益が出やすいが、[21] 多店舗展開を目指す企業が海外事業で利益を得るには困難が多いという傾向が見られた。では、何が海外事業（とくに多店舗展開）の阻害要因となっているのであろうか。

(19) これにはヒヤリング対象企業以外で、筆者が業績を知り得たものが八件含まれている。また、子会社（独資）と合弁で進出しているものに限定している。

(20) 言うまでもなく、業績には波があり、捉えるタイミングによって結果が異なる。この数値は、二〇一〇年以降に筆者が確認した時点での情報を集計したものであるため、五年間の幅があることに留意して欲しい。また、地域は主にアジアであるが、欧州二社、米国四社を含んでいる。なお、累積ベースで黒字化した企業のなかには店舗不動産（賃貸権利）の売却益で浮上したケースも見られた。

(21) ただし、非常に高い家賃を支払う場合や仲介業者などから法外な手数料を支払っている場合、調理スタッフの育成が軌道に乗らない場合などは別である。また、この収支には出店準備段階での日本からの関係者の出張経費は含んでいないが、小規模の外食企業の場合はこの負担が重く、それを考慮した累積ベースの黒字化には時間がかかると言ってよい。

7 進出後の発展・不振要因

これまでのヒヤリング調査でもっとも重視してきたことは、海外における経営上の課題を聞き出すことであった。

ここで留意しなければならないことは、筆者のヒヤリング調査では、大手外食チェーンが海外において有する課題と、小零細外食業が海外において有する課題との間には、基本的にほとんど差がなかったことである。確かに、大手は資金力があるものの、そもそも投資を行わないフランチャイジングが多用される外食業界では、資金力の差は決定的な問題とはならない。現地の食文化適応問題についても、オペレーション・システムの整備についても、基本的には企業規模にかかわりなく同じ悩みを抱えていた。課題の違いを生み出しているのは、企業規模ではなく現地での店舗数規模であった。

製造業なら、大企業（親会社）と中小企業（下請け）、完成品メーカーと部品メーカーとでは資金力や生産品特性あるいは取引相手が異なるため、課題にも大きな違いが見られる。しかし、外食業の場合は、資金力があっても投資を伴わないフランチャイジングでの進出を行うところも多いし、向き合う相手が現地市場（消費者）である点でも同じである。要するに、規模には関係なく、現地市場に受容される存在になれるかどうか、利益を出す仕組みが構築できるかどうかが目標となっている。

このようなことが、海外における経営課題において、企業規模による本質的な違いがほとんど見られないことの背景にあると言えよう。実際、同じ市場においても、苦戦を続ける大手外食企業もあれば、急成長する零細外食企業も見られるのである。

以上のような点が、外食国際化の大きな特性と言えるのである。したがって、この節のみならず、本書では企業規模の異なりによって議論を分けることは行わないことを確認しておきたい。

さて、筆者が外食企業に質問したことは、海外でどのような経営課題が生じており、それらをどのように克服してきたのか、ということである。とりわけ、業績や運営にマイナスの影響を与えている要因が何であるのか、これこそが筆者がもっとも知りたかったことであった。

表序-1は、そのような質問に対する回答の一部を簡単に整理したものである。もちろん、業績は複合的な要因の結果であるため、企業側の回答にはさまざまなものがあったが、共通した回答も多く見られ、それらは大きく二つの要因に整理することができた。

要因の一つは、食文化に関係するものである。たとえば、提供するメニューや味が現地消費者に受容されたかどうか、調理方法が受容されたかどうか、店舗レイアウトが現地消費者に受容されたかどうか、といった問題である。

表序－１：海外市場で業績や運営に悪影響を与えたファクター例（一部）

食文化に関する要因	・味が濃（塩辛）過ぎたこと（台湾） ・一人分の量が多すぎたこと（タイ） ・一人分の量が少なすぎたこと（オーストラリア） ・酸味が強すぎたこと（台湾） ・辛いメニューが少なかったこと（中国） ・生ものへの抵抗感が強い（米国・アジア全域） ・寿司の温度が冷たかったこと（台湾） ・多様な日本食の品揃えを要求されたこと（アジア全域） ・キムチが有料であったことが不評（韓国） ・店舗内にカウンター席があったこと（米国・台湾） ・１つの皿に複数の料理を盛り付ける手法（タイ・マレーシア） ・餃子を茹でずに焼いたこと（中国） ・麺類の堅さ（台湾・香港・タイ） ・シンプル過ぎるインテリア（台湾・中国） ・滞在時間が長く回転率が悪くなったこと（中国・台湾） ・夕食時にアルコールが注文されないこと（台湾・上海） ・１人分だけ注文し、数人でシェアして食べること（フィリピン） ・ハラル対応が難しいこと（マレーシア・インドネシア）
オペレーションに関する要因	・食材（調味料）の輸入関税の高さ（アジア全域） ・現地調達の調味量の味が不安定（タイ） ・食材卸の物流力の低さ（米国） ・地元生鮮類の品質のバラツキ（アジア全域） ・食材原価率の高さ（台湾・タイ） ・チルド物流の未整備（アジア全域） ・日本食材の放射能のチェックが厳しい（アジア全域・欧州） ・店舗物件情報の入手の困難性（全域） ・店舗家賃の高さ、値上がり（全域） ・店舗契約年数の短さ（タイ・シンガポール） ・店舗内装工事が開業に間に合わない（アジア全域） ・店舗の立地評価が難しい（全域） ・店舗や設備への行政の規制が厳しい（米国・中国） ・優秀な人材が集まらない（アジア全域） ・人手不足（台湾・タイ） ・外国人雇用の制限が厳しい（シンガポール） ・接客ノウハウが定着しない（アジア全域） ・同業他社への転職者が多い（台湾・中国） ・すぐに辞める人が多い（アジア全域）

出所）筆者によるヒヤリング結果を整理。

二つ目は、現地でのオペレーション・システムの構築に関係する要因である。[22] そもそも外食業が海外で成長しようとすると多店舗展開を行う必要があるが、この多店舗展開を安定的・持続的に可能とする運営の仕組みを海外で十分に構築できるかどうかが進出後の経営に大きな影響を与えている。

具体的には、食材の安定調達（加工・配送も含む）システムが構築できるかどうか、店舗開発（家賃管理含む）システムが構築できるかどうか、そして人材の確保と育成のシステムが構築できるかどうか、といったことである。もちろん、進出直後の課題と進出から何年かを経た時点での課題とは異なるし、業種や業態によっても課題は異なるが、**表序－1**では分かりやすさを優先して単純に列挙している点に留意が必要である。

いずれにせよ、本章では課題（要因）の洗い出しと指摘に留め、食文化に関係する要因については第2章で、オペレーション・システムに関する要因については第3章で詳しく検討したい。

(22) 外食業界では、「オペレーション・システム」という用語は「ＱＳＣをもたらすシステム」という意味で使われることが多い。すなわち、Ｑ（Quality）とは商品の品質、つまりメニューや調理の質を、Ｓ（Service）とはサービスの質を、Ｃ（Cleanliness）とはクリンリネス、つまり店舗の衛生管理の質を、実現し向上させるシステムを指す。これに対し、本稿ではこのＱＳＣを実現するための前提になる、外食チェーンの基盤を形成するシステムに着目している。

8 外食国際化現象を捉えるフレーム

前述したように、外食国際化という現象は、進出時および進出後においては以下に挙げる四つが影響を及ぼしていた。

❶経営者の進出に対する意思（主体の戦略）――進出時
❷進出先の市場環境（誘致者の存在含む）――進出時
❸現地の食文化環境――進出後
❹現地でのオペレーション・システムの構築――進出後

このうち、❷と❸は重なる部分が多いことから、外食国際化現象は、（A）「主体の戦略」、（B）「現地の市場特性（誘致者の存在、食文化特性を含む）」、（C）「現地でのオペレーション・システム構築」という三つのファクターの関係性のなかで進展していると言える。つまり、これが外食国際化現象を捉えるフレームであり、それを進展させるダイナミズムを捉える基本となるものである。**図序-2**は、そのフレームを示したものである。

簡単に説明すると、まず進出の意思決定は主体の戦略的な意思（思い）からはじまるが、多く

図序－２：外食国際化現象を捉えるフレーム

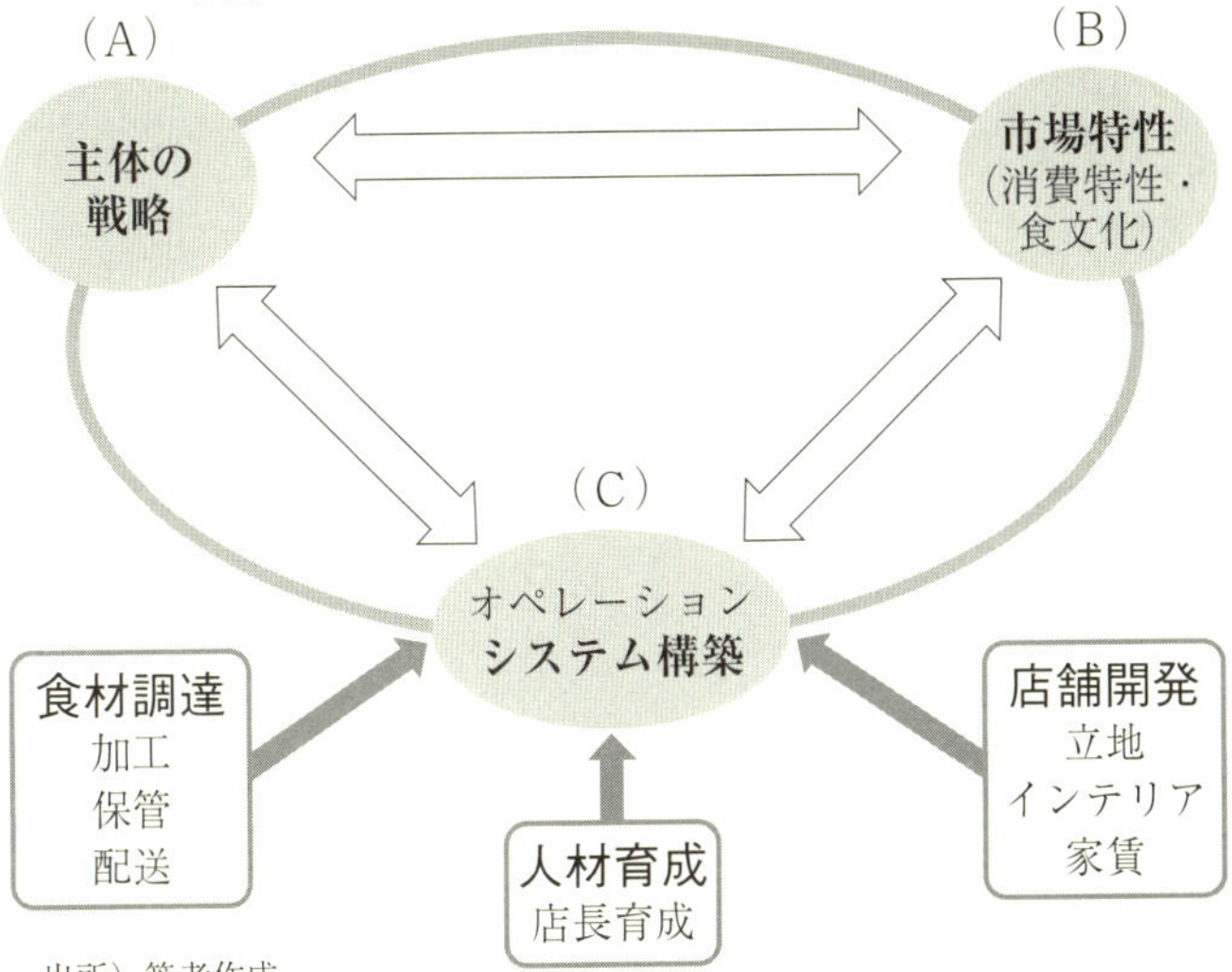

出所）筆者作成。

の外食企業は海外市場に可能性を見いだしても経営資源（資金・人材・情報）が不足しているため、それを実現するためには海外からの誘致者の存在が必要となる。すなわち、現地パートナーの出現である。

このパートナーが資金・人材・情報面でサポートし、日本の外食企業が有するコンテンツ（メニューや味）を海外に移転することを手助けする形で進出が行われている。この場合の進出形態としては、パートナーとの合弁もあるが、出資負担と出資リスクを伴わないフランチャイズ契約での進出も多く採られている。これが、図の（A）と（B）の関係性の部分である。

次に、進出後は現地での持続的な運営を可能とするシステムが構築されなければならない。具体的には、「食材調達」「店舗開発」「人材育成」の三つのサブ・システムの構築である。しかし、これに関しても多くの外食企業は自力で行うことが難しいため、現地の協力者を必要とする。その協力者とは、パートナーの場合もあるし、現地の多様な関連企業（サポーティング・インダストリー）の場合もある。どのようなパートナーや協力者とともに、どのようなオペレーションシステムを構築するのかは、まさに主体の戦略である。また、そのオペレーション・システムの構築プロセスでは、言うまでもなく現地の市場特性（社会経済環境・消費特性・食文化など）の影響を大きく受けることとなる。これが、（A）と（C）の関係性、および（B）と（C）の関係性の部分である。

さらに、ここで考えておかねばならないことは、現地の競合企業との関係の問題である。外食国際化は日本の外食業だけが行っているものではない。とくに近年では、アジア系資本の外食企業による海外進出も著しい（日本にも進出してきている）。これらは、ある場合は競争相手として対立するが、ある場合は現地パートナーとして協調する存在ともなっている。

進出先にどのような競合が存在するのか、それらとどのような関係を結ぶのか、といったことも外食国際化のダイナミズムを考えるうえでは重要なものとなる。このフレームでは、競合企業の存在は（B）に含んでいる。本書では、このフレームに基づいて外食国際化のダイナミズムを解明していきたい（第2～6章）。

9　これまでの外食国際化研究の特徴と課題

ところで、外食国際化という現象をめぐっては、学問の世界ではこれまでどのような研究がなされてきたのであろうか。結論を言うなら、日本においても海外（英語圏）においても、理論的な研究も実態分析も十分には進展してこなかったというのが実態である。このようななかで、外食国際化と関係が深い研究蓄積が進んできた研究領域は、グローバリゼーション研究、食文化の伝播と受容の研究、および国際フランチャイジング研究の三つの領域であろう。以下で、それぞれの領域における議論の特徴と課題を簡単に紹介していきたい。

（1）外食国際化とグローバリゼーション研究

外食業の海外進出については、米国系チェーンが大きく先行してきた。たとえば、ＫＦＣ（ケンタッキーフライドチキン）やマクドナルドの海外進出は一九六〇年代のカナダ進出からはじまり、一九七〇年代に入ると海を渡って日本にも進出した。両社とも、現在では一〇〇か国以上の海外市場に進出をしており、外食国際化の象徴的存在となっている。

このような外食業の海外進出は、とくに海外（英語圏）ではグローバリゼーションと結び付けて論じられてきた。具体的には、マクドナルドをアメリカ文化の象徴・記号と見なし、マクドナルドの海外進出とグローバリゼーションの進展とを重ね合わせて批判的に議論するものが多い。たとえば、マクドナルドの海外進出を世界各地の食文化を破壊する行為と捉え、マクドナルドを「アメリカ文化帝国主義」の象徴として批判すること（Bové, Dufour and Luneau, 2000, Bové, Aries and Terras, 2000 など）や、マクドナルドの海外進出を効率主義や画一主義を拡散させ人間疎外をもたらすものとして捉え、それを「マクドナルド化」と呼んで批判することなどがその典型である（Ritzer1993, Alfino, Caputo and Wynyard, 1998 など）。

一方では、このような批判への反論も存在する。たとえば、文化人類学者のワトソンズ（Watson［1997］）の研究では、マクドナルドのグローバル化の実態は、むしろ多様な現地適応化の積み重ねであることが明らかにされている。また、ベック（Beck［1997］）も、「文化理論を学んだアングロサクソン系の観察者たちは、世界の『マクドナルド化』と呼びうるものに別れを告げた。グローバル化が文化の画一性をもたらすものではないという点では、みな意見が一致している」（訳書、一二一ページ）と述べている。

マクドナルドをグローバル化の象徴として観念論的に批判する議論は現在ではすでに収束していると見てよく、むしろグローバルに展開しようとするファーストフード企業が、各地域の食文化とどのように折り合いをつけているのか、あるいは本国と異なる文化を有する各国の消費者にどのように価値づけされて受容されているのか、といった現地適応化のあり方のほうに関心が向いていると言える（Keillor and Fields, 1996, Ram, 2004 など）。その意味でも、外食国際化のより正確で、より詳細な実態分析が課題となっている。

（2）外食国際化と食文化の伝播と受容の研究

外食国際化は、すでに述べたように進出先の食文化への適応化が課題となるが、見方を変えると、日本の食文化の伝播（食の越境）に貢献しているとも言える。食文化の伝播については、文化人類学者や社会学者が取り上げてきたが、彼らが注目するのは食そのものであり、企業行動ではない点には注意が必要である。また、「どのように伝わったのか」という食の伝播の側面よりも、「どのように受け入れられたのか（普及していったのか）」という受容や現地化の側面に力点が置かれてきたことも特徴と言える。

日本食の海外進出を学術的に分析した最初のものとしては、文化人類学者の石毛ら（一九八五）『ロスアンジェルスの日本料理店――その文化人類学的研究』による研究が挙げられる。石毛らは、米国西海岸（ロサンゼルス）での日本食の普及と受容の実態をアンケート調査により詳細に分析した。そこでのテーマは、「なぜアメリカ人が日本料理を食べ出したか」であり、それを経済要因で説明するのではなく文化の問題として検討している（石毛ら［一九八五］一一ページ）。

しかし、そもそも食文化の伝播には外食業やその関連企業が介在していることも忘れてはならない。たとえば、米国における寿司の普及には、海を渡った日本料理店（寿司店）や寿司職人のみならず、寿司ネタを供給する日系鮮魚問屋の役割も大きかった。さらに言うなら、西海岸における牛丼の普及に「吉野家」が果たした役割や、中国大陸における日本式ラーメンの普及に「味千ラーメン」が果たした役割も大きかったはずである。

このように考えると、食（食文化）の伝播プロセスと外食業やその関連企業の国際化問題は不可分のものであるが、食文化研究においては、前述のように料理自体（メニューや味）に関心が集中しがちであり、また受容と現地化の側面を重視することから、海外から進出した企業の役割が詳細に検討されることはほとんどない。たとえば、日本料理（日本食）や寿司の伝播に関する研究を見ても、もっぱら現地で創業された寿司店や、そこで提供される寿司自体に光が当てられる傾向が見られる(23)。その点では、これまでの食文化論における研究蓄積と外食国際化の研究との間には溝があると言わざるをえない。したがって、海外に進出した日本の外食業が現地の食文化のなかでどのような文化的障壁に直面し、それをどのように克服（適応化）したのかという食文化を移転する側の文化適応を検討することが課題として残されていると言える。

（3）外食国際化と国際フランチャイジング研究

外食国際化の進展に国際フランチャイジング（フランチャイズ契約で国境を越えること）が小さからぬ影響を与えていることは先に指摘した。国際フランチャイジングの基盤研究については、すでに筆者は著書にまとめている（川端［二〇一〇］）ので詳細はそちらに譲るが、国際フランチャイジング自体の研究は米国を中心に進んできた。一方、欧州では学術的な蓄積が少なく、さらに日本に至っては皆無に近い状態であったため、拙著が最初の研究書となっている。

ただし、米国をはじめとする英語圏の研究を見ると、理論的・概念的な研究や仮説検証型の定量（統計）分析は存在してきたものの、実際に企業の国際フランチャイジングがどのように進められているのか、そこにはどのような課題があるのか、といった運営の実態に迫ったものは皆無と言ってよい。外食分野で取り上げられてきた企業も、マクドナルドやＫＦＣなど米国系のものに偏ってきた（川端［二〇一〇］第４章参照）。また、フランチャイジングの独自理論の研究も進んでこなかったのである。したがって、本書が目指す日本の外食国際化の実態解明は、国際フランチャイジング研究の視点からも意義が大きいと言える。

（23）　呉・合田［二〇〇二］「シンガポールにおける寿司の受容」東南アジア研究、39（2）二五八～二七四ページなど。

10　外食業の国際フランチャイジングを捉える理論フレーム

最後に、外食業の国際フランチャイジングを理論的にどう捉えればよいのかという問題に触れておきたい。前述のごとく、国際フランチャイジングの独自理論の構築は非常に遅れてきた。そこで、筆者が拙著［二〇一〇］で提起した分析フレームを外食業にあてはめて考えてみたい。

そもそも国際フランチャイジングにおいては、本部が進出先市場の加盟者（パートナー）をどのようにガバナンス（統制）するのかが課題となる。つまり、契約を遵守させ、質の高い店舗運営を実現させるガバナンスが必要となる。ただし、その場合は、ガンバナンスの「手段」と「強さ」をどうするのかが問題となる。**図序-3**は、この二つのファクターの関係を表したものである。

ガバナンスの手段とは、その外食業のシステム特性のことである。すなわち、外食業には、商品（メニューや味）のオリジナリティーに競争優位が依拠しているものと、高度なノウハウ（調理技法やサービス）に依拠しているものとがある。個性的な商品（メニューや味）で加盟者を集めて統治している店は前者に、個性的なノウハウを武器に加盟者を集めて統治している店は後者にあたる。もちろん、これはどちらにより重きを置いているのかということであり、**図序-3**の横軸上のポジションでフランチャイズ企業としての特性が明確になる。

図序－3：外食業の国際フランチャイジングを捉えるフレーム

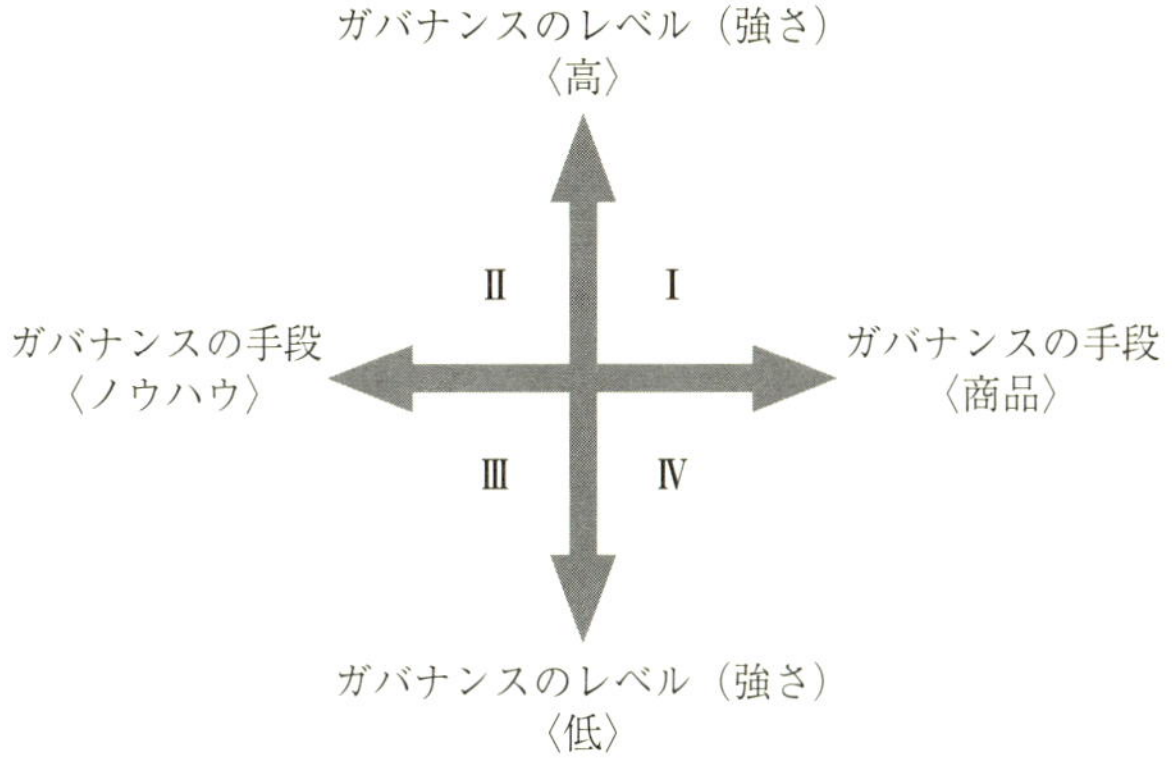

出所）川端（2010）134ページ、図5－2に加筆。

一方、ガバナンス（統制）の強さとは、海外店舗の商品やサービスの品質をどこまで厳格に求めるのかという戦略的な課題である。強く（厳しく）すれば本部の負担も大きくなるし、緩めると運営上のリスクが高まる。どこまで強めるのかによって、市場参入形態の選択やパートナー選択の基準、現地でのオペレーションのやり方などが変わってくる。

この二つの軸（ファクター）の組み合わせから、**図序－3**に示すごとく、外食業の国際フランチャイジングは理論的にⅠ～Ⅳのタイプに分けて捉えることができる。各外食企業は、自らの特性を認識したうえで、どのようなガバナンスを採るべきか（どのタイプを目指すべきか）を考える必要があると言えよう。

11 本書で解明されること

以上のことを踏まえて、本書では三つのことを明らかにしたい。

①外食国際化の全体像とその歴史的変遷（第1章）――まずは、筆者が作成したデータベース（巻末）を基に、これまで明らかになっていなかった外食の海外進出の全容と歴史を解明し、外食国際化が進んできた社会経済的な背景を明らかにする。

②外食国際化のダイナミズム（第2章〜第6章）――次に、外食国際化の複雑で構造的なダイナミズムに迫りたい。基本的には、海外進出を果たした外食企業が、企業規模にかかわらず、海外市場でどのような問題に直面してきたのかを明らかにしたい。つまり、食文化的な問題やオペレーション上の問題、あるいはフランチャイジング上の問題や現地資本との競争―協調関係などを明らかにすることで、何が外食国際化を推進する鍵となるのかを検討したい。これにより、新しい「越境のかたち」が浮かび上がってくることになる。

③日本の外食国際化の方向性（終章）――最後に、それまでの考察を基に日本の外食業の国際競争上の優位性を明らかにし、今後の日本の外食業による国際化の方向性を示したい。

第1章

わが国の外食業における海外進出史

日本のフランチャイズ企業として初めて海外進出したラーメン「どさん子」のニューヨーク1号店（1970年代、写真提供：株式会社どさん子）

1 戦前・戦中期の海外進出

記録に残るものはかぎられるが、戦前・戦中期の海外進出について、筆者が管見した文献に基づいて簡単に整理をしておきたい。

海外に日本料理店が開設されるのは、旧植民地で日本人が多く住んだ台湾や朝鮮半島からと見るのが妥当と考えられるが、当時の国際都市であった上海にも、一八七〇年代末には日本人経営の料理店が登場したとされる（岩間［二〇一三］）[1]。事実、上海では日清戦争後の一九〇〇年には「六三亭」のような大規模な日本料理店も開業しており、一九一〇年代には五〇～六〇軒の日本料理店が存在したとされる。さらに香港では、一八九二年に「東京ホテル清風楼」が最初の日本料理店として開業し、その後も一九二三年に「東京庵」、一九三五年に「老松」といった料亭が開かれていったとされる（岩間［二〇一三］二ページ）。

一方、アメリカ大陸への上陸も早かった。米国における最初の日本料理店は、一八八七年にサンフランシスコに開店した「大和屋」で、一八九三年にはロサンゼルスに「見晴亭」が開店したとされる（石毛ら［一九八五］二八ページ）。また、ニューヨークでは一九一〇年の「都」が最初の日本料理店とされ、第二次世界大戦直後までは三店しかなかったとされる（松本［一九九五］

二八ページ）。

しかし、これらの日本人経営の日本料理店が日本にも店舗を構えていたのかどうか、つまり本書で対象とする「日本からの進出」であったのか、それとも「海外での創業」であったのかは分からない。恐らく、「日本からの進出」ではなく「海外での創業」が多かったと推測される。

ところで、戦前・戦中期には百貨店によってアジア各地に海外出店が行われていったが、それとともに百貨店の食堂が海を渡った記録がある（詳細は川端［二〇一一］）。三越百貨店も、中国の大連店や朝鮮半島の京城（現ソウル）店に大食堂を設けた。一九一六年、「二幸」（日本で三越百貨店の食堂を運営していた子会社）がこの京城店の食堂の運営を委託されている。これは、百貨店の食堂部門の最初の海外進出であった。

二幸は、一九四三年にインドネシアのマカッサル（セレベス島）に海軍の要請で海軍食堂を開設したほか、翌一九四四年には同じく軍の要請で中国・海南島の楡林《ゆりん》に広東料理店「二幸」を開設している（二幸［一九九七］三五〜三六ページ）(2)。このほか、三越の大連店にも大食堂が、高島屋の南京店にはグリルが開設されていたという記録が見られるが、その詳細は不明である。

（1）当時の上海では中国人の間に日本趣味が流行したが、そのようななかで、日本人が経営する「東洋茶館」（日本妓楼）と呼ばれる飲食店、すなわち日本人の若い女性を給仕とした中華・西洋料理店が多く開店し、中国人の人気を集めたとされる（岩間［二〇一二］一ページ）。

日本で飲食店を営む個人が海外に進出したケースとしては、東京の西銀座で鳥すき店「なごや」を営んでいた斉藤もと氏（一九〇六～一九八九）が一九三九年に上海に出店した日本料理店「クイーン飯店」がある。日本の店舗と上海の店舗とは業態がまったく異なっていたが、戦前期の進出実態が記録に残る貴重なものと言えよう(3)。斉藤氏は、後述するように、戦後はニューヨークにもいち早く日本料理店を出店している。

戦前・戦後期の海外進出については不明な部分が多いが、筆者が管見するかぎり、いわゆる日本の飲食企業の海外支店のような位置づけで出店したものとしては、百貨店の食堂部門以外はほとんど記録に残っていない。

2 戦後の海外進出のはじまり

戦後の外食業の海外進出は、一九五六年に前述の斉藤もと氏がニューヨークに開いた高級日本料亭「さいとう」からはじまる。当時は、大蔵省（現・財務省）の外貨持ち出し規制が厳しい時代であったが、そのようななかで個人による海外進出（海外投資）が可能となった背景には、斉藤氏が名古屋の花柳界で名を馳せた芸者の出身であり、トヨタや松坂屋のオーナーたちとの交流があったこと、そしてのちには、政財界の著名人が出入りしていた東京の老舗料亭「福田家」の分店を買い取って経営していたこととも無関係ではない。すなわち、この海外進出（海外投資）は政財界との個人的なつながりを背景としたものであり、当時としては、ほかの経営者には真似のできない海外進出であったと言える(4)。

さて、**表1－1**は、一九七〇年代前半までの外食業の海外進出リストである。これを見ると分かるように、連続的な進出が見られるようになるのは一九六三～一九六四年以降のことであるから、この頃が戦後の海外進出のはじまりと見てよかろう(5)。では、なぜこの頃から海外進出が再開されたのであろうか。

(2)　三越百貨店は一九四二年に日本軍の支配下にあった中国の海南島に小規模な店舗を開いたが、軍の要請によってその隣接地にこの広東料理店が開かれた。料理長は香港から呼び寄せ、女性従業員も香港と日本から集められた。詳細は、数原［一九九一］を参照のこと。

(3)　この店は戦争末期に閉店された。斉藤もと氏は、有吉佐和子の小説『非色』『香華』『芝桜』のモデルとなった人物である。詳細は、自叙伝、斉藤もと［一九八八］を参照のこと。

(4)　戦中期の上海店の出店に際しては、松坂屋のオーナー社長であった伊藤次郎左衛門氏の後ろ盾を得て、松坂屋の上海支店の協力を得た（斉藤［一九八八］九二ページ）。また、ニューヨーク店の出店を模索していた時期はGHQ統治下で渡航ビザがなかなか下りない時代であったが、有力政治家の後ろ盾により特別にビザが下りたとされる（初岡［二〇〇六］）。

年	店舗名	企業名	業種	進出先	形態	現状	備　考
1973	稲ぎく	稲ぎく	日本料理	米・NY	FC	撤退	東京貿易Gがパートナー。ウォルドルフ・アストリアH内。2009年11月閉店
	大都会	キッコーマン	鉄板焼	西ドイツ	合	2	ステーキ店「大都会」との合弁。1997年JFCに経営権移譲
	スエヒロ	スエヒロ食品	すき焼	豪州	合	撤退	先にサンフランシスコにも出店したが進出年不明
	けやき	小泉G	鉄板焼	米・NY	子	撤退	
	ハイハイ	キッコーマン	和風FF	米・BS	合	撤退	
	ヒロタ	ヒロタ	洋菓子	フランス	子	撤退	1983年閉店。和菓子と日本茶も提供していた
1974	どさん子	北国商事	ラーメン	米・NY	商標	撤退	1号店は正式なFC契約には至らず。翌年から本格展開
	えぞ菊	えぞ菊	ラーメン	ハワイ	子	5	東京・高田馬場が本店
	フラハット	ニユートーキヨー	ショーレストラン	ハワイ	子	撤退	

注）NY：ニューヨーク、LA：ロサンゼルス、SF：サンフランシスコ、BS：ボストン、OH：オハイオ州。
出所）筆者調べ。

紅花が米国に出した「GASHO OF JAPAN」の１号店
（1971年の開業時、写真提供：株式会社紅花）

表1－1：1970年代前半までの外食業の海外進出

年	店舗名	企業名	業種	進出先	形態	現状	備　考
1956	さいとう	さいとう	日本料理	米・NY	子	撤退	1985年閉店
1963	東京会館	永和G	日本料理	米・LA	子	撤退	カリフォルニアロールを生んだ店。1998年閉店
1964	金田中	金田中	日本料理	香港	合	撤退	ミラマーHからの誘致
	ふるさと	ふるさとG	日本料理	ハワイ	子	撤退	ワイキキのグランドH内とビルトモアH内
	柳光亭	柳光亭	日本料理	西ドイツ	受託	撤退	デュッセルドルフの日本館内
	ベニハナ	紅花	鉄板焼き	米・NY	子	(112)	現在は米国企業
1965	西東レストラン	さいとう	日本料理	香港	合	撤退	斉藤もと氏の甥が経営。1970年閉店
1967	CHIKI－TERI	小泉G	鳥照り焼	米・LA	子	撤退	現地JRA社のチェーン店のフランチャイジーとして展開
1968	マツザカヤ・ハウス	松栄舎	日本料理	フィリピン	受託	撤退	アラネタ財閥の要請。1966年開業の松坂屋フィリピンの隣地
1969	KEGON	小泉G	日本料理	米・NY	子	撤退	
1970	サントリー	サントリー	日本料理	メキシコ	合	7	メキシコシティー
	Mon Cher Tom Tom	瀬里奈	日本料理	ハワイ	FC	1	アラモアナHのオーナー企業とFC。しゃぶしゃぶ中心
	さくら	南海観光	日本料理	グアム	子	撤退	
	都・田川	赤坂田川	日本料理	ベルギー	合	1	現地日本人経営の「都」と合弁
	山城	山城屋	寿司	米・NY	合	撤退	
1971	ほり川	福助	日本料理	米・LA	FC	撤退	リトルトーキョーの鹿島ビル内
	GASHO OF JAPAN	青木コーポレーション	日本料理	米・NY	子	2	ロッキー青木氏の実弟・四郎氏が運営。合掌造りを移築
	石亭	石亭G	日本料理	米・SF	子	撤退	
	ふるさと	ふるさとG	日本料理	マカオ	子	撤退	リスボアH内。日本人団体向け
	車屋	車屋	日本料理	グアム	子	撤退	グアム第一H内
1972	星岡茶寮	星岡物産	日本料理	シンガポール	子	撤退	伊勢丹内に出店
	ふるさと	ふるさとG	日本料理	インドネシア	FC	撤退	プレジデントH内
	不二家	不二家	日本料理	米・SF	子	撤退	京都二条城書院の間を復元したインテリア
	JUN	塚本G	日本料理	フランス	子	撤退	日本でクラブジュンを経営
	東天紅	小泉G	中華・和食	米・OH	子	撤退	しゃぶしゃぶ、すき焼きも扱う。デートン市に出店
	スナック竹	友愛商事	お好み焼	ハワイ	子	撤退	ダイエー内
1973	サントリー	サントリー	日本料理	イタリア	子	撤退	ミラノ
	シロ・オブ・ジャパン	髙島屋	日本料理	米・NY	子	撤退	日本の城をイメージした大型店

先述のごとく、日本は戦後しばらく深刻な外貨不足に陥っていた。したがって、当時の大蔵省は厳しい為替管理を行い、一部の大企業を除いては海外投資が困難な状態が続いていた。しかし、一九六〇年代に入ると環境が急速に変化していった。まず、一九六四年四月に日本が「IMF8条国」[6]へ移行したことで為替制限が撤廃された。また、それと同時に、海外渡航の自由化（海外観光旅行の解禁）も行われた。さらに、同年一〇月に開催された東京オリンピックによって多くの日本人の目が海外に向くようになり、渡航の自由化とあいまって海外旅行ブームがはじまった。これにより、外食業界では海外で日本人観光客を相手とした市場が拡大するのではないかという期待が高まっていった。

このようななか、一九六三年八月に東京で魚問屋や飲食業を営む永和グループがロサンゼルスに日本料理店「東京会館」を開業した。[7]続いて、一九六四年五月に銀座の鉄板焼店「紅花」がニューヨークに「ベニハナ」を開店する。ベニハナは、一号店が人気を集めるとすぐに多店舗化に取り組み、一九七〇年までにシカゴ、ラスベガス、サンフランシスコなどに五店舗を出店し、その後、フランチャイズ展開も開始して急速に全米多店舗化を果たした。また、一九七一年からは、日本の合掌造りを移築した「GASHO OF JAPAN」（四四ページの写真参照）も出店するようになった。このように、ベニハナは日本の外食企業として初めて海外で多店舗化に成功し、さらにフランチャイズ手法を使って海外で成長した最初の日系企業となった。

このベニハナの成功は、日本の外食業界に大きなインパクトを与えた。とくに、テーブルごとにシェフが付き、客の前でパフォーマンスを見せながら調理する鉄板焼（「火鉢スタイル」と呼ばれている）での成功は（四八ページの写真）、日本の外食業界にエンターティメント性の重要性と現地適応化の重要性を教え、その後の日本の外食業の海外進出に大きな影響を与えている。(8)

さて、渡航の自由化によって香港やハワイには日本人観光客が急増したが、香港に出た高級料亭「金田中《かねたなか》」は、日本人観光客を誘引しようとした香港のミラマーホテルの熱心な誘いに応じて進出を決めている。また、同年一〇月にハワイに出た日本料理「ふるさと」も、戦略的に日本人観光客を狙った進出であったとされる。

(5)『月刊食堂』の一九六四年一一月号には、この年に海外進出を行った「ベニハナ」、「金田中」、「柳光亭」、「ふるさと」の代表者による座談会が掲載されている（七二〜八〇ページ）。そこでは、各社の進出のきっかけや進出に伴う苦労などが語られている。

(6)ＩＭＦ規定第8条の義務を負う国。第8条の要旨は、①経常取引の為替制限の廃止、②差別的通貨措置の禁止、③自由交換性の回復、である。

(7)東京会館内の寿司バーで板長を務めた真下一郎氏により、アボカドとタラバガニにマヨネーズを加えて海苔で巻いた「カリフォルニア・ロール」が考案されたとされる。一九六〇年代のアメリカではマグロが夏の時期しか入手できなかったため（冷凍マグロがなかったため）、それに代わる食材としてアボカドに目を付けたのがきっかけで生まれたとされる（アイゼンバーグ［二〇〇八］一二一〜一二二ページ）。なお永和グループは、その後、鮮魚の卸売事業会社を設立し、米国全土の寿司店に寿司ネタを供給して寿司ブームを支えてきた。

③食材調達を容易にしたこと

鉄板焼はコース料理のため、食材の種類と量が決まっており仕入れが容易になる。また、食材は調理前の状態で保存されるため廃棄も少ない。これは、食材調達システムの構築には大きなメリットとなったはずである。さらに、鉄板焼では多様な食材が使えるため、異なる食文化への適応も容易である。市場を選ばない、グローバル対応が可能な柔軟性をもつと言える。

④調理ノウハウを軽減させたこと

鉄板焼の最大のメリットは、調理人のノウハウに依存する部分が少ないことである。海外では調理人の転職が激しいが、鉄板焼は高度な技術を必要としないため、調理人の養成も容易で、転職が激しくても安定した経営が可能となる。

⑤エンターテイメント性をもたせたこと

湯之助氏はダンサー出身であったため、パフォーマンスを重視した。鉄板が組み込まれたテーブルごとに調理人を配し、コテや包丁を使ったダンスを踊りながら肉や野菜をグリルしていくパフォーマンスは、現在でも欧米人を魅了している。このようなパフォーマンス性がもつ付加価値も、海外進出に際して考えるべき要素である。

米国ベニハナが開発した火鉢スタイル
(写真提供：株式会社紅花)

column

米国ベニハナによるグローバルモデル開発

米国ベニハナは、現在では日本との関係がなくなっているが、2015年10月時点で25か国に100店舗以上を展開するグローバルな外食業として発展し続けている。特筆すべきは、そのビジネスモデルが1964年の創業当時と変わらないことである。これは、米国ベニハナのビジネスモデルが、時代や地域（国境）を越えて通用するものであったことを示している。

創業者の青木湯之助氏が考案したこのビジネスモデルが、米国のみならず世界各地に広がった理由は、それが外食国際化に不可欠な多くの要件を備えていたからだと考えられる。具体的には、以下の5つが挙げられる。

①店舗デザイン（インテリア）に力を注いだこと

ニューヨーク1号店のインテリアは、湯之助氏のアイデアにより、日本から運んだ飛騨の合掌造りの内装材を使った。その重厚な日本風の雰囲気が、当時のアメリカ人の心を捉え話題を呼んだ。筆者がヒアリングで知り得た限りでも、店舗インテリアが現地市場で付加価値を有するかどうかが、進出後の業績に与える影響は小さくなかった。

②鉄板焼ステーキという業態を開発したこと

表1－1（45ページ）からも分かるように、当時の日本人のレストランは日本料理店が多かった。しかし、湯之助氏は鉄板焼ステーキ店という新しい業態を選択した。肉をグリルする料理は米国人にとっては馴染みがあるため、地元客に安心感を与える。湯之助氏は、それに日本的な雰囲気の店で東洋人が焼く肉を醤油ベースのソースを付けて箸を使って食べるという付加価値を付けたのである。現地の人々が味を想像しやすいメニューにして安心感を与えつつ、それに付加価値を付けた業態を開発するという戦略は、現代においても重要なものと言える。

ところで、旧西ドイツのデュッセルドルフに進出した柳橋の高級料亭「柳光亭」は、現地に進出する大手の日本企業の出資で建設されたレストラン「日本館」の運営を受託される形で進出を行った。現地の日本人駐在員や日本企業の取引先（接待の場）に本物の日本料理を提供するとともに、ドイツ人に日本の食文化を伝える役割を担っていたとされる。(9)

このような一九六〇年代の海外進出は、個人経営の飲食店の進出が主であり、投資規模も小さかった。また、業種的には圧倒的に日本料理店が多かったことも特徴であった。当時はまだ本格的な日本料理が食べられる店舗が海外にほとんど存在しなかったことが、その理由であった。ニューヨークや香港の海外店は、一九六〇年代から急増した日本企業の現地法人の接客の場として駐在員に盛んに利用された。

この時期の進出のなかでやや異質なものが、一九六八年にフィリピンに進出した日本料理「マツザカヤ・ハウス」である。これは、戦前にも見られた百貨店の食堂部門の海外進出であった。この店舗は、一九六六年にケソン・シティに開業した松坂屋百貨店の現地パートナーであったアラネタ財閥の要請により、百貨店の隣接地に建てられた。当時のフィリピンは外資の直接投資が禁止されていたため、このレストランは日本で松坂屋百貨店内の食堂を運営していた子会社の「松栄舎」が運営を受託したものであった。(10)

3　一九七〇年代の海外進出

一九七〇年代に入ると、三つの新しい動きが見られるようになった。

一つ目は、食品メーカーによる海外出店である。まず一九七〇年に、サントリーがメキシコ・シティーに高級日本料理店「レストラン・サントリー（燦鳥）」（七三ページの写真参照）を出店

（8）ベニハナの米国事業は青木湯之助により創業され、長男の廣彰（ロッキー青木・一九三八〜二〇〇八）が運営にあたった。詳細はコラム（四八〜四九ページ）および青木［二〇一五］を参照。ベニハナの米国事業は、現在では日本から独立しているため海外進出とは見なせなくなっている。なお、一九七一年には日本から合掌造りの民家を移築し「Gasho of Japan」という鉄板焼チェーンを別途設立したが、こちらは現在も日本の「紅花」が経営しているため、日本からの進出と見なせる。

（9）「日本館」は、日独協会の会長であった岸伸介元首相の発案で、経団連会長であった稲山嘉寛八幡製鉄社長が発起人となり、多くの大手日本企業が出資者（株主）となって設立された。当時の柳光亭は有力政治家が多数利用していたこともあり、岸元首相が運営を依頼したとされる。日本館の社長は岸元首相の秘書が務め、柳光亭も副社長や取締役を務めた。この日本館の運営資金をめぐって一九七四年に柳光亭の社長が自殺する事態となり、それがきっかけで柳光亭は廃業に追い込まれた。この事件は、当時の国会で政治資金がらみの事件として取り上げられている。

（10）松坂屋フィリピンの詳細は、松坂屋［一九七一］および川端［二〇一一］を参照のこと。

した。この店は、同社のウイスキーを海外で販売するためのアンテナショップ的な役割を担っていた。ウイスキーに合う日本料理を提供するというコンセプトである。

また、一九七三年になると、キッコーマンが「大都会」という鉄板焼きの店を旧西ドイツのデュッセルドルフに出店している。これは、醤油を鉄板焼きのステーキソースとして現地の人々に紹介するための店舗であった（茂木［一九八三］、［一九九〇］）。同社は、すでにアメリカ大陸で醤油をステーキ用ソースとして普及させることに成功していたため、その戦略を欧州でも展開しようとしたのである。

このように、食品メーカーが自社製品を現地市場に紹介するマーケティング拠点として、海外に飲食店を出店するという動きが出てきた。「レストラン・サントリー」は、その後一九九〇年代にかけて欧州、北米、南米、アジアの主要都市に次々と出店されていった。一方「大都会」も、ドイツ国内の主要都市を中心に多店舗展開されていった。(11)

二つ目は、日本のフランチャイズ・チェーンが海外進出を行ったことである。先述のように、「べニハナ」は一九七〇年から米国でのフランチャイジングを開始していたが、日本ではフランチャイジングを行っていなかった。したがって、日本のフランチャイズ企業の海外進出（国際フランチャイジング）としては、一九七四年の北国商事（現どさん子）による「どさん子ラーメン」のニューヨーク出店が最初と言える。(12) これ以降、吉野家、京樽、小銭ずし、ロッテリア、小僧寿しなど、多くのフランチャイズ企業が日本から海外進出を行った（詳細は川端［二〇一〇］参照）。

三つ目は、日本人の海外旅行の増大と密接に関係した海外のホテルへの進出が増えたことである。前述のように、海外のホテルへの出店は一九六四年の「金田中《かねたなか》」の香港進出や「ふるさと」のハワイ進出が嚆矢《こうし》であったが、その後も海外のホテルからホテル内レストランとして出店の誘致を受けるケースが多く見られた。これは、当時から日本料理店が海外で高級料理として認知されていたことを示すものでもあるが、同時に渡航の自由化による海外旅行ブームを受けて、一九七〇年代からアジア各地やハワイ、グアムに多くの日系ホテルが建設されていったため、そこへの誘致が増加したことを示している。

日本料理店のなかには、その後、逆に積極的にホテルと組んで海外進出を目指すものも出てくる。たとえば、一九七三年にニューヨークの高級ホテル「ウォルドフ・アストリア」に進出したた

(11)　現在では、「レストラン・サントリー」はメキシコに七店舗、ハワイに一店舗残るのみであり、「大都会」も一時期は七店舗あったが、現在はベルリンとケルンに残るのみである。

(12)　ただし、一九七四年の一号店は、現地の日本人経営者に商標貸与しただけの店であった。現在で言えば、プロデュース店にあたろう。北国商事は、同年に三菱商事アメリカおよび日清食品との三者合弁で現地法人「DOSANKO FOODS Inc.」を立ち上げ、翌一九七五年に直営一号店を出店している。詳細は川端［二〇一〇］五二～五六ページを参照のこと。

天ぷら懐石の「稲ぎく」は、一九八〇年代以降には「シャングリラホテル」をはじめとする世界の一流ホテルと戦略的に提携して、積極的に出店を行って拡大していった。以上のように、一九七〇年代の進出は、その後の海外進出のプロトタイプというべきものが多く見られた。

さて、一九八〇年代からあとは進出数も増加していき、多様性を増していく。したがって、ここからは単純に時代を追って説明することはせず、少し整理の仕方を変えて、進出した外食業の業種や主要メニューの時代的変化、そして進出先の時代的変化を捉えることで、それぞれの時代の特徴を浮き彫りにしていきたい。

4　業種・主要メニューから捉えた戦後の海外進出

表1－2は、海外進出を行った外食業の業種・主要メニューを時期別に見たものである。ただし、飲食店の提供メニューにはある程度の「幅」があるため、その分類は単純にはできない。たとえば、「居酒屋」といっても焼き鳥が中心の店、ラーメンが中心の店、焼肉が中心の店など多様なものがあり、それらを居酒屋で分類するのか、焼き鳥店あるいはラーメン店、または焼肉店として分類するのかの判断は難しい。ここでは、店自体が何を主要メニュー（コンセプト）とし

て謳《うた》っているのか、あるいは自店をどのように名乗ってい るのか（「居酒屋〇〇」と名乗るのか「焼き鳥〇〇」と名乗るのか）で判断した。したがって、あくまで便宜的な分類であることに留意いただきたい。

全体的な特徴

表１―２によると、海外進出を行った外食業の七割以上が日本食系の店であることが分かる。そのなかでも、トップの業種はラーメン（ちゃんぽん含む）[13]で、全体の約二三パーセントと突出している。ラーメンの進出は、一九七四年の東京「えぞ菊」によるハワイ出店や、すでに全国チェーンに発展していた「どさん子」によるニューヨーク出店からはじまるが、増加するのは二〇〇〇年代以降であり、

(13)　ラーメンは日本人にとっては中華料理に入るであろうが、海外では日本食として認識される傾向が見られる。

現在の「えぞ菊」ホノルル店（写真提供：有限会社えぞ菊本舗）

表１－２：業種・主要メニューから捉えた戦後の海外進出

	業種・主要メニュー	1960年代	1970年代	1980年代	1990年代	2000年代	2010-2014	小計	%
日本食系	高級日本料理（懐石・すき焼など）	7	22	29	23	11	6	98	7.0
	寿司（回転寿司・持ち帰り含む）		6	10	14	19	31	80	5.7
	鍋（鳥鍋・もつ鍋など）		1		1	5	16	23	1.6
	和食・定食・居酒屋（炉端含む）			16	9	43	66	134	9.6
	焼き鳥・串焼き・唐揚げ・手羽先	1		4		4	15	24	1.7
	焼き肉・鉄板焼き・もつ焼	1	4	2	14	9	39	69	4.9
	トンカツ・カツサンド・串かつ					13	24	37	2.6
	丼（牛丼・天丼など）		1	1	8	12	18	40	2.9
	カレー（ハヤシライス含む）			2	2	9	15	28	2.0
	洋食・オムライス・和風パスタ			2	1	5	6	14	1.0
	お好み焼き・たこ焼き		1	5	2	9	5	22	1.6
	うどん・そば			2	4	10	44	60	4.3
	ラーメン（ちゃんぽん含）		4	6	14	75	218	317	22.7
	ファミレス・その他和風レストラン		1	4	4	3	1	13	0.9
	弁当			7		1	2	10	0.7
	和菓子・和風喫茶			1	7	12	14	34	2.4
	小計	9	40	91	103	240	520	1003	71.7
非日本食系	イタリア料理（ピザ、パスタ含む）				12	23	25	60	4.3
	フランス料理			2	1	1		4	0.3
	ステーキ（ハンバーグ含む）			2	1	13	5	21	1.5
	中華		2	1	2	3	6	14	1.0
	その他（BBQ、カリフォルニア、カフェなど）		1	12	10	12	15	49	3.6
	珈琲・紅茶			4	8	6	9	27	1.9
	ハンバーガー		2	6	7	6	6	27	1.9
	総菜・デリカ（コロッケ・スープ含む）					4	5	9	0.6
	ベーカリー（ベーカリーカフェ含む）		4	31	5	9	13	62	4.4
	ドーナツ				3	4	2	9	0.6
	シュークリーム					15	12	27	1.9
	クレープ（パンケーキ含む）			4	3	8	9	24	1.7
	アイスクリーム・ヨーグルト・ジェラート				1	3	5	9	0.6
	ケーキ（生菓子）		2	2	2		19	25	1.8
	クッキー・チョコレート・バーム		1	1	2	9	14	27	1.9
	小計	0	12	65	57	116	145	395	28.3
	総計	9	52	156	160	356	665	1,398	100.0
	%	0.6	3.7	11.2	11.4	25.5	47.6	100.0	

出所）データベースに基づき筆者作成。

それが二〇一〇年代になると激増していった。

高級日本料理店は、一九六〇～一九七〇年代には進出のほとんどを占めていたが、一九九〇年代以降は減少し、二〇一〇年以降は僅かしか見られなくなっている。これは、日本料理が海外で根づくに従って現地創業の高級店（中国・韓国系）が増えていったことによる。これに代わって、日本からはより庶民的な総合和食店や定食店、居酒屋[14]などの進出が増大し、全体の約一〇パーセントを占めるようになっている。

また、日本料理の代表とも言える寿司は、今では世界的に認知される存在となったが、日本からの進出は意外に少なく、持ち帰り寿司を入れても全体の六パーセント弱にすぎない。これは、寿司が日本からの進出を待つまでもなく、世界各地で地元資本の寿司店によって普及し定着したことを示している。

地元資本の寿司店のほとんどは、中国人や韓国人が経営するものである。寿司がブームとなったことで中国料理店や韓国料理店が看板を掛け替えたり、メニューに加えたりしたもので、そこ

(14) 居酒屋は、海外（韓国を除く）では酒を飲む店というよりも、多様な日本食がリーズナブルな価格で食べられる和食店という位置づけとなっており（ゆえに、**表1-2**、**表1-3**では和食店に分類）、それが人気を呼んでいる。「和民」は、海外では「居酒屋」ではなく「居食屋」という看板を掲げているが、それは、酒類の売り上げが非常に低く、総合日本食店として利用されている実態を反映したものである（第２章参照）。

での寿司は本格的な江戸前にぎりとは異なるものの、数的に多いことから寿司の普及に大きく寄与した。

寿司に次いで進出が多いのが焼き肉・鉄板焼である。焼肉は一九九〇年代に一端増加したが、それは精肉卸「ハナマサ」による積極的な海外進出（食べ放題の焼肉店）が影響している。この時期の一四件中一一件がハナマサのものである。また、二〇〇〇年以降の件数には「牛角」の海外進出が寄与している。

近年になって海外で人気を呼んでいるメニューとして「トンカツ」が挙げられるが、トンカツ専門店の海外進出は二〇〇五年以降がほとんどであり、海外での歴史は比較的浅い。このほかに、近年伸びているものとして「うどん・そば」がある。

非日本食系のほうも見てみよう。全体の三割弱を示しているが、突出して多いものは見られない。比較的多いのがイタリア料理とベーカリーで、それぞれ四～五パーセントを占めている。日本はアジアでもっともイタリア料理（とくに、パスタやピザ）が普及している市場であるが、他のアジア諸国では所得の上昇が著しかった割にイタリア料理の普及が遅れてきたという背景がある。それが、日本からの進出を促した。ちなみに、日本から進出しているイタリア料理店は、パスタやピザを中心とした比較的リーズナブルな価格の店が多くなっている。

ベーカリー店の進出は一九八〇年代に急増したが（理由に関しては後述）、それらは生産工程と一体化して進出している点が特徴となっている。「ヤマザキ」や「敷島パン（Pasco）」は、海外に大規模な工場を建設して米国やアジアでパンの卸売を行うとともに、ベーカリーカフェ店の展開を行ってきた。

次は、時期別の特徴を見ていきたい。

時期別の特徴

一九七〇年代前半までの特徴についてはすでに述べたが、後半になると米国で寿司ブームがはじまっている。(15)「築地玉寿司」や「寿司田」がニューヨークに進出したが、その一方で、「元禄」や「京樽」といったテイクアウト寿司店も米国に進出しはじめた。また、ベーカリーも海外進出を開始し、「サンジェルマン」がハワイとパリに進出し、「ヤマザキ」もロサンゼルスに進出して

(15)　アメリカで寿司ブームがはじまるのは、上院の「栄養問題特別委員会」が一九七七年に出したレポート「マクガバン勧告」が契機となっている。そこでは、アメリカ人の食生活の問題点が指摘され、その改善目標が具体的に六つ示されたが、その内容が長寿国である日本人の食生活と非常に似ていたことで、日本食ブームや寿司ブームが起きたとされる（詳細は、松本［一九九五］一二一〜一二六ページ）。なお、アメリカで最初に江戸前寿司のカウンターを設けたのは、ニューヨークで日本人が創業した「レストラン日本」（一九六三年）だとされる（同社ホームページより）。

いる。さらに、ハンバーガーの「スティーブン」が米国に、「ロッテリア」が韓国に進出を果たしている。前者は、給食業者である「日本国民食」が米チェーンのフランチャイジー（加盟店）として出店したものであった。

一九八〇年代になると、日本食系のバラエティが拡大するとともに、非日本食の店が急増していく。日本食系では「和食店」が増大した。ここで言う「和食店」とは、従来の懐石料理やすき焼き、天ぷらといった高級なものではなく、気軽に食べられる丼類、定食、カレーやトンカツなどの洋食、うどん・そばなど、幅広い日本食を総合的に提供する店を指している。要するに、大衆的な日本料理店である。さらに、焼鳥店をはじめとして、ラーメン、牛丼、カレー、うどん・そば、弁当、お好み焼といった庶民的な日本食の専門店も進出がはじまった。

他方、非日本食分野の海外進出も盛んとなった。とりわけ、ベーカリーでは三一件もの進出が見られた。この時期は、日本国内での競争激化やコスト上昇から、ベーカリー企業が海外市場に目を向けた時期であった。「サンジェルマン」や「ヤマザキ」は進出先をさらに拡大し、「敷島パン」や「第一パン」も海外シフトをはじめたほか、「エーワン」（大阪）、「サンメリー」（東京）、「キムラ」（岡山）、「ドンク」（神戸）といった当時の地方中堅企業が次々と進出をしたことも注目される。このほか、コーヒーやクレープのチェーン店も海外進出をはじめている。

一九九〇年代に入ってバブル期が終わると、高級な日本料理店の海外進出は低調となり、それに代わって庶民的な日本食の海外進出が主流となった。たとえば、精肉卸の「ハナマサ」は、牛肉の海外調達地に食べ放題の焼き肉店を開くというかたちで、中国各地、東南アジア、モンゴル、韓国などに展開していった。そして、一九九三年には「元気寿司」が回転寿司店を初めて海外（ハワイ）に出したり、牛丼の「吉野家」が進出先を東南アジアや中国に広げたりした。

非日本食系では、イタリア系外食の進出がはじまった。「イタリアントマト」、「カプリチョーザ」、「ピエトロ」、「プロント」などである。また、「トニーローマ」などのBBQレストラン、「サッポロ」や「キリン」系のビアレストランなども進出したが、多店舗展開ができるほどには受容されなかった。

二〇〇〇年代になると、海外進出件数は三五六件とそれまでの倍以上に拡大している。この時期に増大したのは、日本食系では回転寿司と居酒屋、そして従来は和食店の一メニューにすぎなかったトンカツを専門に提供する店であった。トンカツが、新たな日本食として地位を築いたと言える。

日本式のカレーも存在感を見せはじめた。これらはともに日本では洋食に分類されるものであるが、海外ではラーメンとともに日本食として認知されるようになった。また、オムライスも、二〇〇〇年代にアジアで新しい日本食として定着したメニューである。専門店は少ないが、和食店はもちろん、カレー専門店やうどん・そば店などでも提供されている。

非日本食系ではステーキが急増したが、そのほとんどが「ペッパーランチ」の進出であった。同社は東南アジア市場をシンガポールにあるサントリーの子会社に任せており、それが積極的進出につながった。また、この時期には日本のスイーツが海外で受容されている。「ビアードパパ」をはじめとするシュークリームの進出を皮切りに、クレープ、アイスクリーム、チョコレートなどがアジアに進出をした。さらに、コロッケや洋デリカなどの惣菜の海外進出もはじまり、日本の食が幅広く受容されていくようになった。

二〇一〇年以降は、僅か五年間であるにもかかわらず、進出総数が六五五件と飛躍的に増大した。この五年間だけで、戦後の進出総数の約半数を占めている。

この間は、日本食系がほとんどの業種で増加しているが、なかでも増大したのは先述のごとくラーメンであり、ラーメンだけで二一三件、ちゃんぽんを含めると二一八件に達している。また、うどん・そばも大きく増加した。とくに、「はなまる」や「丸亀製麺」などのセルフ式うどん店の進出件数が急増したのが特徴である。さらに、和食店のなかでも居酒屋が増えている。「和民」、「白木屋」などの大手チェーンのみならず、地方の小規模チェーンの進出が相次いだからである。

一方、非日本食では、イタリア料理の進出が引き続き活発であったが、ケーキやチョコレート、焼き洋菓子などの日本のスイーツ店も多数進出するようになった。日本のスイーツが海外で高く評価されていることの表れと言えよう。たとえば、二〇一二年にＵＡＥのドバイに進出した「ヨックモック」は、僅か二年で一七店舗にまで拡大するほどの人気を博している。

5　進出先から捉えた戦後の海外進出

表1－3は、進出先から捉えた戦後の海外進出を整理したものである。以下で、その特徴を分析したい。

全体的な特徴

まず、この表ではアジアとそれ以外の地域に分けて整理しているが、アジアは全体の七四パーセントを占めており、日本からの進出がアジアに偏ってきたことが分かる。国別に見ると、もっとも多かったのが中国大陸であり、一六パーセントを占めている。これに香港やマカオを加えると二六パーセントを超える。中国大陸への進出が本格化するのは一九九〇年代の後半からであるため、この二〇年間における進出がいかに中国に集中してきたのかが分かろう。

ただし、直近の五年間を見ると（**表1－4**参照）、中国への進出は二〇一二年の二八件をピークに、二〇一三年は一六件、二〇一四年には一五件にまで減少している。二〇一三年以降に進出

表１－３：進出先から捉えた戦後の海外進出

進出先	1960年代	1970年代	1980年代	1990年代	2000年代	2010－2014	計	%
韓国		1	4	10	24	35	74	5.3
台湾		1	19	22	36	62	140	10.0
香港	2	1	19	9	40	66	137	9.8
マカオ		1				5	6	0.4
中国大陸			7	33	83	105	228	16.3
タイ			4	12	30	84	130	9.3
シンガポール		2	9	13	32	85	141	10.1
マレーシア			5	6	6	22	39	2.8
インドネシア		1	5	3	13	30	52	3.7
フィリピン	1			6	10	24	41	2.9
ベトナム				1	2	22	25	1.8
ラオス						2	2	0.1
ミャンマー						3	3	0.2
カンボジア						13	13	0.9
インド						3	3	0.2
他アジア				1	1	3	5	0.4
小計	3	7	72	116	277	564	1,039	74.3
中東		1			1	7	9	0.6
欧州	1	11	12	10	6	12	52	3.7
米・カナダ	4	20	42	18	44	47	175	12.5
ハワイ・グアム	1	9	21	9	17	15	72	5.2
中南米		3			1	4	8	0.6
オーストラリア		5	8	6	7	11	33	2.4
ロシア				1	1	2	4	0.3
その他			1		2	3	6	0.4
小計	6	45	84	44	79	101	359	25.7
合計	9	52	156	160	356	665	1,398	100.0

注）空白部分は進出なし。「他アジア」はモンゴル、ブルネイ、パキスタン、「その他」はウクライナ、ニュージランド、タヒチ、ニューカレドニア、ケニア

出所）データベースに基づき筆者作成。

が低下した理由は、二〇一二年秋の反日暴動の影響（中国リスクへの認識）もあろうが、中国大陸に進出した外食業が期待されたほどの成果を上げていないことが業界内で認識されてきたからでもある。すなわち、大都市部での家賃高騰や人件費の高騰、競争の激化などによって収益率が低下しているのである。

さらに中国は、ビジネスルールの未整備や法律の運用の不明朗さなどによってさまざまな面で苦労が多く、リスクも大きいことが知られるようになっている。(16) 加えて、最近では景気の後退も報じられつつある。この結果、より成長性が高い東南アジア市場に目を転じる企業が増えてきたことは、**表1-3**における東南アジアの増加から明確に見てとれる。

中国に次いで進出が多いのは、北米市場（米国とカナダ）であった。ハワイやグアムを加えると一八パーセント近くに達する。北米が多い理由は以下の二点である。

❶一九八〇年代まではアジア市場がまだ未成熟であった。

❷すでにアジアの主要市場に進出を果たした企業が、二〇〇〇年以降に北米市場に拡大してきた。

---

(16) 実際に中国に進出した外食企業がどのようなトラブルに見舞われ、どのような苦労を強いられたのかは、河原［二〇〇七］や関［二〇一二］の著書、あるいは月刊食堂50（7）、［二〇一一年］や藤尾［二〇一二］の記事に詳しい。また、中国での食材調達の難しさについては川端［二〇一三a］を参照のこと。

一方、欧州への進出は、時期を問わず低調であることも大きな特徴と言えよう。現在までに欧州で多店舗展開に成功した外食が見られないことも特筆に値する。欧州市場は所得の高さが魅力ではあるが、すでにアジア系（中国、韓国、ベトナムなど）住民が運営する日本食レストラン（寿司店や焼き鳥店）が数多く存在しており、価格面での競争も激しくなっている。日系外食業が本物の日本食を提供しようとすると、食材や人件費などのコストがかさむために高級店とならざるをえないことが進出の進まない背景にある。

なお、ネクストマーケットとして注目されているインドについては、僅か三件の進出が見られたに留まっており、外食業にとってはまだ進出市場としては見なされていないことが分かる。

では、以下では時期別の特徴を簡単に見ていきたい。

時期別の特徴

一九七〇年代の前半までは、**表1－1**でも見たように、米国や欧州、そしてハワイへの進出が約八割を占め、アジアへは主要都市のホテル内への進出が主であった。とくに、米国（ハワイ・グアム含む）には全体の六割以上が集中していた。**表1－3**において一九七〇年代全体を見ても、その進出先はアメリカ大陸とハワイが半数以上を占め、アジアは一割強しか占めていない。この米国への集中の背景には、先述のようにアジア市場の未成熟さがあったわけだが、一九七〇年代の初めまでは、むしろ円とドルの為替レートという問題が大きかった。

当時は、言うまでもなくドルの価値が非常に高かったため、米国進出は初期投資が高くつくものの、日本から調理人を雇うにしても、食材を輸入するにしても、また利益を日本に送金するにしても、米国には大きな優位性が存在したのである。この優位性は、一九七二年の変動相場制への移行以後は徐々に小さくなっていくが、一九七〇年代を通して米国進出のインセンティブとなっていた。一方、アジアやハワイは日本人の海外旅行者数が伸びていたため、ツーリスト市場が見込める場所（ホテル内など）に限定された進出が見られたのが特徴である。

一九八〇年代は、アジア市場への進出が増加するのが特徴である。「アジアNIE's」と呼ばれたシンガポール、韓国、台湾、香港、およびタイ、マレーシア、インドネシアは、輸出工業の発展によって所得が増大したことから新しい消費市場として注目されはじめた。日本企業の進出によって、駐在員市場が拡大したことも要因となっている。とはいえ、やはり進出先のトップは何と言ってもアメリカ大陸であり、総進出数の半数を占めていた。

また、この時期に注目されるのは、中国大陸への進出がはじまったことである。当時は、まだ中国の一般消費者による日系外食店の利用は期待できる状況ではなかったが、外国人向けのホテルが次々と整備されたことで、そこへの出店が見られた。具体的には、三越系の「二幸」と「サッポロビール」がそれぞれ新僑飯店に、「京樽」が北京飯店に、「シャロン」が上海国際機場賓館に出店している。いずれも、日本人をはじめとする外国人のビジネス客を狙ったものであった。

一九九〇年代になると、アジアへの進出が一九八〇年代の七二件から一一六件へと大きく伸び、アジアが七割以上を占めるに至った。国別で見ても、米国に代わって中国が最多となり、以後、現在に至るまで首位を保つこととなる。

この時代の中国進出は、中国の所得上昇に伴った一般消費者の上位層を狙ったものであった。また、中国大陸に次いで多かったのが台湾である。台湾の消費者は日本や日本の消費財に対する関心が高く、多様なものが受容されやすいことが基盤にあったが、当時は香港とともに大陸へのゲートウェイと見なされていたため、大陸進出のための「学習市場」と見なされた。ただし、香港は一九九七年に返還を迎える予定であったことから進出を控える企業もあり、件数が伸びていない。

二〇〇〇年代はアジアシフトが一層鮮明になり、全体の八割近くを占めるに至った。とくに中国大陸への進出が急増し、大陸へのゲートウェイとしての地位を得た香港も加えると全体の約三五パーセントを占めるに至っている。また、この時期になると中華圏とともにタイやシンガポールなどの東南アジア市場で成長する企業が増大し、新たにインドネシアやフィリピンが進出先として注目されるようになった。日本の外食が東南アジアでも成長できることが示されたのが、この時期であった。

二〇一〇年以降は、進出先にいくつかの変化が表れている。**表1－4**、直近五年間の進出先を整理したものである。

近年の特徴としては、①進出総量の急増、②中国進出のピークアウト、③タイへの進出増、④ベトナム、ラオス、カンボジアなどインドシナ半島の新興国への進出増、⑤UAEなどの中東への進出、⑥ブラジルやメキシコなどの中南米への進出、などが挙げられよう。すなわち、従来のような特定国への集中が薄らぎ、幅広い地域への進出が見られるようになったことである。

この背景には、多くの国に進出している外食企業が増大したことで、新しい市場を求めた進出行動が増えてきたからにほかならない。また、ベトナムやカンボジアではイオンモールが大型のショッピングセンターを開設して日本の外食店を誘致したことも、これらの市場への進出を増大させた要因として挙げられる。さらに近年は、海外進出をサポートしようとする公的機関（JETRO、地方自治体など）や民間企業（銀行、コンサルタント）が増大しており、海外の新興市場の情報が入手しやすくなっていることも見逃せない。近年の進出先地域の拡大は、外食国際化の深化の表れと言えよう。

カンボジアのイオンモール（写真提供：イオンモール株式会社）

表１－４：進出先から捉えた近年の海外進出（2010～2014年）

進出先	2010	2011	2012	2013	2014	計	%
韓国	5	10	10	3	7	35	5.3
台湾	8	7	17	11	19	62	9.3
香港	7	10	18	19	12	66	9.9
マカオ		1		1	3	5	0.8
中国大陸	20	26	28	16	15	105	15.8
タイ	13	12	14	23	22	84	12.6
シンガポール	13	18	25	15	14	85	12.8
マレーシア	1	4	8	3	6	22	3.3
インドネシア	3	2	7	9	9	30	4.5
フィリピン		2	5	9	8	24	3.6
ベトナム	2	2	3	3	12	22	3.3
ラオス					2	2	0.3
ミャンマー					3	3	0.5
カンボジア			2	5	6	13	2.0
インド			1	2		3	0.5
他アジア		2		1		3	0.5
小計	72	96	138	120	138	564	84.8
中東			3		4	7	1.1
欧州		2	4	1	5	12	1.8
米・カナダ	7	11	14	7	8	47	7.1
ハワイ・グアム		3	3	3	6	15	2.3
中南米	1	1	1	1		4	0.6
オーストラリア	1	2	2	2	4	11	1.7
ロシア		1		1		2	0.3
その他	2				1	3	0.5
小計	11	20	27	15	28	101	15.2
合計	83	116	165	135	166	665	100.0

注）空白部分は進出なし。「他アジア」はブルネイ、パキスタン、「その他」はウクライナ、ニュージランド

出所）データベースに基づき筆者作成。

6　海外進出の存続率（寿命）

以上、わが国の外食業の海外進出の推移を振り返った。では、これらの海外進出は、事業としてどれくらい継続できているのであろうか。**表１－５**は、データベースの「現状」欄を基に、これまでの進出の存続率（存続数／進出数）を進出時期別（五年ごと）に見たものである。

当然のことながら、進出が古いものほど存続率は低下しており、逆に新しいものほど存続率は高くなっている。戦後の存続率は全体で七割近い数字になっており、比較的高いように思われるが、これは全体の半数近くを二〇一〇年以降の五年間における進出が占めていることが影響している。というのも、二〇〇九年までの進出で存続率を再計算すると、存続率は四九・八パーセントと五割を切ってしまうからである。

あくまでも筆者の仮説であるが、日本企業の場合は、いったん海外進出を行うと五年間くらいは事業の様子を見ることが多いであろうから、その間は赤字が続いても撤退はしない可能性が高い。逆に、進出から二五年以上が経過すると、その間に経営環境の変化や経営者（海外進出の意思決定者）の交替などで海外戦略の見直しが行われる（撤退を決断する）可能性が高くなると推測できる。

表1－5：進出時期別の存続率

年　代	進出総数	存　続	撤　退	存続率
1960～69	9	1	8	11.1
1970～74	27	6	21	22.2
1975～79	25	6	19	24.0
1980～84	55	15	40	27.3
1985～89	101	27	74	26.7
1990～94	88	31	57	35.2
1995～99	72	31	41	43.1
2000～04	111	69	42	62.2
2005～09	245	180	65	73.5
2010～14	665	597	68	89.8
計	1,398	963	435	68.9

出所）巻末データベースを筆者整理。

この仮説を基に、二五年前の一九八五年から五年前の二〇〇九年までの二五年間の進出に限定して存続率を計算すると五四・六パーセントとなる。恐らく、これくらいの数値、つまり五割強程度が外食の海外事業の存続率ではないかと考えられる。

この数値が高いのか低いのかの判断は難しいが、小売業の場合は、戦後全体の存続率が百貨店で二四・六パーセント（一九五八年～二〇一一年九月）、スーパーのそれが三〇・〇パーセントであることを考えるなら、外食のほうが長続きしていることがうかがえる。(17)

さて、現在存続しているもののなかでもっとも古いものは一九六四年に米国に進出した「ベニハナ」であるが、すでに述べたように、これは現在では完全な米国企業となっている。(18)その点では、日本企業として最古のものは、一九七〇年にサントリーがメキシコ・シティーに出店した高級日本料理店の「レストラン・サントリー」となる。

サントリーは、一九七〇年代から一九九〇年代にかけて、北米、南米、欧州、アジアの主要都市に「レストラン・サントリー」を出店してきたが、その後の海外戦略

(17)　外食は進出件数ベースであるが、小売は店舗数ベース。川端［二〇一一］の巻末データベースを基に算出。

(18)　同社は二〇一五年時点で米国と中南米に一一二店（フランチャイズ一五店、寿司店二七店を含む）を、カナダ、ハワイ、英国、中東諸国、東南アジアに二四店を展開しており、まさに地球規模での成功を収めた外食企業の一つとなっている（「Benihana of Tokyo, Inc.」およびその子会社「Benihana Inc.」のホームページより）。

メキシコのレストラン・サントリー（1970年代、写真提供：サントリーホールディングス株式会社）

の見直しによってそれらのほとんどが閉店してしまった。しかし、メキシコのレストラン事業は順調に推移していたことから存続し、近年では新たに和風フュージョンの業態「Shu」(二店舗)も展開するようになり、合計九店舗にまで拡大している。(19)

(19) 現在はメキシコとハワイに店舗が残る。メキシコ事業の歴史と近況については、桜井文生[二〇一三]が簡単に紹介している。サントリーの海外での外食事業は、現在では子会社の「Suntory F&B International」(香港)がアジア地区で展開するステーキ店「ペッパーランチ」(フランチャイズ契約)と和食店「さん」が柱となっている。

第2章

食文化問題から見た外食国際化

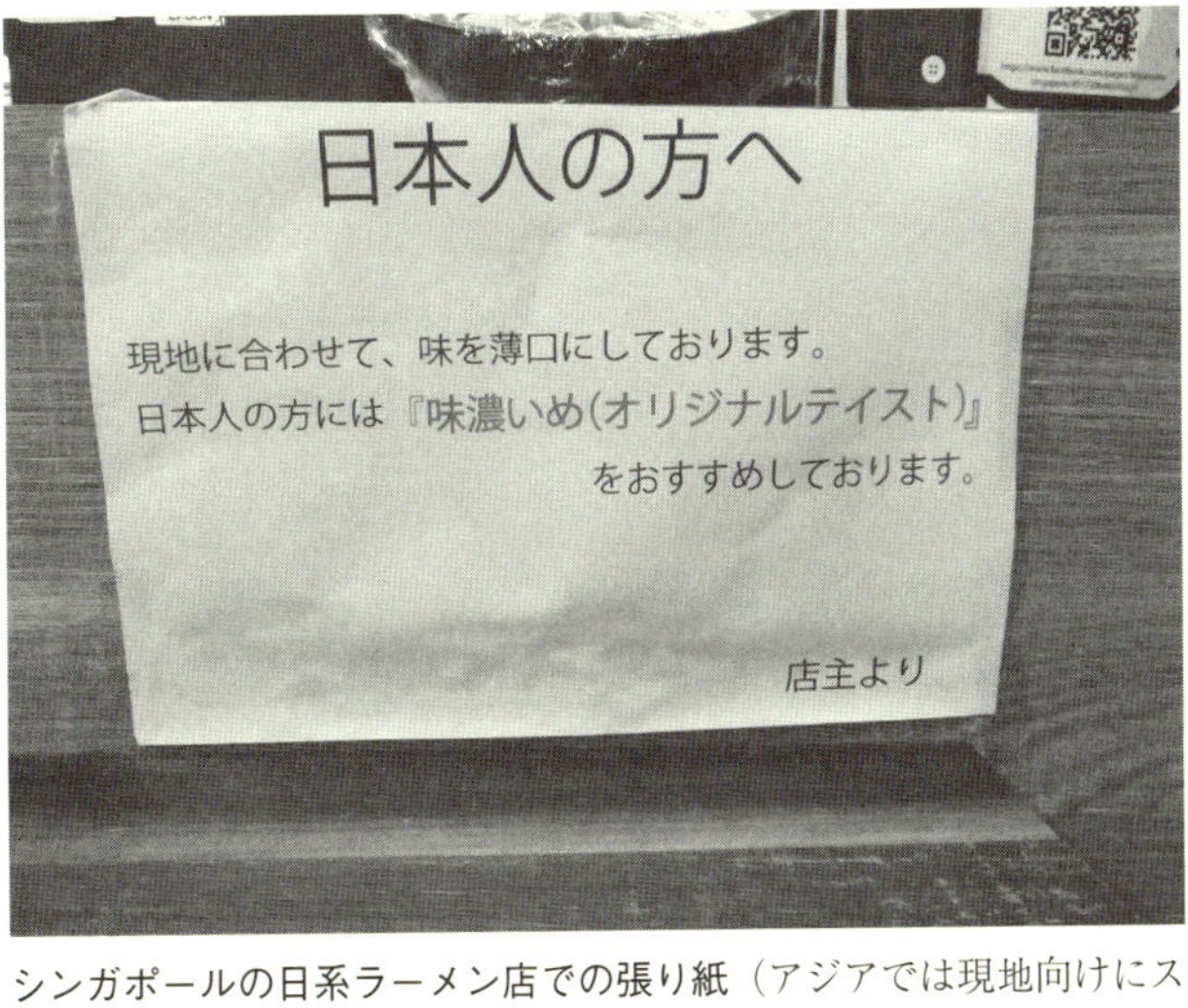

シンガポールの日系ラーメン店での張り紙（アジアでは現地向けにスープを薄目にしている、2014年３月筆者撮影）

1 食文化問題とは

外食業が国境を越える際には、母市場で提供してきた「食」を、現地市場の食文化にどのように適合させるのかが大きな問題となる。日本と同じ料理を同じ手法で提供してみても、進出先の消費者からすれば受容が難しいことも少なくない。母市場と進出先市場との食文化のギャップによって経営上の問題が生じること、すなわち市場進出の成否（売上や利益の額）が影響を受けることを、ここでは「食文化問題」と呼んでおきたい。

筆者が行ったヒヤリング調査でも、折に触れて、この進出先での食文化が与える影響について尋ねてきた。すなわち、進出時にどのような食文化問題が生まれ、それをどのように克服（軽減）してきたのか、そして現在どのような食文化問題に直面しているのか、ということである。この調査を進めるうちに、食文化問題に関して二つのことが明らかになってきた。

一つは、食材や味の選好（嗜好性）に対する市場ごとの差違はかなり複雑なものであり、簡単には読み解けないということである。たとえば、多市場に進出している外食企業について市場ごとのメニューの選択傾向を見ると、大きな差違が見られる一方で市場間の類似性も見られる。何を選択するのかという要因には、単に嗜好性の問題だけではなく、食材に対する価値観をはじめとする多様な歴史的・社会的・経済的要因が絡んでおり、簡単には説明ができないことが多い。それゆえ、選択の傾向は時代によっても、消費者の世代によっても異なる。

二つ目は、一口に食文化問題といっても、その内容には多様なものが含まれることである。つまり、食材や味の嗜好性に留まらず、メニューや味の意味や価値の問題、店舗レイアウトから業態そのものの存在意義に至るまで幅広い問題を含んでいたのである。ちなみに、わが国の食文化研究を切り開いてきた文化人類学者の石毛直道（一九三七～）は次のように述べている。

「食は生活の基本であるだけに、さまざまな領域にまたがる事柄である。いままで述べた農学、栄養学、生理学、歴史学、民俗学のほかに、世界の食文化の比較には民族学や文明論、食事空間について述べるとすると建築学、調理道具や食器については道具論、盛りつけに関する事柄には美学、食の情景描写に関しては文学、食品の価値や外食については経済学や社会学…といったふうに、おおくの分野を網羅するのが食文化である」（石毛［二〇一五］一三ページ）

食文化研究の内容がいかに広範で多岐にわたるかを石毛は説いているが、この一文からは、食文化には「食事空間」、「盛り付け」、「食品の価値」といったことも含まれており、それは幅広い視角から捉えられるべきものだということが分かる。

以下では、実際に日本の外食企業がどのような経験をしてきたのかを紹介することで、外食国際化における食文化問題の多様性と本質を捉えたい。

2 ハンバーガー店から見た食材選好

外食業が海外進出をしようとする場合、まずは自社（自店）がウリにしているメニューが現地の消費者に受け入れられる（気に入られる）のかどうかが問題となろう。進出先市場の消費者が、どのような食材に魅力や価値を感じるのか、どのような味付けを好むのか（嫌うのか）といった問題であるが、これは外食業にとってはもっとも基本的な食文化問題と言えよう。

ここでは、ハンバーガーを例に、この食材に対する市場ごとの反応の違いについて見てみたい。ハンバーガーは、大雑把に言えば、丸いパン（バンズ）とそれに挟まれた内容物（パティ）とソースとから成る。日本のバーガーチェーンの場合、挟まれている内容物は牛肉がメインのもの、豚肉がメインのもの、鶏肉がメインのもの、魚介類がメインのものの四つに大別でき、魚介類はさらに魚、海老、海鮮（数種が混ざる）の三種に分けられる。しかし、市場別にそれらの売れ行きを見ると、人気があるハンバーガーの種類は大きく異なっている。

表2-1は、日本発のハンバーガーチェーン「モスバーガー」[1]における海外での人気メニューランキングを、挟まれているパティの食材別に整理したものである。この表からは、全体的には牛肉系のバーガーが売れていることが分かるが、市場ごとのバラエティーの存在も明らかになる。

表2－1：モスバーガーの海外での人気ランキング（市場別・食材別）

	日本	韓国	台湾	香港	中国	シンガポール	タイ	インドネシア	オーストラリア
1位	牛	牛	海鮮	牛	牛	鳥	魚	牛	牛
2位	牛	鳥	牛	海老	海鮮	魚	牛	牛	鳥
3位	牛	牛	魚	鳥	鳥	牛	鳥	牛	牛
4位	牛	海老	鳥	海鮮	牛	海老	豚	鳥	牛
5位	鳥	鳥	豚	牛	鳥	牛	牛	牛	海老

注1）調査時期は2015年3月。
注2）グレーの部分はライスバーガー。
出所）モスフードサービスの内部資料を基に筆者作成。

たとえば、日本では一位から四位までを牛肉バーガーが占めているが、アジアの他の国では鳥や魚、海老や海鮮が人気であることが分かる。この傾向は、とくに台湾、香港、中国大陸、シンガポールといった華人系市場で顕著となっている。なかでも、台湾や中国大陸では海鮮が人気を集めている。東南アジアはタイとインドネシアに進出しているが、この二つの市場は嗜好の違いがはっきりと分かれる。タイでは魚を筆頭に多様な食材のバーガーが売れているのに対して、インドネシアでは牛肉への嗜好が強くなっている。同じアジア市場でも、食材の嗜好にはかなりの違いが見られる。

ところで、この表において網がかかっている部分は、パン

(1)　モスバーガーは、二〇一五年九月末時点で、台湾二四〇店、香港一五店、中国大陸一七店、韓国一〇店、シンガポール二八店、タイ六店、インドネシア二店、オーストラリア五店の計三二三店を海外に展開している。最初の進出地である台湾には、専用の食材加工工場も有している（詳細は第3章を参照）。

で挟んだバーガーではなく、ライス（ご飯）を固めたもので挟んだ「ライスバーガー」であることを示している。これはモスバーガーのオリジナル商品で、他のチェーンと差異化する戦略メニューとなっている。

表を見ると、ライスバーガーは日本ではトップ５には入っていないが、海外では人気があることが分かる。とりわけ、台湾をはじめとする華人系市場で人気が高く、台湾では売り上げ全体の三〜四割程度をライスバーガーが占めるほどである。下の写真は、台湾や中国大陸で人気を集める「海鮮かきあげライスバーガー」である。一方、同じアジアでもタイ市場ではライスバーガーはほとんど売れないとされ、市場ごとの選好の違いが大きく表れている。

このような食材選好の差違は、市場間でのメニューの標準化や食材調達の効率化（集約化）が容易ではないことを、換言すれば、グローバル展開によるスケールメリットの達成には一定の限界が存在することをうかがわせる。

海鮮かきあげライスバーガー（写真提供：株式会社モスフードサービス）

3　定食店から見た日本食の受容問題

では次に、食材だけでなくその調理法や味の要素を加味して捉えるとどうなるのであろうか。ここでは、定食チェーンのケースを見てみたい。

表2－2は、アジア各国と米国に展開する「大戸屋」における定食メニューの売れ筋ランキングを、食材と調理法および味に着目しつつ整理したものである。(2) 大戸屋は、食品の輸入規制が強いインドネシアを除くアジア市場で魚やタレ・ソースなどの共通化（標準化）を進めてきており、メニューの共通性はインドネシア除いて高くなっている。また、価格は市場ごとに多少の差が見られるものの、円換算すると日本よりも高めになっており、現地では日本食店のなかでも高級な部類に入る店として認識されている。

さて**表2－2**で、まずどのような食材に人気があるのかを単純集計すると、六市場の全三〇メニューの内訳は、魚料理と豚料理が各一一種、鳥料理が五種、牛料理が一種、その他が一種とな

(2)　「大戸屋」は、二〇一五年一〇月時点で、香港四店、上海二店、台湾二五店、タイ四七店、シンガポール三店、ベトナム一店、インドネシア五店、米国（ニューヨーク）五店の計九二店を海外に展開している。

表2－2：大戸屋の売れ筋ランキング（食材・調理法・味付）

	上海		台湾		香港	
1位	魚	焼き（サバ）	魚	焼き（ホッケ）	豚	カツ(ソース)&麺ト
2位	豚	カツ（玉子とじ）	魚	焼き（サバ）	魚	焼き（ホッケ）
3位	豚	カツ	鳥	焼き	豚	カツ(味噌煮込み)
4位	魚	焼き（ホッケ）	豚	カツ	魚	焼き(ギンダラ・西京漬)
5位	鳥	炒め（黒酢あん）	鳥	親子丼	牛	焼き(タン・塩こうじ)

	シンガポール		タイ		ニューヨーク	
1位	豚	焼き（塩こうじ）	魚	焼き（ホッケ）	豚	カツ
2位	豚	カツ（玉子とじ）	豚	カツ（玉子とじ）	豚	カツ（玉子とじ）
3位	鳥	親子重	—	キムチ鍋	魚	焼き（ホッケ）
4位	魚	焼き（ホッケ）	魚	焼き(アジ・塩こうじ)	魚	焼き（サバ）
5位	魚	焼き（サバ）	豚	カツ	鳥	親子丼

注）2013年9月分の集計。
出所）大戸屋内部資料に基づき筆者が整理。

アジアで人気の大戸屋のホッケの炭火焼き定食（台湾、写真提供：株式会社大戸屋ホールディングス）

っており、魚料理と豚肉料理が多数を占めている。

魚の調理法を見ると、そのすべてが「焼き」であり、いわゆる「焼き魚定食」が人気を集めていることが分かる。そもそも華人系の食文化圏における伝統的な魚の調理法は、「蒸す」か「揚げる」が一般的で「焼く」料理は非常に少ない(3)。したがって、魚をそのまま素焼きにして食べる「焼き魚」という料理（定食）自体が、中華圏の消費者には日本料理的な印象を強く与えていると思われる。

大戸屋では魚や鳥の料理に炭火焼メニューを多く取り入れており、その点でもアジアの消費者には新鮮さを与える存在となっている。魚の種類は、脂分が多いホッケとサバの人気が高い。とくにホッケは、北方の魚であるためアジアの人々には馴染みのない魚であるが、その珍しさ（日本らしさ）、脂のノリのよさ、ボリュームの多さ（コストパフォーマンスのよさ）などの要因が重なって人気を呼んでいるとされる(4)。

ただし、タイでは庶民の料理として以前からサバを焼いたものが普及しており、スーパーなどでも売られていることから、焼き魚自体に日本を感じることはないと考えられる。むしろ、ホッ

（3）四川料理には焼いた魚に辛いタレに漬けたものや魚の串焼き料理があるが、日本のように魚をそのまま焼いたシンプルな調理法はない。

（4）タイ、シンガポール、台湾、香港の「大戸屋」でのヒヤリングを集約したもの。

ケやアジといった、タイにはない魚種の味に惹かれていると推察できる。

次に、豚肉料理について検討したい。**表2－2**では、豚肉を使った料理はほとんどトンカツとなっている。前章でも述べたように、トンカツは海外では日本料理として認知されている。ただし、同じトンカツでも市場によって人気のある調理法や味付けは異なる。

上海、シンガポール、タイ、ニューヨークでは鍋に入れて卵でとじて提供するメニュー（表中で「玉子とじ」と表記）が上位に来るが、香港ではソースカツ丼が一位となっており、さらに味噌煮込みも三位に入っている。他方、台湾では、よりシンプルなトンカツ定食に人気が集まっている。また、香港でソースカツ丼や味噌煮込みといった日本的メニューが人気を呼ぶ背景には、日本への旅行経験者の多さやマスコミにおける日本情報の多さが影響していると推察できる。

次に、味に着目してみよう。近年、日本で流行となった「塩麹《こうじ》」が香港、シンガポール、タイでランクインしている。また「西京漬」、「味噌」といった日本的な味噌系の味も、香港やインドネシアで受容されていることが分かる。なお、**表2－2**には明記していないが、炭火で焼いたメニューも一二種類含まれており、炭火の香りも人気があることがうかがえる。日本人から見れば、受容が難しそうな味付けや風味であっても、比較的容易に食文化の壁を乗り越えているという現実が見てとれる。

以上のように、どのような食材や調理法、味が食文化の壁を超えるのかは非常に読みづらい。

「大戸屋」のケースを見ても、思わぬものが現地の消費者に「日本らしさ」、「新鮮さ」、「珍しさ」、「割安感」、そして「おいしさ」といった価値を提供するケースも少なくないことがうかがえる。このような実態を見ると、そしてまた近年の情報や人のグローバル化の進展を考えると、日本のローカルな食文化が越境する力は以前よりもかなり大きくなってきているのかもしれない。この点については、後述の「和民」のケースで再度検討したい。

4 牛丼店における食事空間問題

本章の冒頭でも述べた通り、食文化問題は食材や調理法、味といった問題に留まらない。日本で最初に海外進出を果たした外食フランチャイズチェーン店は、一九七四年にニューヨークに出店した「どさん子」ラーメンであったことは前章で述べた。(5) その翌年の二月になると、今度は「吉野家」が米国のデンバーに出店する。(6) ところが、この出店で「吉野家」はいきなり二つの大きな

(5) 「どさん子」の一号店は現地の日本人に商標を貸与しただけの店であり、いわゆる本格的にチェーン展開を開始するのは翌一九七五年の一一月に出店した店からであった。したがって、厳密には「吉野家」の進出が日本で最初のチェーン店の海外進出ということになる（川端［二〇一〇］）。

食文化問題の洗礼を受けている。

一つは、牛丼という米飯主体の丼というメニューそのものが、米国人（とくに白人）にはあまり受容されなかったことである。その要因としては、肉の脂身の多さが見た目のヘルシーさを感じさせなかったことや、そもそも米飯食の文化がなかったことなどが挙げられる。さまざまな努力にもかかわらず、客足は思うように増えていかなかった。この問題は、後述するように米飯食の文化を有するアジア系や中南米系住民が多いカリフォルニアに移転することや、チキン丼という新商品開発を行うこと、そして野菜の量を増やしてヘルシーな印象を与えるといった改良を加えることなどで克服している。

二つ目は、それとはまったく異なる種類の「食事空間問題」であった。食事空間問題とは、どのようなものだったのであろうか。ここでは、この問題に焦点をあてていきたい。

さて、吉野家と言えば、「うまい、やすい、はやい」というキャッチコピーを思い起こす人も多いのではなかろうか（とくに中高年の人は）。この三つのなかでも、「はやい」はファーストフード店である吉野家の基本コンセプトを示す象徴的な言葉となっている。ファーストフード店としてチェーン化を推し進めた一九六〇～一九七〇年代は、「はやい、うまい、やすい」の順番となっており、「はやい」が前面に押し出されていた。(7)

この「はやい」を体現するものが、店舗の中央に置かれた白いカウンターであった。さっと席に着き、さっと出される丼を、さっと食べて、さっと出ていく、というファーストフード性を実現させる重要な装置がカウンターであった。もちろん、店員の動きもカウンターによって合理的でより迅速なものになった。吉野家にとっては、カウンターのある食事空間こそが業態コンセプトの根本とも言えるので、カウンターは絶対に外せない存在でもあった。

米国・デンバーの1号店でも、このカウンターは当然のごとく店の中央に置かれた。写真は、当時の店内である。日本のカジュアルな白いカウンターではなく、重厚な木目調の大きなカウンターが中央に据え付けられているのが分かる。

ところが、このカウンターは米国人客にとっては存在の意味が理解できないものであった。米国でカウンターがある飲食店と言えばバーかダイナー[8]であるが、いずれもカウンターを隔てて内

(6)　吉野家は、国内の急激な規模拡大に合わせて牛肉の安定仕入れのために、一九七四年に牛肉の卸会社（パッカー）が集積する米国のデンバーに調達会社（輸出子会社）を設立した。ところが、その直後に、日本政府が国内の畜産業者の保護を目的とした輸入禁止措置をとったため、とりあえず輸入規制が解除されるまでのつなぎ事業としてはじまったのが、デンバーでの牛丼チェーン展開であったとされる（川端［二〇一〇］）。

(7)　一九八〇年代に入ってチェーン間競争が激しくなると「うまい、はやい、やすい」の順になり、二〇〇〇年には「うまい、やすい、はやい」と「はやい」が強調されなくなった。

(8)　ダイナーとは、米国の東海岸に多いプレハブの気取らないレストランで、大きなカウンターが特徴となっている。もともと食堂車を転用した歴史があるため、細長い店舗形態が多い。

側の従業員と客とのコミュニケーションが成立している。ところが、吉野家のカウンター内には誰もいない。従業員は、厨房から運んできた丼をカウンターの内側から出すだけですぐに立ち去ってしまい、顧客の話し相手にはなってくれない。

　また、カウンター席だと二人の場合は別として三人以上では話がしづらいということもあって、結局、米国の店ではカウンター席に座る客はほとんどなく、周囲にあるテーブル席に座る客が圧倒的であったとされている。要するに、カウンターは「意味のないもの」として米国人には受容されなかったのである。

　一九七九年になると、吉野家はデンバーからロサンゼルスに進出をしている。その理由は、先述のように牛丼という米飯メニューがアメリカ人（白人や黒人）の間でなかなか受け入れられなかったためで、米飯の食習慣がある人々、すなわちアジア系住民と中南米系住民（ヒスパニック）が多く住むカリフォルニア州に進出したのである。(9)

吉野家の米国１号店（1975年。写真提供：株式会社吉野家インターナショナル）

この進出とともに店舗も大幅に改装された。それが、ここに掲載した写真である。まず目につくのは、カウンターが消えていることである。この店舗では、最初にレジカウンター（写真右奥）で注文をしてお金を払い、そこで牛丼やドリンクを受け取って、それをトレイ（盆）に乗せて好きなテーブル席に着くという手順を取っている。これは「ウォークアップ方式」と呼ばれるものだが、マクドナルドの店と同じ造りにしたわけである。また、顧客自身が重い牛丼をトレイに乗せて歩くのは危険という配慮から、瀬戸物の丼を発泡スチロール製の軽いものに変更している。

こうして、吉野家は米国的なファーストフード店に変身を遂げた。まさに「食事空間」の大転換であった。これによって米国事業は軌道に乗るようになり、現在ではカリフォルニアで一〇〇店舗を超えるまでに成長している。

ところで、このカウンターは、一九八八

（9）一九七七年にはロサンゼルスに「ヨシノヤウエスト」が設立され、ここが米国事業の新たな拠点となる（デンバーは閉鎖）。

カリフォルニアに移動した頃の吉野家（写真提供：株式会社吉野家インターナショナル）

年に二つ目の海外市場として進出した台湾でも文化摩擦を引き起こしている。やはり、顧客の評判がよくなかったのである。台湾の人たちは、食事は一人でとらないことが多い。むしろ、大人数の家族やグループで食事に出掛けることが多い。ところが、店のまん中にカウンターを置いてしまった吉野家に戸惑う来店客が多かったとされる。

みんなで大テーブルを囲んで賑やかに食事をする文化にとっては、カウンターのある店は侘びしい食事空間としか映らない。台湾には日本びいきの人が多く、吉野家の進出も牛丼も大歓迎されたのであるが、その食事空間は受容されなかった。結局、台湾でもカウンターは撤去されてしまっている。

その後の吉野家における海外店舗では、カウンターは一切設置されていない。現在、吉野家の海外店舗は一〇か国に約六五〇店存在しているが[10]、世界中でカウンターが置かれている吉野家の店は日本にしかない。海外の吉野家を知る訪日観光客にとっては、カウンターのある日本の店内は驚きの食事空間かもしれない。

吉野家の国際化は、国境を越えると、食事空間の意味も変化することを教えてくれたと言える。これも食文化問題の一つなのである。

5 酒が注文されない居酒屋問題

香港は人口七二〇万人のかぎられた市場であるが、そこで三二店舗もの展開に成功している人気外食店がある。それが大手居酒屋チェーンの「和民」である。同社は、現在、海外八か国に約一〇〇店舗を展開する国際チェーンに成長しているが、(11)同社にとって香港は海外の中核市場となっている。

香港での成功の要因は、香港の食文化特性への適応化であった。以下、どのような適応化がなされたのかを見ていきたい。

まず、香港ではメニューや味付けを日本とまったく同じにした（変更しなかった）。香港の人にとっては日本の味付けは塩辛く感じるため、香港人が経営する日本料理店では塩分を薄くし、さらに料理も香港人が好むようにアレンジしている店がほとんどである。しかし、日本への旅行経験者が非常に多い香港では、(12)本物の日本料理の味を知っている人が多い。そのような人たちに

(10)　二〇一五年八月末時点。中国大陸と香港は別々にカウント。
(11)　二〇一五年八月末時点。中国大陸と香港は別々にカウント。海外事業については、香港に本社を置くワタミインターナショナルが統括している。

とっては、「和民」は日本と同じ料理が食べられる貴重な店だと評価されているのである。

実は、これもれっきとした食文化への適応である。つまり、日本旅行の経験者が多く、本物の日本の味を知る香港消費者の特性に合わせて、あえてメニューや味を変えなかったのである。適応化と言えば、相手に合わせることを想像しがちであるが、そう単純ではないことが分かる。

次に「和民」が行ったことは、「居酒屋」から「居食屋」への転換であった。言うまでもなく、日本の居酒屋は酒を酌み交わすための店であり、酒が売り上げと利益の柱となっている。そして、リーズナブルな価格で酒に合う多様な肴《さかな》が提供されるというのがウリである。また、そのターゲットはサラリーマンや学生であり、主に男性であった。

ところが、香港の「和民」では、まったく異なる状況が展開した。まず、酒はほとんど注文されず、売り上げ全体の五パーセントにも満たなかったのだ。⒀ また、香港の「和民」では若い女性客が半数程度を占めたという事実もある。彼女たちの多くは、グループで訪れ、いろいろな日本食をテーブル狭しと並べて、みんなで分け合いながら食事とおしゃべりを楽しんでいたのである。

香港におけるこのような利用実態は、「居酒屋」の存在意義が日本とは異なることを示している。すなわち、「和民」のメニューは、それまでの香港人が見たこともない珍しい日本食であった。刺身や寿司、天ぷらだけではなく、揚げ出し豆腐、海老のマヨネーズ焼、たこわさ、アスパラの牛肉巻き、串焼き、小鍋などである。しかも、一皿が比較的少量であるためリーズナブルな価格で食べられる。それまでの日本食と言えば高級で、天ぷら店、すき焼店など特定のメニューに偏った品揃えの店が多かったが、「和民」では一つの店で極めて多様な日本食が食べられたこともあって、女性客だけでなくグループで訪れて、楽しくおしゃべりをしながら楽しめる貴重な店として受容されていった。

「居酒屋」という日本で生まれた業態は、新しい「意味」と「価値」をこうして香港で獲得した。このような実態を踏まえて、香港の「和民」は、「居酒屋」というコンセプトではなく「居食屋」と称するコンセプトで海外展開を進めるようになった。(14) また、女性客をターゲットとするため店内のインテリアも重視し、香港のデザイナーを使って日本の居酒屋のイメージを超えたお洒落な「食事空間」を提供することで新たな価値を創造している。

---

(12) 香港進出のきっかけは、香港の実業家デレク氏が日本のワタミ本社に香港進出を依頼したのがきっかけであった。デレク氏は、日本で二年半修行を積んだのち、香港事業のパートナーとしてワタミと合弁会社を立ち上げて現地の社長となった。メニューを日本と同一にしたり、酒が注文されないことを想定したり、女性をターゲットとすることは、デレク氏の香港人としての感覚がベースとなっていた。ただし、その後デレク氏は上海に移ったため、現在では香港事業はワタミの独資となっている。デレク氏のことについては、川端［二〇〇六］に詳しい。

(13) 香港のワタミインターナショナルでのヒヤリング（二〇一一年一一月）。香港にかぎらず、多くのアジア市場では食事の際にアルコールを注文する人の割合が非常に低い。ワタミは、日本のほか香港、シンガポール、中国大陸、韓国で展開しているが、海外で日本と同様のアルコール注文率を示す市場は韓国だけされている。

この「和民」のケースは、食文化問題について二つのことを教えてくれる。

一つは、メニューや味の現地適応化（変更）は、場合によっては「変えない」ことが適応化になりえることである。もっとも、日本そのままであることが価値と競争優位を有する香港市場と、その他の市場とを同じように見なすわけにはいかない。実際「和民」も、中国大陸（深圳《シンセン》や上海）では香港とは別の適応化戦略を取っていることも忘れてはならない。

二つ目は、外食業の業態コンセプトですら食文化の洗礼を受けることである。つまり、海外進出にあたっては、日本で磨いた自らのコンセプト、すなわち存在意義や競争優位が現地の食文化のなかでどのように変化するのかを把握することが重要となり、それへの正しい適応化が求められていることを示している。換言すれば、現地消費者の目から自らの業態を捉えた場合、どのような意味や価値をもつのかを見極め、どのように変化すること（しないこと）が現地消費者に新しい価値を提供できるのかを適切に判断することが進出の成否を分けるポイントとなる。

6 「味」の受容と意味づけ

以上のように、外食業の海外進出に影響する食文化問題には多様なものがあるが、次にもっとも根本的な問題とも言える「味」をめぐる問題を取り上げてみたい。

第1章で一九七〇年代に食品メーカー系外食店の海外進出が見られたことを述べたが、その一つがキッコーマンによる欧州での鉄板ステーキ店「大都会」の出店であった（第1章、**表1－1**参照）。このレストランは、欧州市場で醤油を販売するためのデモンストレーション店、あるいはショールーム的な役割を担っていた。

一九六〇年代、キッコーマンは米国市場に醤油を浸透させるにあたって、いきなり汎用調味料として醤油を浸透させるのは難しいとの判断から、ステーキ用ソースの一つとして販売する戦略を採った[15]。展示会やスーパーでのデモンストレーションといった場で牛肉を鉄板で焼き、その上からジュッと醤油をかけると、鉄板の熱で醤油の香ばしい香りが立って好評を博したとされる。

こうして、肉好き、バーベキュー好きのアメリカ人の間に醤油を新しいバーベキューソースと

(14) 香港のワタミインターナショナルのホームページには、「現地のニーズにあわせて、日本の「和民」を、手頃な価格とフレンドリーなサービスで楽しめるおしゃれなJapanese Casual Restaurantとして展開しています。ワタミの海外展開は、『飲むだけでなく、食べるだけでなく』という新しいスタイル、『居食屋スタイル』の展開でもあります」と記されている（二〇一五年一〇月一〇日閲覧）。

(15) 当時、アメリカで話題となっていた「ベニハナ」でも、鉄板焼のソースには醤油ベースのソースを使っていた（青木［二〇一五］）。

して受容させることに成功した。この経験をベースにして、欧州でもステーキソースという意味づけを普及させせようとしたのである。そのために、醤油ソースで牛肉を食べることが体験できる施設として、ドイツに出店したのが鉄板焼ステーキ店の「大都会」であった。[16]

ここで注目すべきは、キッコーマンが欧州市場へのゲートウェイとしてドイツ市場を選択したことである。なぜ、ドイツ市場であったのだろうか。この背景には、欧州市場内の地域ごとの食文化特性があったとされる。一口に欧州市場と言っても、イタリア、フランス、スペインといった南部地域と、ドイツ、オランダ、北欧などの北部地域とでは、調味料に対する食文化が大きく異なる。南部地域ではさまざまな野菜が豊富に採れることもあり、トマトやその他の野菜などをベースとした多様な調味料やソース類が発達してきた。換言すれば、伝統的に多様な「味（味覚）」が存在してきたわけである。

一方、北部地域では、野菜と言えばジャガイモやニンジン、キャベツなどが主で、味付けも塩と胡椒が中心の料理が多い。醤油は欧州の人たちにとっては新しい「味」であることから、伝統的に調味料やソースが少ない（競合する調味料が少ない）北部地域のほうが受容され易いと判断したのである。

結果的には、キッコーマンの読み通り、醤油はドイツ、オランダ、北欧を中心とした地域で市場を拡大していったが、イタリアやフランスといった南部地域への浸透はなかなか進まなかった

column

欧州における醤油の受容と「マギー（Maggi）」

キッコーマンが欧州に進出するにあたり、伝統的に調味料が少ないドイツやオランダ、北欧などの北部地域から参入して成功したことは本文で述べた。しかし、筆者は北部地域で醤油が受容された背景には他の要因もあったと推察している。

というのも、実は北部地域には醤油に近い味が古くから存在していたのである。それが、1887年にスイスで生まれた「マギー」である。スイスやドイツでは「マギー・ヴィルツェ（Würze）」、他の地域では「マギー（マジー）・シーズニング・ソース」とも呼ばれている旨みソースである（ネスレが製造販売）。ドイツやオランダでは10軒に８軒の割合で家庭に置かれており、あらゆる料理に使われる万能調味料である。

この調味料はアミノ酸系で醤油に極めて近い味がするが、戦前から世界中で販売されてきた。アジア各地でも売られており、タイや中国では地元で作られた類似品も出回っている（数年前まで日本でも販売されていたが、現在は販売されていない）。つまり、とりわけ欧州の北部地域ではこのマギーの味が古くから浸透していたため、他の地域よりも抵抗なく醤油が受容されたのではないかと推察できる。

なお、北部地域には「ウオック（Wok）」と呼ばれる東南アジア風（中華風）の炒め物料理が普及しており、小型のウオックの持ち帰り店も見かける。ウオックは醤油ベース味であり、これも北部地域で醤油が受容される要因の一つとなっている。ちなみに、キッコーマンはウオック（炒め物）用の醤油を欧州で販売している。

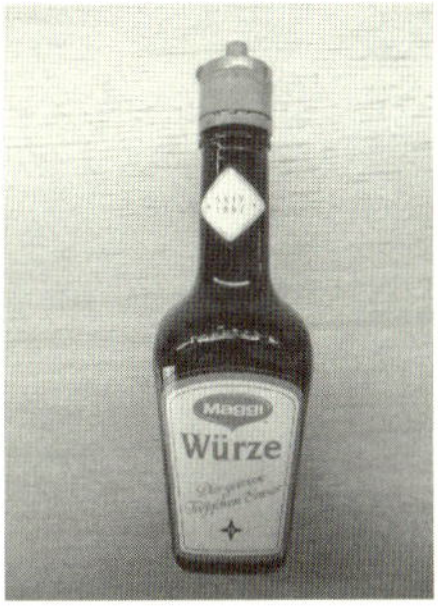

欧州北部で普及しているマギー・ヴィルツェ

とされる。[17] しかし、こうした状況は二〇〇〇年頃からはじまる寿司ブームの到来で一変することになった。寿司用の醤油需要が急激に伸び、これによって課題であった南部地域の醤油市場も一気に開けたのである。近年の欧州市場における醤油消費はまさにうなぎ登りで拡大しており、ロシア市場、東欧市場でも急激な伸びを見せているとされる。[18] このキッコーマンの経験からは三つのことが分かる。

一つは、認知度の低かった醤油をステーキソースとして意味づけし直したことで米国市場や欧州市場に受容されていったように、新しい味の越境に際しては、市場参入段階での意味づけ（新しい価値づけ）が重要になることである。

二つ目は、同じ欧州市場でも、調味料やソース類の環境が異なる南部地域と北部地域とでは醤油の浸透度が大きく異なったように、新しい味の越境に際しては受容する市場側の食文化環境が重要になる（鍵を握る）ことである。

三つ目は、この食文化環境（食文化障壁）は絶対不変のものではなく突破が可能なものだということである。その鍵は、新しい食とセットにして味を受容させることである。すなわち、寿司ブームによってそれまで醤油にほとんど接したことがなかった地域の人々が、醤油の味を新しい食である寿司とセットで受容し、またほかのものでは代替不可能な寿司のソース（タレ）として醤油を認識した（意味づけを行った）ことが、[19] 食文化障壁を乗り越えて市場が拡大したきっかけだったと考えられるのである。[20]

もちろん、キッコーマンは欧州市場で醤油を寿司用として普及させようとしてきたわけではない。あくまでも、各地の食材と融合する汎用的な調味料としてグローバルに普及させることがマーケティングの最終目的である。[21] その意味では、キッコーマンにとっては、寿司ブームはいわば

---

(16)「大都会」は、東京の高田馬場で営業していた鉄板焼ステーキ店であった。当初は「大都会」とキッコーマンの合弁事業ではじまったが、のちにキッコーマンの単独事業となり、一九九七年にキッコーマンの系列のＪＦＣレストランに運営が移譲された。この鉄板焼は、日本橋の「紅花」がモデルになっているとされることから、アメリカで成功したモデルを欧州にもち込んだとも言える。

(17) ＪＦＣ欧州でのヒヤリング（二〇一五年八月）。ただし、北部地域での販売量は順調に伸び、一九九七年にはオランダに欧州市場向けの工場を建設するまでになっていた。

(18) ＪＦＣ欧州でのヒヤリング（二〇一五年八月）。

(19) ちなみに、筆者は一九九〇年代末に英国スコットランドに在外研究で一年間滞在したが、当時、周囲の英国人たちは、醤油を寿司には欠かせない専用ソース（タレ）として認識していた（他の料理には基本的に使用しない）記憶がある。

(20) 新しい食とのセットで味が受容されることについては、後述「8　牛丼の味は市場ごとに変えるべきか」（一〇六ページから）を参照のこと。

(21) 二〇〇八年にキッコーマングループが採用した『グローバルビジョン2020』では、「キッコーマン醤油をグローバルスタンダードにする」ことが掲げられ、「世界中へしょうゆを広め、各地の食文化と融合させることで、新しいおいしさ（価値）を創造していく」ことが目指されている。（同社ホームページより）

その途上で期せずして生じた出来事であったと言える。

とはいえ、このようにメーカー側が戦略的に新しい料理とセットにして売り込むことで新市場における受容の突破口となったケースは、実は身近なところにも存在する。それは、日本でパスタやピザ用の調味料として広まった「タバスコ」である。

日本の伝統的な料理の味とはかけ離れたこの辛い調味料を日本市場に受容させるにあたってメーカー側が採った戦略は、当時の日本では新しい食であったパスタやピザとセットにして、それに欠かせない代替不可能な調味料として意味づけることであった。狙い通り、日本人はそれをイタリア料理用のスパイスとして意味づけをし、受容している。しかし、タバスコはそもそもメキシコの調味料であり、イタリアのものではない。したがって、イタリアではパスタやピザに用いられることは少なく、煮物などに入れているというのが実態である。

結局、問題は、市場参入の糸口（食文化障壁の突破口）をどのようにつくり出すのかということである。醤油の場合は、米国や欧州北部地域ではステーキ用ソースというメーカー側の戦略的な意味づけが糸口であったが、欧州南部地域では寿司用のソースという市場（消費者）側による意味づけであったと言えるのではなかろうか。いずれにしろ、このような「新しい意味づけ」が進出先の食文化障壁を崩し、新たな展開につながったことが重要だと言える。

7　トンコツラーメンと食の価値観

近年、日本のラーメン店の海外進出が著しいが、中国人にとっては、日本のラーメン（日式ラーメン）と言えば白濁したトンコツ（豚骨）スープというイメージが強いとされる。[22]それほどトンコツラーメンは中国大陸で広く受容されている。

トンコツは、九州の久留米市で生まれたローカルな味であり、のちには博多にも広がったものの、一九九〇年代前半までは全国的に見れば決してポピュラーなものではなかった。それまでは鶏ガラスープの醤油ラーメンが一般的であり、トンコツラーメンは九州独特のものとして認識されていた。そのようなトンコツラーメンが、なぜ中国大陸でこれほどまでに受容されたのであろうか。

そのきっかけとなったのは、中国大陸に進出して大きな成長を遂げた重光産業の「味千ラーメ

---

(22)　トンコツスープは、その名の通り、豚の骨（数種類の部位の骨を組み合わせる）を煮出してとったスープである。多くの場合、豚の骨だけでなく野菜や昆布など複数の素材から煮出す。これをラーメン店ごとに考案されたタレと組み合わせて（タレを割るスープとして使われる）提供されるため、タレ（かえし）の種類（味）との組み合わせで、「醤油トンコツ」「味噌トンコツ」「塩トンコツ」と称するラーメンを提供している店もある。

ン」であったことに間違いない。重光産業は熊本の外食企業であり、臭みを抑えた独自開発のトンコツスープ味で成長した企業である（「熊本トンコツ」と呼ばれている）。その企業が、一九九六年に進出した香港を足がかりに、一九九八年には中国大陸に進出し、現在では六〇〇余りの店舗を香港と大陸に展開するまでに成長している。

その結果、味千ラーメンのトンコツラーメンが日本の標準的なラーメンだと思っている中国の消費者も多いとされる。しかし、トンコツラーメンが中国市場に普及した理由には、味千ラーメン側の戦略だけでなく、受容側の中国人消費者の食に対する価値観も影響していると考えられる。それはどのようなものであったのであろうか。

中国では、一般に鍋料理が好まれる傾向が見られる。先に紹介した居酒屋チェーンの「和民」でも、上海の店舗でもっとも注文されているメニューは鍋料理であり、それは夏場も含めて一年を通して人気だとされている。その理由は、中国では伝統的に身体を温める食べ物は健康によいというイメージがあることや、鍋の中でさまざまな具材から健康によい成分が抽出されるというイメージが強いことがある。このような中国における消費者の食への価値観は、ラーメンに対しても現れている。

表2-3は、中国の消費者に「醤油」「味噌」「トンコツ」の三種のラーメンのうち、同じ価格ならどれを選ぶかをアンケート調査したものである。(23)

表２－３：中国大陸におけるラーメンへの嗜好性

問１：価格が同じなら三種類のラーメンのどれが一番食べたいですか？

	人	%
醤油ラーメン	9	8.3
味噌ラーメン	20	18.3
トンコツラーメン	80	73.4
計	109	100.0

問２：その理由は何ですか？（１つだけ選択）

	人	%
健康によさそう	22	20.2
栄養がありそう	7	6.4
美容によさそう	4	3.7
お得な感じがする	7	6.4
美味しそうだから	28	25.7
味が好きだから	41	37.6
計	109	100.0

出所）筆者による中国大陸でのインターネット調査（2015年10月実施）。

この結果を見ると、全体の七割以上の人がトンコツラーメンを選んでいることが分かる。また、選択の理由を見ると、「健康によさそう」が二割を占めている一方で、「味が好きだから」が三七・六パーセントとトップとなっている。これは、すでに食べた経験がある人が多いことを示す答えでもある。

また、「美味しそうだから」も二五・七パーセントと高くなっているが、これはまだ食べたことがない人を含んでいる。食べてなくても、トンコツという響きに反応していることを示しており、豚の骨

(23)　このアンケートは、二〇一五年一〇月にインターネットによって中国内で行ったものである。

のスープというものに対する評価やイメージの高さが表れていると見てよかろう。

筆者が所属している大学の中国人留学生たち（三〇人）に同じ質問をしても、トンコツラーメンを選んだ比率が七割を超えていた。トンコツスープは見た目も白濁しており、さまざまなエキスが抽出されていることが一目で理解しやすいからだという。すなわち、トンコツラーメンの白濁したスープは、醤油ラーメンの澄んだスープよりも、骨から健康によい成分や栄養分が多く抽出されている感じを強く受け、美味しそうで魅力的だというのである。

また、トンコツラーメンが醤油ラーメンや味噌ラーメンと同じ値段の場合には、トンコツラーメンにコストパフォーマンスの高さ（お得感）を感じるとの答えもあった。逆に、醤油ラーメンは醤油を薄めただけの印象もあって、美味しそうに感じない、値打ちが感じられない、とのことであった。

味千ラーメンの中国大陸での成功要因としては、同社がラーメンを柱としつつも、天ぷらから鰻丼やカレーといった多様な日本食を揃えた「ラーメン・レストラン」業態に転換したことが大きかったとされる（川端［二〇〇八］、［二〇一〇］）。しかし、このように見てくると、それのみならず味千ラーメンの看板メニューであるトンコツスープのラーメンが、中国的な食の価値観に合致したことも重要な要因の一つであることがうかがえる。

ちなみに、二〇一一年に中国の上海に進出した「はなまる」うどんでもっとも人気があるメニユーは、トンコツ出汁のうどんだとされる。それほどトンコツスープは、中国人消費者に評価され認知された「日本の味」となっている。

トンコツスープを開発した先代のオーナー社長である重光孝治氏は、もともと台湾の出身であったことから、(24) そのスープには華人の食への価値観や嗜好が当初から織り込まれていたとも言える。また、味千ラーメンの中国側のパートナーである潘慰氏（デイシー女史）も、トンコツスープが中国人消費者に与える印象のよさを見通したうえで、重光産業との事業提携を決断したと考えられる。その意味では、味千ラーメンの大陸での成長は、いわば予定されていたものであったといっても過言ではない。

中国には古来より「医食同源」という考え方があるように、健康や身体によいものを食べたい、健康に悪いものは食べたくない、とする価値観が世代を超えて広く共有されているが、海外から進出した外食業も、このようなローカルな食の価値観のなかで如何に成長していくのかを考える必要がある。

---

(24) 重光孝治氏は一五歳のときに台湾から日本に移住し、その後、熊本大学に進んで化学を学んでいる（川端［二〇〇八］）。

8 牛丼の味は市場ごとに変えるべきか

二〇〇九年、『コークの味は国ごとに違うべきか』という本（日本語訳）が出版されて話題を呼んだ。(25) 著者はハーバード大学ビジネススクールのパンカジ・ゲマワット（Pankaj Ghemawat, 1959～）教授であり、企業がグローバル化するにあたり、市場ごとに異なる個性にどのように対応すべきかを、多くのグローバル企業のケースの分析を試みた結果を基に説いたものである。

この本に先立つ二〇〇五年、ジャーナリストのトーマス・フリードマン（Thomas Friedman, 1953～）によって『フラット化する世界』が出版され、(26) テクノロジーの進展によって世界市場が均一化する方向に向かっているという議論で注目を集めたが、ゲマワットの本はそれへの反論として書かれたものであった。(27)

結論としてゲマワットは、世界は一足飛びにフラット化することはなく、国境は依然として重要であるとし、市場ごとに適応化することの重要性を説いている。要するに、「コークの味は市場ごとに変えることが望ましい」としたのである。この主張は、小売業や外食業の越境行動の実態を長年にわたって観察してきた筆者にとっても、基本的には納得がいくものである。(28)

多くの外食業にとっても、海外進出を行うにあたってメニューや味をどのように変更すべきか、あるいは変更しないかは難しい問題となっている。ただ筆者は、食に関して言うならば、単純に国ごとに変えればすむ問題ばかりではないと考えている。それはどのようなことか、「吉野家」のケースで紹介しておきたい。

吉野家の前社長であった阿部修二氏が、ある講演[29]のなかで「味を変えるべきか」という問題について非常に興味深い話をされていた。阿部氏は「海外進出にあたって牛丼の味を変更すべきかどうかという問題については、社内ではあまり議論の対象にはならなかった」と言うのである。

---

(25) 原題は、*Redefining Global Strategy: Crossing Borders in a World Where Differences still Matter* で、直訳すれば「グローバル戦略の再定義（再検討）：場所の違いが依然として問題となる世界での越境問題」とでもなろうか。

(26) フリードマンはジャーナリスト。原題は、*The World is Flat: A Brief History of Twenty-first Century*。この著書は、その後もベストセラーとして何度も改訂がなされている。

(27) グローバル化の進展に伴う標準化と適応化の問題をどう捉えるべきか、市場ごとの適応化をどこまで行うべきかという問題は、学問の世界でも一九六〇年代から繰り返し議論されてきた古典的なテーマである。この問題をどう考えるかについては、川端［二〇〇五］ですでに論じているのでそちらも参照されたい。

(28) 筆者は、フリードマンとゲマワットの主張は必ずしも対立するものではないと考えている。その理由は、フリードマンの主張は世界の現状と未来を世界評論的・文明評論的にどう捉えるのかというレベルの話としては間違っていないし、他方のゲマワットの主張は、そのような世界の状況のなかで当面の市場開拓を行う場合の対応策を考えるレベルの話として正しいと言えるからである。

というのも、「その問題については、吉野家は関西や九州に進出する際にすでに議論済みであった」からだという。

関東と関西の味の違いのように、国内でも地域によって消費者の味への反応の違いが存在することはよく知られる。吉野家の牛丼は、東京の築地で働く魚河岸関係の労働者のために考案された食べ物である。それだけに、味付けが薄い食文化をもつ関西の消費者にとっては、吉野家の牛丼の味は濃すぎる（塩辛すぎる）のではないか、あるいは甘い味を好む九州の消費者に受け入れられるためにはタレをもっと甘めにすべきではないか、などと新しい地域に進出するたびに社内で牛丼の味を変えるか変えないかをめぐって激論が交わされたという。

しかし、さまざまな議論の末、「牛丼の味は吉野家のアイデンティティであるので、大阪や福岡に進出するにあたっても一切変えない」という結論に達したとされる。そして、「もし、吉野家の牛丼の味が受け入れられなければ、そこには吉野家の市場はなかったと思うことにしよう、要するに、そう思ってあきらめようということになった」と、阿部氏は当時の議論を振り返った。

結果はどうであったかというと、味は変えずとも関西でも九州でも消費者に受容された。現在、吉野家の牛丼のタレの味（レシピ）は、全国のみならず世界中で標準化（統一）されており、一切の変更は加えられていない(30)。

では、なぜ東京築地のローカルな味がそのまま全国で受容されたのであろうか。筆者は、この問題については、吉野家が全国展開するまでは、牛丼という食べ物自体が東京以外にほとんど存在しなかったことが影響していると推察している。すなわち、関西の消費者にとっても、九州の消費者にとっても、それまでは親子丼や他人丼などが主であり、牛丼については吉野家で初めて食べる人が多かったため、東京風の牛丼の味がそのまま受容されたのではないかと考えている。換言すれば、吉野家の味が牛丼という未知の食べ物の標準的な味として消費者の間で意味づけられたのである。いわば「味のデファクト・スタンダード化現象」とでも言うべきものである。

もし、これが進出先の消費者がよく知る食べ物であったなら、他地域の味をそのまま受け入れることはなかったであろう。実際、大手のうどんチェーンが全国展開を行うに際しては、地域ごとに出汁の味を調整している。

先に、欧州では欧州の消費者にとって新しい食べ物である寿司とセットで日本の伝統的な醤油の味が受容されたことを述べたが、吉野家の牛丼のケースも醤油の話と共通する点が多い。つま

---

(29) ＮＰＯ法人日本食レストラン海外普及推進機構（ＪＲＯ）が主催した「日本食レストラン国際シンポジウム」の第2部「外食企業の海外戦略と日本産食材・食品の調達について」における講演（二〇〇九年三月九日、東京ニューオータニホテル）。

(30) ただし、ハラル対応をしているマレーシアやインドネシアでは、タレの中からアルコール分を抜くなどの調整をしている。

り、海外市場に日本の外食業が進出をする際にも、現地に存在しない新しい食べ物の味として意味づけを行えば、日本と同じ味の受容が生じえることを示しているのである。

したがって、市場にとって新しい未知のメニューの場合は味もセットで受容されやすいが、すでに類似のメニューが存在する場合は、それとの味の比較が行われるために受容が難しくなるのではないかという仮説が立てられる。

これに従えば、味千ラーメンのトンコツ味がラーメンの発祥の地である中国市場でなぜ受容されたのかという問題も別の解釈が可能となる。すなわち、味千ラーメンのトンコツラーメンは、それが鶏ガラスープをベースとした中国の伝統的な湯麺とは、見た目も味もまったく異なったものであったことが功を奏したために受容されたと理解できるのである。もし、それが透き通った鶏ガラスープであったなら、味千ラーメンは既存の安い湯麺と比較され、価格が高いだけの湯麺として中国消費者には受容されなかったと推察できる。

味の変更の問題は、これまで述べてきた「意味づけ」の問題と、今回述べた「新規性／既知性」の問題の両面から考えて判断する必要がある。単純に、変えないほうがよい、変えるほうがよい、などとは言えないことには留意すべきであろう。

9　味への評価は変化する

味の受容をめぐる問題でもう一つ忘れてはならないことは、市場ごとの味の選好や評価あるいは意味づけは時代とともに移り変わるものであり、固定的に捉えられないということである。日本でも、消費者に好まれる味が時代とともに変化してきていることは、多くの人が体験していることではなかろうか。たとえば、一九八〇年代までは、日本人は食べ物の「辛さ」に対する受容度（許容度）が韓国や中国に比して明らかに低かったが、一九八〇年代中頃の激辛ブームがきっかけとなり、辛子明太子やキムチをはじめとする辛い食品が全国的に広まっていった。それゆえ、現在では辛さに対する受容度が高まっている。

また、一九九九年には唐辛子ダイエットブームが女性の間に広がって、辛いもの好きの女性が増えるとともに、辛いものが新陳代謝を促し、健康によいというイメージが広がったことも、辛さに対する受容度の上昇に拍車をかける要因となった。このように、味への選好は変化するものだと言える。では、外食業の海外進出においては、味への評価の変化はどのような影響を与えているのであろうか。

日本からのラーメン店の海外進出はアジアを中心に二〇〇〇年代中頃から増加してくるが、近年の特徴は、現地消費者を顧客対象として進出している点にある。一九九〇年代までのラーメンの進出は、主に日本人を対象としたものであり、現地消費者には日本のラーメンは必ずしも受容されていなかった。

その理由は、日本のラーメンの味が「塩辛い」ことであった。一般にアジアの消費者は日本人よりも塩分濃度に対する感度が高いため、日本のラーメンのスープの味を塩辛いと感じる人が多い。したがって、一九九〇年代までの海外の日系ラーメン店は、スープをかなり薄くして出す店が多く見られた。

しかし、ラーメン店にとっては、スープの味はまさにその店の個性やアイデンティティを体現する存在であるため（吉野家のタレの味と同じ）、容易に変更することは難しい。とくに、二〇〇〇年以降に進出した日系のラーメン店は、日本と同じ濃度の味を海外でも提供することにこだわる店が多かった。そのため、海外店では「お湯で薄めて欲しい」というリクエストがしばしば生じるようになった。

ラーメンのスープは、丼の中で濃縮ダレ（かえし）をトンコツスープや魚介系スープで溶いた（薄めた）ものである。したがって、塩加減を調整するためには、スープの割合を多めにするのが一番簡単な対応策である。とはいえ、あまり薄めすぎると店のアイデンティティである味が変わってしまうため、店側としては一割前後スープの量を増やしてタレを溶いて提供することにし、それ以上薄めて欲しいというリクエストを出した顧客に対しては、別途薄め用のスープを丼に注ぎ足す形をとっている店も少なくなかった。

東京のラーメンチェーンであるグロービートジャパンは、二〇〇七年に「らあめん花月嵐」を台湾に出店し、現在では一五店舗以上を展開するまでに成長している[31]。しかし、台湾への進出当初は、「ラーメンのスープが濃すぎる（塩辛すぎる）ので薄めて欲しい」という注文が来店客から多く出されたという。そこで、リクエストが来ると、その顧客のテーブルに店員が行き、丼に薄め用スープを注ぐという対応を取るようにした。

ところが、進出から一～二年もすると、そのようなリクエストはほとんどなくなってしまったという[32]。これは、日本のラーメンの味に対する地元消費者の認識が変わったことを示している。「日本のラーメンは塩辛いもの」とか「その濃厚さが本物」といった認識が広がってきたと見てよかろう[33]。

このように、味に対する受容度（許容度）は時代の変化（ブームなど）とともに、あるいは新

(31)　同社は「ちゃぶ屋とんこつらぁ麺」をタイ（二〇一〇年、一五店）とシンガポール（二〇一三年、三店）に、二〇一五年には「花月嵐」をフィリピンにも出店している。
(32)　グロービートジャパンの海外事業部へのヒヤリング（二〇一二年一〇月）。なお、タイの店舗では日本と同じ濃度のスープで提供している。

しい料理に対する理解が深まるとともに変化することが分かる。したがって、外食国際化において味を変えるか変えないかという問題は、市場参入のタイミングの問題、換言すれば現地市場の受容度の変化をどのように捉えるのかという問題になる。もちろん、市場への対応策も時期やタイミング、そして来店客の反応をにらみつつ変えていくことが必要となる。

10 食文化問題は決定的なファクターではない

以上、外食企業の経験を通して、食文化問題の内容の広さと、それへの対応（捉え方と考え方）を述べてきた。筆者のヒヤリング調査では、実に多様な食文化問題を聞くことができたが、本章で紹介できたのはそのごく一部にすぎないことを断っておきたい。

しかし、重要なことは、このような食文化問題は、それが海外進出の致命的な障壁になったり、海外での業績低迷の決定的な要因になったりはしていないことである。というのも、食文化問題は、基本的にはすべて企業側の対応によって解決が可能なものだからである。

一般に、外食業は製造業よりも初期投資が小さく、何かにつけて小回りがきく。たとえば、機械系の製造業が生産ラインや生産システムに修正を加えたり、新しい製品を開発したりすることと比較すれば、外食業では商品の変更や業態の転換も容易にできてしまう。それゆえ、食文化問題への対応もやりやすいのが外食業の特徴といえ、実際にはさまざまな対応が取られているのである。

例を挙げるなら、「吉野家」はフィリピン市場で牛丼のみならずラーメンや天丼も提供しているし（二〇一四年時点）、タイではセルフサービスではなくテーブルでウエイトレスに注文をするスタイル（フルサービス）を採っている。また、すでに述べたように、「和民」は海外では居酒屋ではなく居食屋にコンセプトを転換している。さらには、「丸亀製麺」を展開するトリドールは、アジアでは日本と同じセルフうどん店を展開しているが、ハワイには多国籍料理店を、オーストラリアにはラーメン店を、そしてケニアには焼き鳥などを中心としたファーストフード店（序章の扉写真参照）を出している。加えて言うなら、香港の「ビアードパパ」では、来店客の要望によって冷やしたシュークリームをわざわざ温めて提供するといったこともしている。

このような興味深い現地対応例は、筆者が知るだけでも枚挙にいとまがない。多くの外食企業は、日本では想像ができないほど大胆な変貌を遂げつつ（ダイナミックな適応化をしつつ）、国

(33)　これは台湾やタイの消費者の味（塩辛さ）への嗜好が変わったのではなく、日本のラーメンのスープへの許容度が広がったということを意味している。したがって、ラーメン以外の食べ物への反応は変化していないと見るべきであろう。

境を越えているというのが実態なのである。(34)

もちろん、それぞれの適応化が適切なものかどうかは別の話となるが、ともかく外食企業はさまざまな試行錯誤を繰り返しつつ、市場の脈絡とのシンクロを図ろうとしているのである。したがって、食文化問題への対応（適応化）は、進出後も継続的に取り組み続けなければならないものであって、「ゴールはない」と言える。

その意味で、冒頭で述べたように、食文化問題は致命的な障壁でもなければ、業績を左右する決定的なファクターともならないのである。むしろ、次章で見るオペレーション問題のほうが、現実には外食国際化の成否を左右する決定的ファクターだと筆者は見ている。

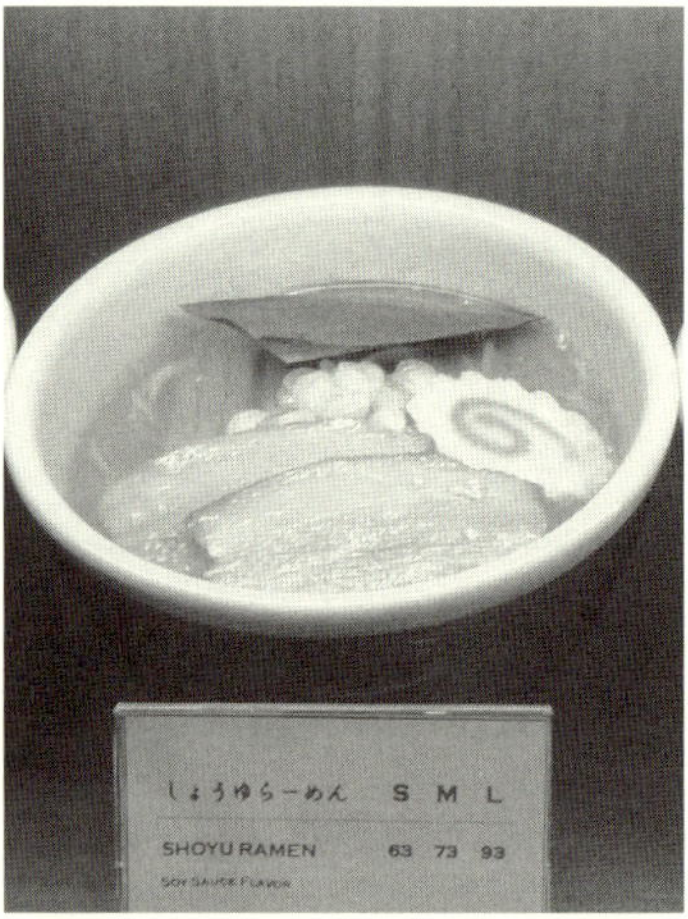

東南アジアでは、ラーメンにS・M・Lのサイズがある（ジャカルタの日系ラーメン店にて。筆者撮影）

(34) 適応化を考える場合は、市場ごとの食文化には変化するまでに長い時間を要する部分と（変わらない部分）と、比較的短期間のうちに変化する部分とがあることを理解し、その両方に適切にシンクロしていくことを考える必要があろう。

第3章

海外での成長を支える三つの鍵

高級感を打ち出したニューヨークの大戸屋（タイムズ・スクウェアー店、写真提供：株式会社大戸屋ホールディングス）

1 オペレーション・システムの構築問題とは

序章でも見たように、海外に進出した外食企業の業績は、マスコミ報道などからイメージされるほどは芳しくはない。海外での業績に影響を与える要因には、大きく二つのものがあった。一つは前章で見た食文化問題であったが、それは結論的には適応化が可能なものであり、中長期的に見れば、それが閉店や撤退に至る決定的な要因とはなっていないというのが実態であった。

そこで本章では、二つ目の要因である海外での「オペレーション・システムの構築問題」について検討したい。ここでいうオペレーション・システムとは、外食業が海外で「継続的・安定的に利益を出すことを可能にする運営の仕組み」のことである。単独店の場合でもこの運営の仕組みづくりは重要であるが、とりわけ多店舗展開を行って大きく成長を遂げようとする外食チェーンの場合は、その仕組みをシステム化することが極めて重要となる。したがって、本章では、企業規模の大小にかかわらず、海外で成長＝チェーン展開を目指す外食企業の仕組みづくりを念頭に置いて議論を進めたい。

さて、このオペレーション・システムは、「食材調達システム」、「店舗開発システム」、「人材育成システム」の三つに整理できる（**図序－1**参照）。なぜ、ある外食企業は海外で成長を遂げ、ある外食企業は低迷や撤退に追いやられたのかを説明する際には、この三つの視点からオペレーション・システムの実態に踏み込む必要がある。換言すれば、この三つのシステム構築は、海外での成長を支える「鍵」であると同時に、外食国際化のダイナミズムを理解する際の重要な「鍵」となっている。その意味で、「三つの鍵」と呼んでおきたい。

しかし、海外に進出した外食企業が、この「三つの鍵」をどのように行っているのかという実態や、それぞれに関してどのような課題を抱えているのかということに具体的に踏み込んだ研究は、日本においても英語圏においてもほとんど存在してこなかった（川端［二〇一〇］）。もちろん、特定企業の経験を捉えた実務的な雑誌記事（経営者やコンサルタントによるもの）は散見されるが、それらはかなり限定的な実態紹介・体験紹介に留まってきた。

そこで本章では、この「三つの鍵」の内容と、日本の外食業（外食チェーン）によるその構築の実態を捉えていきたい。

業務用のラーメン用だれ（外食ビジネスウイーク会場での展示。2014年7月筆者撮影）

2　三つの鍵の内容

食材調達システム

外食チェーンでは、同じ品質の同じメニューをすべての店舗で安定的に提供することが基本となる。したがって、基本食材を安定的に調達し、衛生的に加工し保管して、効率的に各店舗に配送するシステム、つまり製造業にたとえるならサプライチェーンをいかに構築するかが課題となる。

まず、食材調達については、食材生産者（農畜水産関係者）、食品卸売（輸出入）業者などの現地の外部業者の存在が鍵を握っているが、調味料系食材など、店にとって機密性の高いレシピを有するものについては日本本部から直接輸入するチェーンが多い。

食材の加工には、洗浄やカット、解凍といった下ごしらえから、煮込みや焼きといった調理まで多様なものがある。いずれにしろ、各店舗では行わない事前加工を指すが、この作業を衛生的かつ効率的に行える場所を確保することは、途上国においては非常に難しい。したがって、どのような工程をどこまで集中化（セントラルキッチン化）し、またどのような工程を各店舗で行うのかという問題も、日本とは異なる視点から検討する必要がある。

さらには、そのような加工済み食材を各店舗に効率的かつ安定的に配送する物流システムを、物流インフラが整っていない現地でどのように構築するのか、ということもチェーン展開を考える場合には重要な課題となっている。

店舗開発システム

多店舗展開の仕組みづくりのなかで、「店舗開発システム」はもっとも基本的なものと言えよう。多店舗展開を行う外食チェーンでは、適切な立地に適切な家賃で出店することをシステマティックに行うことができるかどうかが成長に直結する。このうち、店舗立地の評価を正しく行うことは、集客力（売り上げ）に影響するだけでなく、現地での当該企業のブランド構築にも影響を与える。また、家賃については利益率を左右する重要な問題でもあるため、適切な管理（家主との交渉力）が必要となっている。

さらに、外食チェーンの店舗開発では、立地とともに店舗デザイン（インテリア）や店内レイアウトも重要となっている（第２章でも述べた、吉野家のカウンター問題を参照）。

人材育成システム

日本の外食チェーンの優位性の一つに、優れた衛生管理と高度な接客サービスがある。これらが実現できるかどうかは、人材育成システムの良し悪しと表裏一体を成している。この人材育成のなかでもっとも大きな課題となっているのが、店長候補者の育成難という問題である。言うまでもなく、多店舗展開を目指す外食チェーンにとっては、店長をいかに効率よく育成するかが企業成長の大きな鍵となる。

しかし、一般にアジアではジョブホッピング（転職）率が高く、時間をかけて人材育成を行うこと、とくに店長候補クラスの人材育成が阻まれる傾向にある。何より、それが新たな出店や多店舗展開を困難にしている。したがって、定着率を上昇させるための工夫が課題になっている。また、シンガポール市場などでは外食分野での人手不足・人材不足が常態化しており、外国人労働者に依存せざるをえないという状況もある。したがって、外国人労働者も含めた人材育成のシステムをいかに構築するかが、現地での成長や成長スピードに大きな影響を与えることになる。

このような人材育成・確保のシステム構築において重要な鍵を握るのが、賃金と手当である。賃金や手当については、適切な人材の確保のみならず、社員の持続的な勤務（転職の防止策）やノウハウ修得のインセンティブ、あるいは店舗拡大の促進策など、多様な観点からの活用が考えられる。いわば、事業の質向上と規模拡大のための「装置」として位置づけ、人材育成システムに組み込んでいくことが重要となろう。

では、この三つの鍵であるシステム構築は、現実にはどのように進められているのであろうか。

また、そこにはどのような課題が存在しているのであろうか。以下では、「吉野家」（吉野家ホールディングス）、「味千ラーメン」（重光産業）、「モスバーガー」（モスフードサービス）の三社の実態に触れつつ述べていきたい。(1)

3　食材調達（加工・配送）システムの構築実態

「コア食材」の調達問題

外食企業にとっては、言うまでもなく、看板メニューの柱となる食材（米、麺、肉、魚、野菜など）とその味の決め手となる調味料系食材（調味料、スープ、タレ、ソースなど）が極めて重要になる。このような食材を「コア食材」とここでは呼んでおきたい。具体的には、ラーメンの場合なら麺とスープが、ハンバーガーの場合ならバンズ（パン）とそれに挟むパティやソース類が、牛丼の場合なら牛肉と具材を煮込むタレがそれにあたる。

---

(1)　ここでは三社の事例を中心とするが、記述の背景には、筆者がその他の多数の外食企業に対して行ってきたヒヤリング調査で得た知見があることを断っておきたい。

外食チェーンが海外進出を行う場合は、看板メニューの味や食感をどのように標準化するのか（日本と同じにするのか）が課題となる。たとえば、味千ラーメンは、もともとは半乾燥麺（一か月半の日持ち）とスープと、「千味油」と呼ばれるオリジナル調味料を日本から各市場に輸出して標準化することを基本として国際化を進めてきた。また吉野家は、牛丼の味と食感を日本と同様にするために、海外でも国内と同じように米国から「ショートプレート」と呼ばれる牛肉の部位を直接輸入し、食感も日本と同じにするために統一されたスライサーを使って同じ薄さにスライスしている。さらに、日本からタレを輸出して、その肉を煮込むことで味の統一も図ってきた。

このようなコア食材のなかで、とくに味の決め手となる調味料系の食材については、そのレシピの機密をいかに守るかが外食企業にとっては大きな課題となる。したがって、それらの調味料系食材は、日本で生産して、海外に供給されるというケースが多く見られる。しかし、日本からの輸入は、関税や輸送費を要するためコストが高くなり、それが提供メニューの価格競争力や利益率の低下を招く要因ともなってきた。また、各国の輸入規制により、日本からの輸入自体が困難になる食材も存在する。

このような状況を受けて、日系外食企業各社は、日本にコア食材を依存する体制の見直しに取り組んできた。とくに、海外市場で大規模な店舗展開を行っている外食チェーンは、看板メニューの味の標準化（統一化・安定化）を保ちつつ、現地生産化によるコストダウンと、輸入規制が生じた場合のリスクを低下させることが課題となってきている。

実例を見てみると、味千ラーメンでは、中国での事業拡大に合わせて、日本人が厳格に管理する生麺の工場を一九九六年に深圳《シンセン》で、スープの工場を二〇〇六年に上海で、それぞれ稼働させた。その結果、現在では、日本からは味の決め手となる「千味油」のみを輸出する形に変えている。また、生麺の現地生産化は、タイ（二〇〇二年）や米国（二〇〇六年）でも行われており、半乾燥麺からの転換が進んでいる（川端［二〇一〇］、重光［二〇一〇］）。

モスバーガーは、以前はハンバーガー用のソースなどを日本から輸出してきたが、近年では、台湾の国内向けに建設された工場（一九九一年設立）(2)から海外に供給されるようになっている。ただし、レシピの機密を守るために、各種のソースのベースとなるソースミックスを出荷する形をとっている。また、従来は日本から輸出されていたマヨネーズも、シンガポールや香港ではマレーシアの日系企業からの調達に切り替えられている。

吉野家では、牛丼のタレを日本から海外の全出店地域に供給して味の標準化を保ってきた。し

---

(2)　台湾の工場は日本の株式会社モスフードサービスが約八五パーセントを所有する子会社で、日本人が厳格な生産管理を行って機密の保持に努めている。

かし、中国大陸での事業が拡大していくに伴い、タレの消費量が増大したことから、二〇〇七年二月から中国（上海）での現地生産に切り替えてコストを抑える戦略に転換した。米国でも同様に、店舗増大とともに現地生産に転換した。中国と米国での生産委託先は、日本の吉野家がタレを生産委託している日本の食品メーカーが現地に設けた工場であり、レシピを秘匿にしたままタレ生産を現地化することに成功している。

このように、現地化するにあたっては、レシピの機密保持が不可欠であるため、子会社や日系食品メーカーの現地会社などに生産委託するケースが多く見られる。すなわち、日系の食品メーカーが現地に設けた工場は、外食チェーンにとってインフラの役割を果たしていることになる。したがって、それらが集積する市場は、外食チェーンにとっても進出しやすい市場となっている。たとえば、中国の広東省（とくに珠海《シュカイ》・深圳《シンセン》エリア）には日系の食品メーカーの工場が多数立地し、保税区の利用も可能なため、隣接する香港は食材のサプライチェーンが構築しやすい市場となっている。これら海外の日系食品メーカーの役割については、次章で再度検討したい。

現地での食材調達と加工

前述のコア食材以外の食材は、基本的に現地調達をしている企業が多い。とくに野菜などの青果物や米などは、現地調達されるケースがほとんどである。その場合は、現地の卸売業者や輸入業者の存在が鍵を握ることとなる。

吉野家の場合は、米や野菜は現地調達が基本となっている。たとえば、牛丼に使われるタマネギは、甘みが強く長時間煮込んでも煮溶けないものを日本本部が現地で探し、それを安定的に供給する業者を各地で確保している。また、その加工についても、現地で適切に管理された加工場を確保しているが、その衛生管理のチェックについては、日本本部から担当者が出向いて（経費は本部負担）、九五項目に上る厳格なチェックを行っている。(3)

店舗への配送

配送については、進出当初の店舗数が少ない段階では配送機能を有した加工業者や卸売業者を利用するケースが多いが、店舗数が増大すると、香港や北京の吉野家や台湾のモスバーガーのように、自社で配送システムを構築するケースも見られる。(4)

台湾の吉野家の場合は、ほぼ同時に台湾に進出したファミリーマートの現地物流子会社（全台

（3）内訳は、工場全体一〇項目、工場入口二三項目、工場内三二項目、事務所一〇項目、品質管理一〇項目、商品開発二項目、トイレ八項目である。なお、当該工場がＩＳＯ認証を受けていることが最優先されている（二〇一一年の本社へのヒヤリング調査による）。

（4）台湾のモスバーガーは、正確には子会社で食材を生産している「魔術食品工業（股）」が配送をしている。

物流股份有限公司）に配送を委託している（チルド便の利用）。ただし上海では、ファミリーマートの配送が交通規制の関係で夜間配送となっており、吉野家が閉店してからの時間帯となるために共同物流は実現していない（筆者ヒヤリングによる）。とはいえ、日系のチェーン店同士が物流システムを共同利用することは、今後の新興市場での一つの有力な手法となろう。

4 店舗開発システムの構築実態

先述のごとく、店舗開発システムには、立地開発（出店）のみならず、店舗デザイン（インテリア）や店内レイアウトの開発なども含まれている。このうち、店舗デザインや店内レイアウトは、進出当初こそ試行錯誤するものの、次第に市場ごとに独自のシステム化が進むケースが多く見られる。味千ラーメンの中国での店舗デザイン・店内レイアウトは日本のものとかなり異なっているが、中国内では標準化が進んでいる。また、第2章でも述べたように、吉野家も海外では日本のようなカウンターがないウォークアップ方式のレイアウトを標準化している。

ただし、店舗の立地開発（出店）はシステム化がほとんど進んでいない。立地開発は物件情報の獲得からはじまるが、そもそも日系の外食企業には、条件のよい物件情報が入ってこないことが多く、とくに中国大陸ではそれが顕著である。したがって、物件情報収集や家主との家賃交渉などは現地人スタッフに完全に任せてしまう企業が多く見られる。これは、筆者のこれまでの調査に照らすと日系コンビニなどと同じであり、この問題が小売業においても外食業においても、共通した問題となっていることがうかがえる。

筆者が行ったヒヤリング調査においては、東アジアでも東南アジアでも、この店舗の立地開発を効率的にシステム化できている日系外食企業は存在しなかった。基本的に、店舗物件の探索や家賃交渉などは物件ごとの個別性が強いため、日本人スタッフから見ると、その選定プロセスはブラックボックス的なものであるとされている。

しかし、企業ブランドの認知度が上昇するにつれ、また経営の実績が上がるにつれて多くの物件情報が不動産業者やディベロッパーからもち込まれるようになり、家賃交渉も比較的楽になってくるという傾向が見られる。そのため、市場参入からの年数が長い企業ほどルーチンワーク化され、安定的に店舗を増大させていく傾向が見られた。ただし、現地パートナー企業が店舗開発の十分なノウハウを有している場合は、当初から比較的スムーズに店舗開発が進むケースもあり、そのようなパートナーの確保も課題となっている。

また、ヒヤリングでは、家賃が高くても一等地に出店して、認知度を早く上げることが重要だという意見も各市場でしばしば聞かれた。とくに、一号店をどのような場所に立地させるのかが、その後のブランド構築や競争力に大きな影響を与えるという指摘が多かった。この点においても、小売業の国際化との共通性が高いと言えよう(5)。

ところで、一号店の物件については、日系の大型店(百貨店・スーパー)や海外のディベロッパーからの出店要請によるものも増えている。これは、アジアの日本食ブームにより、日系外食店を積極的に誘致したい商業ディベロッパーが増えていることによる。

さらに、店舗開発にはもう一つの問題があることも判明した。それは、配送を卸売業者に依頼している場合は、卸売業者の都合で配送地域が限定されることもあるため、それによって出店エリアが制約されることである(バンコクなど)。その意味では、配送システムと店舗開発システムとは相互に関連する面もあると言えよう。

5 人材育成システムの構築実態

人材育成システムが店舗拡大のスピードを左右することはすでに述べたが、筆者の調査では、現実には効率的な人材育成システムを構築できている外食企業は見られなかった。その背景には、ジョブホッピング(転職)の高さや、外食業界での人手不足がある。

転職率は市場によって異なるが、香港の日系外食企業の場合は一年間にフルタイム従業員の四分の一が、パートタイム従業員は半数が入れ替わるともされる。とくに、店舗要員として雇用された新入社員の定着率が悪いことは、アジアの各市場において共通した傾向であった。ちなみに、台湾のモスバーガーでは、新入社員の半分程度が一年以内に辞めていくとされる。一方、同社では、事務スタッフや入社二～三年以降の社員の定着率は比較的よいとされている。

店長になるまでのステップ（時間）は、市場によっても企業によっても、そして本人の能力によっても異なる。香港やシンガポールのモスバーガーの場合、日本では五～六年は要するところを、少数ではあるが、サポートを付けて一年未満で店長代理にするケースもあるとされる。これは、基本的に外食業界に人材が集まりにくいため、比較的短期間で店長を任せないと店舗拡大ができないという理由による。

このようなことから、ジョブホッピング率が高い海外市場では、いかに店長候補人材を効率よく育てるのかが課題となっている。短期間で養成するためには、店頭のノウハウを極力単純化・マニュアル化させる工夫も必要となろう。

なお、人材育成システム以前の問題として、シンガポールのように必要な人手が確保できず、

（5）　小売業の一号店問題については、川端［二〇〇五ａ］、［二〇一一］などを参照のこと。

表：日本料理店に行く理由（複数回答可）

（n＝）		味が好き	調理法が好き	店の雰囲気が好き	健康に良い	安全・衛生的	サービスがよい
全体	(9,517)	25.4	13.7	11.8	10.7	8.5	8.4
中国	(1,817)	20.6	12.1	14.1	11.7	12.8	11.9
香港	(1,460)	23.9	17.4	11.8	9.1	10.3	7.7
台湾	(1,627)	22.6	17.6	11.9	8.4	10.9	8.9
韓国	(965)	37.7	9.0	14.3	10.4	7.8	5.6
米国	(1,257)	26.6	9.4	7.7	16.1	8.2	7.2
フランス	(1,326)	26.2	13.9	6.7	13.4	3.2	6.5
イタリア	(1,065)	26.0	14.8	16.5	5.3	2.3	9.2

注）数値はパーセント。nは回答者数（人）。

出所）ジェトロ「日本食品に関する消費者意識アンケート調査」（2012年12月実施）を基に筆者作成。

カレーは日本料理として海外で受容されている（香港の日系カレー店、筆者撮影）

column

日本ブランドとオペレーション・システム

　掲載した表は、ジェトロによる海外の消費者意識調査《(注)》の結果である。日本料理（ラーメン、カレー、焼き鳥含む）店に行く理由は、全体では「味が好き」「調理法が好き（生食など）」「お店の雰囲気が好き」がトップ3であった。しかし、国ごとに評価ポイントは異なる。例えば、「健康に良い」が中国や韓国、米国、フランスで高く、「安全・衛生的である」「サービス（おもてなし）が良い」は中国、香港、台湾で高い。全体で2位の「調理法が好き（生食など）」には生食（刺身や寿司）が安心して食べられる意味があるため、「安全・衛生的である」の意味も含むと見てよい。

　もちろん、対象となっている日本料理店は日本から進出した外食企業とイコールではないが、海外の消費者が日本の飲食店に求めるものは、「味」「調理法」「店の雰囲気」とともに、「健康に良い」「安全・衛生的」「サービスが良い」であることが分かろう。

　外食店がこれらの評価を海外で獲得しようとする場合は、言うまでもなくオペレーション・システムの構築が鍵となる。特に「店の雰囲気」は店舗開発システムに、「健康に良い」「安全・衛生的」「サービスが良い」は食材調達や人材育成のシステムに依存する部分が大きいと考えられる。その意味では、オペレーション・システムの問題は、外食企業の日本ブランドとしての価値に直結すると言える。

（注）インターネット調査。回答者総数は2,800人で、国籍と世代は均等。（http://www.jetro.go.jp/ext_images/jfile/report/07001256/kaigaishohisha_Rev.pdf）

外国人労働者に依存せざるをえない市場もある。シンガポールでは、地元の人が外食の店頭での仕事には就きたがらないため（オフィス業務には従事する）、フィリピン人やマレーシア人が雇用されている。とくに、フィリピン人は英語ができるため、シンガポールでは大戸屋もワタミも従業員全体の六割をフィリピン人が占めている（マレーシア人は一〜二割程度）。ただし、外国人労働者の雇用は、政府の政策の影響を受けるのみならず、ビザの期間も一〜二年と短いため、中長期的な人材育成や人事配置の障害となっている。

6　海外でのオペレーション・システム構築上の課題

以上で見てきたように、海外でのオペレーション・システムの構築は、食材調達システムについては、課題は抱えつつも各社が自力で対応することができていたが、店舗開発システムは日本人では対応が難しい面もあり、現地スタッフに依存する部分が多い。また、人材育成システムに至っては、自力で解決することはかなり難しい実態があることが明らかになった。本章は、三社のケースだけを紹介したが、筆者のヒヤリングによると、それ以外の多くの外食企業においても同様の結果が得られている。

オペレーション・システムの構築を行う際の課題としてしばしば挙げられるのが、法的規制や取引慣行、あるいは社会制度上の問題である。食材調達システムは、関税のみならず輸出入に関する諸規制、食品そのものへの法的規制が大きな影響を及ぼす。各店舗への食材の配送においても、途上国では交通上の規制が多い。また、店舗開発システムについては、不動産慣行（賃貸慣行）の影響を大きく受けるし、現地の建築物の構造特性の影響も受ける。さらに、人材育成システムでは、雇用関連の規制や教育制度などが大きな影響を与えている。

オペレーション・システムの構築が難しいとされるのは、このような各市場に埋め込まれた広義の制度に適応したシステムを構築しなければならないからである。また、食文化の特性にも対応する必要もある。そのような意味では、その構築は簡単な話ではないことを認識しなければならない。

もちろん、そのようなオペレーション・システムの構築に成功し、安定的な成長を実現している外食企業も見られる。そのような企業では、店舗開発システムの構築や人材育成システムの構築において、現地パートナー（合弁相手やフランチャイジー）や各種の関連企業のサポートを受けている場合がほとんどである。

逆に言うなら、この二つのシステムは自力で構築するよりも、店舗開発力（資金力と物件情報力、賃貸交渉力）を有する現地パートナーや、現地人材の特性を理解して、その育成ノウハウを有する現地パートナー、および各種の関連企業からのサポートを受けて構築することが必要となっているということである。これらのサポート企業は、「支援産業＝サポーティング・インダストリー」と呼ばれるものである。そこで、次章では、このサポーティング・インダストリーが外食国際化に果たす役割について検討したい。

第 **4** 章

外食国際化に果たすサポーティング・インダストリー(Supporting Industry：S1)の役割

欧州における日本食品調達のSIであるJFC社の事業所ネットワーク
（ドイツ・デュッセルドルフの欧州拠点にて、2015年8月筆者撮影）

1　外食国際化の進展とサポーティング・インダストリー

序章でも示したように、近年では外食業の海外進出が急増しているが、その中心は資金、人材、ノウハウ、情報収集力に乏しい中小零細外食業による進出であった。なぜ、このような中小零細外食業が海外に進出できるのか、その答えの一つが、さまざまな支援産業＝サポーティング・インダストリー（以下、ＳＩと表記）の存在なのである。ＳＩは、前章で述べた海外でのオペレーション・システム構築を支援する役割を果たしている。その意味では、ＳＩは外食国際化のダイナミズムにおける極めて重要なアクターだと言える。

そこで本章では、外食国際化へのＳＩの関与の実態と、ＳＩが外食国際化に果たす役割を解明したい。具体的には、まずは現地でのオペレーション・システム構築の核心である「食材調達システム」、「店舗開発システム」、「人材育成システム」のそれぞれの構築にどのようなＳＩが、どのように関与・貢献しているのかを明らかにしたい。そして、三つのシステムのなかで日系外食企業がもっとも主体的に構築に関与している食材調達システムに焦点をあて、ＳＩが果たす役割を具体的に解明したい。それにより、外食国際化現象のダイナミズムの一端を浮き彫りにすることを目指したい。

ただし、ここでは海外進出を包括的に支援する国内および現地のコンサルティング企業は除外する。なぜなら、オペレーション・システムの構築に関しては、それらは現地のＳＩを仲介・紹介するに留まることが多く、コンサルティング企業自身が厳密な意味でのＳＩとはなっていないことが多いからである。

2　食材調達システム構築をサポートするＳＩ

このＳＩには、「現地の食品メーカー」、「食品加工業者」、「卸売業者・輸入業者」などが挙げられる。それぞれについて説明していこう。

現地の食品メーカー

日系の企業と現地資本のものとがあるが、とりわけ外食チェーンのブランド差違性を決定づける調味料関係（タレ、ソース、ダシ類）に関しては、現地メーカーが供給するものは日本のものとは味が違っていたり、品質が不安定な（生産ロットごとに味が変化していく）ものも多いため、日系のメーカーでないと代替が難しいとされている。また、オリジナル食材を現地で委託生産する場合は、現地系メーカーを使うとレシピが漏洩するというリスクもある。これらのことから、日系食品メーカー、とくに調味料メーカーの存在が一つの鍵を握っていると言える。

食品加工業者

食材の洗浄やカット、小分け・パック詰め、または煮出しや煮込みなどの下ごしらえの調理を担当する業者のことである。たとえば、野菜の場合なら、洗浄とカットをしてメニューごとに各種の野菜を組み合わせて、一皿分ずつ計量して真空パックするという作業を行う業者のことである。

また、肉類の場合なら、部位ごとに分けて、変質した部分や余分な脂身のカット・筋切り、ミンチ化、部位の混ぜ合わせなどを行って整形し、計量して真空パックする作業を行う業者を指す。もちろん、加熱処理や冷凍処理、解凍処理、冷蔵保管などの作業も含まれる。場合によっては、各店舗までの配送を請け負う業者もある。

これら加工業者の多くは、外部の業者であることが多いが、なかには外食企業が自前で建設したセントラルキッチンを利用するケースも見られる（写真参照）。日系外食企業のなかで、本格的な食材加工工場（セントラルキッチン）を有する企業の例は、**表4－1**に示す通りである。

表4－1：海外に食材加工工場(セントラルキッチン)を有する主な日系外食企業

企業名	店舗ブランド	市場	店舗数	工場数	主要機能
モスフードサービス	モスバーガー	台湾	240	1	肉加工、ライスパティ生産
イタリアントマト	イタリアントマト	香港	32	1	ケーキ製造
ハチバン	8番ラーメン	タイ	110	1	製麺、スープ生産
重光産業	味千ラーメン	中国	613	12	製麺4カ所、スープ生産1カ所、野菜処理7カ所
		米国	13	1	製麺
		カナダ	3	1	製麺
		シンガポール	20	1	製麺
		タイ	7	1	製麺
吉野家	吉野家	中国・深セン	17	1	肉スライス、野菜の下処理
		中国・福建	8	1	同上
		米国	105	1	同上

注）店舗数は2015年9月時点（各社 HP より）。重光産業は中国に5つの工場と7つの加工配送センターを有する。

出所）各社へのヒヤリング調査に基づき筆者作成。

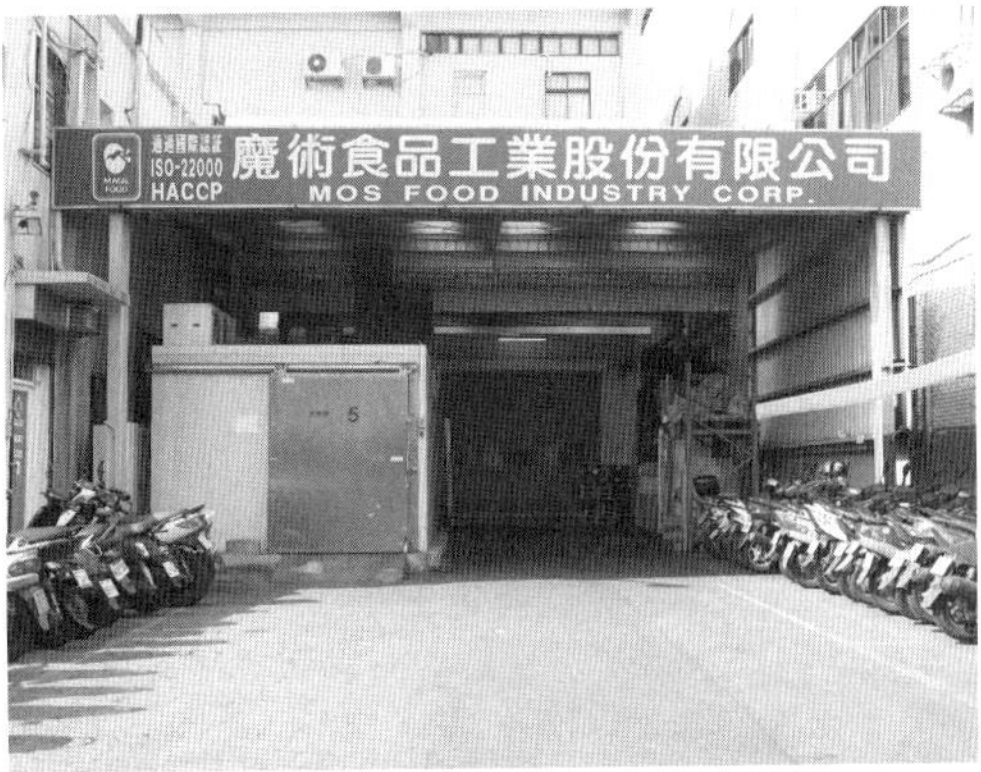

台湾のモスバーガーを支える魔術食品工業股份有限公司（子会社）からはシンガポールやオーストラリアなどにも食材が輸出されている（写真提供：株式会社モスフードサービス）

卸売業者・輸入業者

この業者もSIとしては重要である。日系の食品卸売業者も少なくないが、香港やシンガポールには日本食材を扱う現地資本の食品卸売業者が多数存在しており、日系外食企業もそのような企業を経由して食材を調達するケースが少なくない。

現地資本の卸売業者は、日本の加工食材のみならず食肉や日本酒なども扱っており、そのような卸売りを利用するとかなり幅広い食材が入手可能となる。とくに、香港やシンガポールでは、「価格さえ問わなければ入手できない食材はない」というのが多くの日系外食企業の認識であった。

なお近年では、日本企業が今後の日本食市場の需要拡大をにらんで、戦略的に現地資本の卸売業者を買収するケースも見られる。たとえば、キッコーマンの子会社で、海外で日本食品の卸売りを行っている「JFC」（本社：東京）は、シンガポールと香港にある日本食卸の「ヤマカワ・トレーディング社（Yamakawa Trading）」を二〇一〇年に買収している。また、燃料、食料品、建材など幅広い商品を扱う地方中堅商社の「カメイ」（本社：仙台）は、シンガポールの輸入食品卸売業者である「イーメイ（Imei）」を二〇一一年に買収している。カメイは、「山頭火ラーメン」を展開する「アブアウト」（本社：札幌）と合弁でシンガポールの「山頭火ラーメン」の運営を行っている企業である。

3　店舗開発システム構築をサポートするＳＩ

一般的に店舗開発は、現地事情に疎い外食企業にとっては非常に困難な業務である。アジアでは、店舗用の不動産情報の入手自体が困難なケースも珍しくない。日系の不動産仲介業者も存在するが、多くの場合、条件のよい物件情報は日系業者には入りにくいとされるため、海外経験が長い外食企業ほど、自力で街を歩いて店舗物件を探索する傾向が強い。また、具体的な物件情報が入手できても、その店舗の立地評価は「土地勘」がないと理解できないため、日本人には判断が難しいとされる。

このため日系外食企業は、進出先の店舗開発については、現地スタッフまたはパートナー企業に一任しているケースがほとんどである。ならば、店舗開発に絡むＳＩはないのかというとそうではない。

この店舗開発のＳＩとしては、「日系の大手小売業者」、「現地不動産ディベロッパー」、「現地のフランチャイジー（パートナー）希望者」、「現地の日系コンサルティング企業」が挙げられる。いずれも、外食企業に代わって店舗不動産を確保してくれる存在であり、外食企業側の店舗開発にかかわるコストとリスクを大きく低減してくれるものである。

日系の大手小売業者

日系百貨店や日系総合スーパーを指す。これらがアジアに進出する場合は、地元の競合小売業と差異化するため、日系の外食ブランドを誘致することが多い。すなわち、食品売り場の周辺やレストラン街に日系の外食レストランを誘致するのである。

実際、初めての海外進出がこのような日系大型小売店の誘致によるものであるケースも少なくない。とくに、国内ですでにテナントとして入居している大型小売業からの誘致は、もっともリスクが小さく、安心して店舗物件が確保できるケースと言えよう。ただし、家賃が高いことがネックとなっている。

現地の不動産ディベロッパー

前記に類似したものが、現地の不動産ディベロッパーからの誘致である。新しいショッピングセンターの開業に合わせたケースが多い。ただ、現地のディベロッパーが直接集めるのではなく、日系の不動産仲介業者やコンサルティング企業などが間に入り、ディベロッパーの依頼を受けて日系外食企業を集める（コーディネイトする）ことも多い。

このような現地のショッピングセンターに出店する場合は、前掲の日系の大手小売業者よりも入居後の条件交渉（家賃交渉や契約更新交渉）が難しくなるケースもあるため、リスクが高まることになる。

現地のフランチャイジー（パートナー）希望者

次に多いのが、現地で企業経営を行う企業が、日本の外食企業のフランチャイジーになりたいと申し出てくるケースである。近年では、アジア各国から、多くの日本の外食企業にフランチャイズ契約のオファーが来ている（とくに、ラーメンやトンカツのチェーンに集中している）。

実際、近年において急増する海外進出のほとんどが、そのような海外からのオファーによるものである。なお、オファーしてくる企業は海外で外食ビジネスをしている企業とはかぎらず、外食未経験の企業も多い。さらには個人投資家も多く見られるが、その場合は、短期でのリターンを期待した投資案件としてフランチャイズ事業を捉える場合が多いので注意が必要となる。

現地の日系コンサルティング企業

近年では、現地の日系コンサルティング企業や日系外食企業（現地法人）からの誘致も見られる。シンガポールや香港で人気を集めている「らーめんチャンピオン」（次ページの写真参照）のように、海外の日系コンサルティング企業が日本の有名ラーメン店を集めて飲食集積を構築するケースも見られる(1)。

繰り返すまでもなく、以上のＳＩは、どれも日本の外食企業が店舗物件を探索する手間を大幅に削減してくれる存在である。このほかに、店舗物件が確保されたあとに必要となる店舗の内装工事や厨房設備の整備と管理にかかわるＳＩも存在する。具体的には、「日系内装業者」と「日系厨房設備メーカー」である。それぞれについても、簡単に説明をしておこう。

日系内装業者

ブランドコンセプトを体現する店内インテリアをどのようにデザインするのか、またその工事をいかに低コストで行うのか、そして、いかに開業日に合わせて完工させるのかなどは、海外に進出した外食業にとって非常に大きな課題となっている。

現地の業者を使うとコストは大幅に安くなるが、工事が大幅に遅れることが多く、それによって開業日も遅れてし

らーめんチャンピオン（シンガポール、筆者撮影）

まって準備した食材が無駄になったり、余分な家賃が発生するケースも多い。それゆえ、この内装工事のＳＩとして、現地にある日系の内装業者が重要な役割を果たしている。

日系厨房設備メーカー

日系の厨房設備メーカーも重要なＳＩとして機能している。厨房設備（冷蔵庫、ガス台、フライヤーなど）は、その性能が調理効率や収益性（顧客回転率）に直結してくる。また、故障すると営業ができなくなるため、耐久性が要求されるとともに正確なメンテナンスと故障時の迅速なアフターサービスが求められる。内装業者と同じく、現地の業者に任せると多少の不安が残ることになる。日系の厨房設備メーカーは、近年、アジア各地にアフターサービス拠点を配置してメンテナンスや修理に対して機敏に対応する体制をとっているため、外食企業にとっては頼りになる存在となっている。(2)

(1)　これを開発した「コマースグループ（KOMARS F&B PTE. LTD.）」は、日本でラーメン店をプロデュースする「麺屋こうじグループ」（田代浩二社長）と組んでシンガポールに三か所、香港に二か所、タイに一か所（閉店済み）、同様のラーメンの集積施設を展開してきた。なお、同社は、二〇一四年四月に日本の外食大手のダイヤモンドダイニング社に買収され、同一〇月に社名を「DIAMOND DINNING SINGAPORE PTE. LTD.」と変更した。

(2)　厨房機器メーカーのアジア進出については、茂木［二〇一三］を参照。

4 人材育成システムの構築をサポートするＳＩ

アジアでは外食業界に来る優秀な人材が乏しく、またジョブホッピング（転職）も日常的であるため、継続的な人材育成が図りにくいという傾向が強い。とくに、外食チェーンの場合は多店舗展開が前提となっているため、店舗の増大とともに、いかに継続的に店長候補の人材を育成していくのかが課題となっている（本部の幹部クラスになると、定着率が上昇するのが一般的である）。

筆者のこれまでのヒヤリング調査によると、多くの日系外食企業にとって、もっとも解決が困難な課題とされているのが人材育成という問題である。その対策としては、給与面や昇進面でのインセンティブの拡大や福利厚生の充実などがなされているが、まだ今後の課題とする企業も少なくなく、大きな効果が上がっていないというのが実態である(3)。

とはいえ、現地の有力企業をパートナーとして選択した外食企業のなかには、この人材確保と育成問題がさほど大きな問題とはなっていないケースも見られる。たとえば、タイの大手小売資本である「セントラル」の子会社「セントラル・レストランズ」と組んでいる日系外食企業では、「マネージャークラスの人材は、セントラル側が確保・育成してくれるので問題はない」としている。セントラルグループはタイの一流企業であることからもともと優秀な人材が集まっており、それゆえ定着率も高いからである。このような場合は、現地の有力パートナーがSＩの役割を果たしていると言えよう。

5　食材サプライチェーン構築に見る日系SＩの役割

（1）SＩとしての日系食品メーカーの役割

一般に、新興市場で流通している食材は品質が低い場合や不安定（日によって品質が異なる）な場合が多い。したがって、野菜などの生鮮品を除いた加工食品については、日本から輸入されるという傾向が見られた。とりわけ、外食企業にとって調味料関係は、日本からの供給に依存する割合が高かった。

（3）　大手の外食企業では、海外における社内での研修メニューと昇進ステップを組み合わせた育成プログラムを整備しているところもある。

なぜ、調味料類を輸入に依存してきたかというと、まず調味料は企業ブランドを体現する存在でもある「味」を決定づけるファクターだからである。すなわち、その製造法にはオリジナルなノウハウが詰まっており、企業機密性が高く、その生産を現地企業に委託するとレシピの漏洩というリスクが高まるからである。

また、調味料などを生産するにあたっては微妙な味の調整を行わねばならないが、日本の味を知らない現地企業に委託すると、食文化や言語の壁によって「もう少しコクを強くして欲しい」や「もっとすっきりとした味わいにして欲しい」などといった微妙な味に関するコミュニケーション（摺り合わせ作業）が成立しないこともある。さらに、店舗数が少ない段階ではロットがまとまらないために生産委託自体が困難となることも少なくなかった。

とはいえ、日本からの輸入は輸送コストや関税の高さから、食材の原価率を押し上げ、販売価格の上昇や利益の低下を生じさせていたのが実態であり、食材調達の現地化は各社の課題となっていた。そのため、各社とも順次、食材の現地化に取り組んできたが、それを一気に加速化させたのが、二〇一一年三月一一日に発生した東日本大震災が引き起こした福島原発事故であった。この事故により、日本からの輸入食品に対しては厳しい規制（または輸入禁止）がなされ、各社はコアとなる食材が調達困難な状況に陥った。その結果、メニューの一部が提供できなくなってしまったのである。

このような苦い経験を踏まえて、日系外食チェーン各社は一斉に食材の現地調達比率を高め、リスクを回避するとともにコストを低減させる方向に転じている。その際に重要な鍵を握ったのが、アジア各地に展開する日系食品メーカーであった。

表4－2に示すように、近年、日系食品メーカーはアジア市場開拓のために工場の海外展開を進めてきている。とくに、調味料を生産するメーカーの現地拠点は、日系の外食企業にとっては貴重な存在となっている。たとえば、二〇一〇年にキユーピーのマレーシア工場が稼働したが、これによってシンガポールの日系外食チェーンは、日本から輸入していたマヨネーズ系のソースをキユーピーのマレーシア工場からの調達に変更している（ヒヤリングによる）。また、タイでは、ヤマモリ（醤油、ダシ）の工場が、複数の日系外食チェーンに多様なタレやソース類を供給するSIとして機能している。

もともとタイは調味料の輸入規制が厳しく、日本から輸入しようとすると詳細な成分と分量を明らかにしなければならず、レシピ秘匿上の問題が生じていた。そのため、二〇〇七年にタイで開業した日系外食チェーンの場合、当初から三〇種類にも及ぶソース類も含めたすべての食材を現地調達するサプライチェーンを構築したが、レシピの秘匿が必要な食材については、八割をタイにある日系の食品メーカーや食品加工業者に依存せざるを得なかったとしている（ヒヤリングによる）。

表４－２：主要日系食品メーカーのアジア生産拠点

企業	中国	香港	台湾	タイ	シンガポール	マレーシア	インドネシア	フィリピン	ベトナム
味の素	6	1(13)		6 (62～13)		1(64)	2 (69, 12)	1(62)	2 (92, 08)
紀文			1(99)	1(93)					
キユーピー	2 (94, 03)			1(87)		1(10)	1(14)		1(12)
キッコーマン	3(00, 06, 08)		1(90)	1(05)	1(83)				
ヤマモリ				2(04)					
ミツカン	3 (04買収)			1 (95)					
日清製粉	4(88,93, 95,01)	1(85)		2 (89, 93)			1(12)		1(14)
アリアケ	1(95)		1(06)						

出所）各社 HP および社史、IR 資料より。
注１）（　　）内の数字は工場稼働年（西暦の下２ケタ）
注２）グレーの部分は2000年代後半以降に工場が新設されたところ。
注３）キッコーマンの中国の１拠点とタイの拠点は、買収したデルモンテの生産拠点。

このように、とくに「味」に深くかかわる部分のサプライチェーン構築にあたっては、日系食品メーカーがＳＩとしての鍵を握ってきたのである。なぜ日系なのかというと、先にも述べたように、日系はレシピの秘密保守に関する信頼性が高いことと、担当者が日本人であるために味の調整がやりやすい、つまり味に関する暗黙知を共有しているということがある。

以上のことから、今後の日系外食業のアジア進出については、進出先に日系食品メーカーが存在するかどうか、とりわけ日本で取引のあるメーカー（調味料生産などを委託している）が存在するかどうかが、進出先市場の選択や進出後のサプライチェーン構築に大きな影響を及ぼすことが指摘できる。

（2）SＩとしての日系食品加工業者の役割

近年、アジア市場では日本のラーメンが大ブームとなっている。ラーメンの主要食材は麺とスープ・タレであり、比較的シンプルなものである。しかし、意外なことに麺の現地調達は非常に難しい。日本のラーメンは中国料理の湯麺がベースであるため、華人系住民が多く住むアジア地域なら麺の調達は容易に思えるが、実際には湯麺とラーメンとでは麺もスープも大きく異なっている。

日本のラーメンの麺には「かん水」と呼ばれる液体（アルカリ塩水溶液）が添加されており、それが麺に独特のコシを与えている。太さや縮れ具合は、スープの特性に合わせたものとなっており、ラーメンチェーンごと、スープの種類ごとにカスタマナイズされて生産されている。一方、海外の中華麺では「かん水」が使用されていないため、コシのない柔らかな感触のものになり、形状もストレート麺のみでで縮れた麺はない。

また、アジアや欧米では、「かん水」を継続的に摂取すると健康に悪いとされており、法的に使用が制限されている地域も少なくない。したがって、海外で現地の製麵業者から、「かん水」が入った生麵や縮れ麵を調達することは困難となっている。

現在、日本のラーメンチェーンのなかでもっとも多くの海外店舗を展開する重光産業(4)の味千ラーメンの場合も、一九九五年頃に最初の海外進出先となる香港の事業家からオファーがあった際に、生麵の調達の目処《めど》が立たず海外進出を見合わせたという経緯がある。乾麵では食感が変わってしまうし、かといって生麵を冷凍にして日本から空輸すると輸送費が高くついてしまうからである。

同社の場合は、たまたま同じ香港人で味千ラーメンのノウハウを用いた製麵工場をやりたいという人物が出現し、現地での生麵供給に目処《めど》が立った。これにより、一九九六年に最初の海外店となる香港一号店を開業することができたのである。

先の**表4－2**でも示したように、同社は現在、中国大陸に四か所の製麵工場を自前で開設し、大陸にある各店舗に供給している。また、タイとシンガポール、アメリカとカナダでも製麵を行っている。その他の進出先（台湾、マレーシア、インドネシア、ベトナム、フィリピン、オーストラリア、韓国）には、深圳《シンセン》の工場から半生麵が供給（輸出）されている。

このように、ラーメンチェーンにとっては生麵を海外でどのように調達するのかが最大の課題となっている。このような状況のもと、近年では日系の製麵業者が独自にアジア進出を進めてき

表4－3：主要日系製麺業の海外進出状況

企業名（本社所在地）	進出先
カネジン（札幌）	シンガポール（2010年）、タイ（2011年）、香港（2013年）
小林製麺（札幌）	米国（ロサンゼルス2010年）
桃太郎食品（岡山）	マレーシア（1992年）
宝産業（京都）	米国（ロサンゼルス2009年）、中国（天津2009年、深セン2010年、上海2012年）、タイ（2012年）
サンヌードル（ハワイ）	米国（ホノルル1982年、ロサンゼルス2004年、ニュージャージー2012年）

出所）各種資料、ヒヤリングなどにより筆者作成。

ている。**表4－3**は、主要日系製麺企業の海外進出動向を見たものである。

この表に掲げた製麺業者は、国内各地のラーメンチェーン店にカスタマナイズされた生麺を供給している業者である。したがって、日系のラーメンチェーンにとっては、これらの製麺業者が現地に立地していることが市場選択の決め手になったことも多い（一五八ページの写真参照）。その意味では、このような日系製麺業者は、日本の外食企業による海外進出のＳＩというより、進出のインフラとして機能していると言える。それだけに、製麺業者が立地していない市場では、自家製麺の生麺を使うか、冷凍麺を日本から空輸するしか手がないため、それなりのコストと手間がかかることとなる。

（4）重光産業は、二〇一五年一〇月末時点で海外一一か国に六九〇店舗を展開しており、そのうちの六〇七店以上が中国大陸での出店となっている。同社の海外進出の経緯については、川端［二〇一〇］の第8章に詳しい。

JFC の欧州での拡大プロセス

開設年	拠点	担当市場
1979年	ドイツ	ドイツ、デンマーク、オランダ、ルクセンブルク、スイス
1992年	イギリス	イギリス、アイルランド
1996年	フランス	フランス、ベルギー
2004年	オーストリア	オーストリア、チェコ、スロバキア、ハンガリー、スロベニア
2012年	北欧	スウェーデン、ノルウェー、フィンランド
2014年	ロシア	ロシア
2015年	イタリア	イタリア

注）各地に拠点が出来るまではドイツ拠点が欧州全域をカバーしてきた。
出所）JFC 欧州拠点（ドイツ）でのヒヤリングによる（2015年８月）。

年ではそれら地場卸に資本投入をする形でチャネルの強化と拠点づくりを図っている。表に見るように、ドイツからはじまった欧州市場の販売拠点づくりは、市場の深化とともに欧州全域に拡大しており、今後もさらなる拡大が予定されている。

ただし、JFC の末端の顧客は、日系の飲食店よりもアジア系飲食店のオーナー達や各国の食品スーパーが圧倒的多数を占めている。それらアジア系飲食店は、欧州における日本食市場の裾野の拡大に大きな役割を果たしてきたことは間違いないが、一方で、いわゆる「とんでも日本料理」の拡散という困った現象を引き起こしていることがよく知られている。

今後、欧州では、食材調達のみならず、店舗開発や人材育成にかかわる多様な SI の集積が進むことで日系外食業の進出が促進され、本格的な日本食が欧州に広がることが期待される。

（注）現在、JFC は世界18か国に48拠点を配置し、日本食材供給のグローバル・ネットワークを構築している。

column

「空白地帯」欧州の日本食流通を支える SI

日本の外食業が最も手こずっている市場が、欧州市場である。第１章（表１－３）でも見たように、戦後の欧州への進出は全体の 3.7 %に留まっている。その意味では、日系の「空白地帯」と呼んでよかろう。

もちろん、欧州でも寿司や焼き鳥、ラーメンといった日本食は人気が高い。それにもかかわらず進出が難しい理由は、食材調達の難しさ、店舗開発の難しさ（家賃の高さ）、雇用コストの高さ（全員を正雇用にする必要がある）、規制の多さなどが挙げられる。要するに、オペレーション・システムの構築が難しいのである。アジアやアメリカでは容易になりつつある食材調達ですら、欧州ではまだまだ難しいことが多い。これは、欧州には SI が非常に少ないことの裏返しでもある。

このようななか、欧州での日本食材の調達をサポートする貴重な企業の一つが「JFC(注)」である。JFC はキッコーマンの子会社であり、醤油も含めた日本食材全般を幅広く扱う卸売企業で、まさに欧州での日本食材調達の SI として機能している。

欧州の日本食材の市場は、元々は北部地域に限られていたが、現在はフランスやイタリア、スペインなど欧州全域に急拡大している。この変化の背景には、第 2 章でも述べたように、2000 年頃にはじまる寿司ブームの広がりがあった。これにより、中国・韓国料理店、タイ・ベトナム料理店が一斉に寿司を提供するようになったり、寿司店や和食店に転業するようになっていった。また、新たに寿司店や和食店を開業するアジア系の経営者も急増している。さらには、日本食の普及に伴い、地元のスーパーも持ち帰り寿司や日本食材を販売するようになる。これにより、多様な日本食材の市場が急拡大してきている。

この結果、JFC も業容を急拡大している。同社は、当初は各国の地場卸と提携する形で販売チャネルを確保していたが、近

ラーメンチェーンにとって、もう一つの基幹食材となるのがスープである。前述したように、ラーメンのスープは、オリジナルのタレを丼の中に入れ、それを豚骨や鶏、魚介や野菜などを煮出したスープで溶いた（薄めた）もののことである。

日系チェーンの多くは、タレを日本から輸入しているが、それを溶くスープは現地（店内など）で毎日煮出すというスタイルが基本となっている。しかし、スープの煮出しには時間とコストがかかるので、近年はそれを日系の加工業者（製麺業者も含む）から購入しているというラーメンチェーンも少なくない。さらには、タレそのものもオーダーメイドでオリジナル品を生産して供給しているという加工業者も存在している。

ちなみに、中国や香港、シンガポールやタイは、製麺業者とタレ・スープの加工業者が揃っている市場であることから、極端に言えば、日本から何も持っていかなくても日本とほぼ同じ味のラーメン店が開業できるという環境にある。

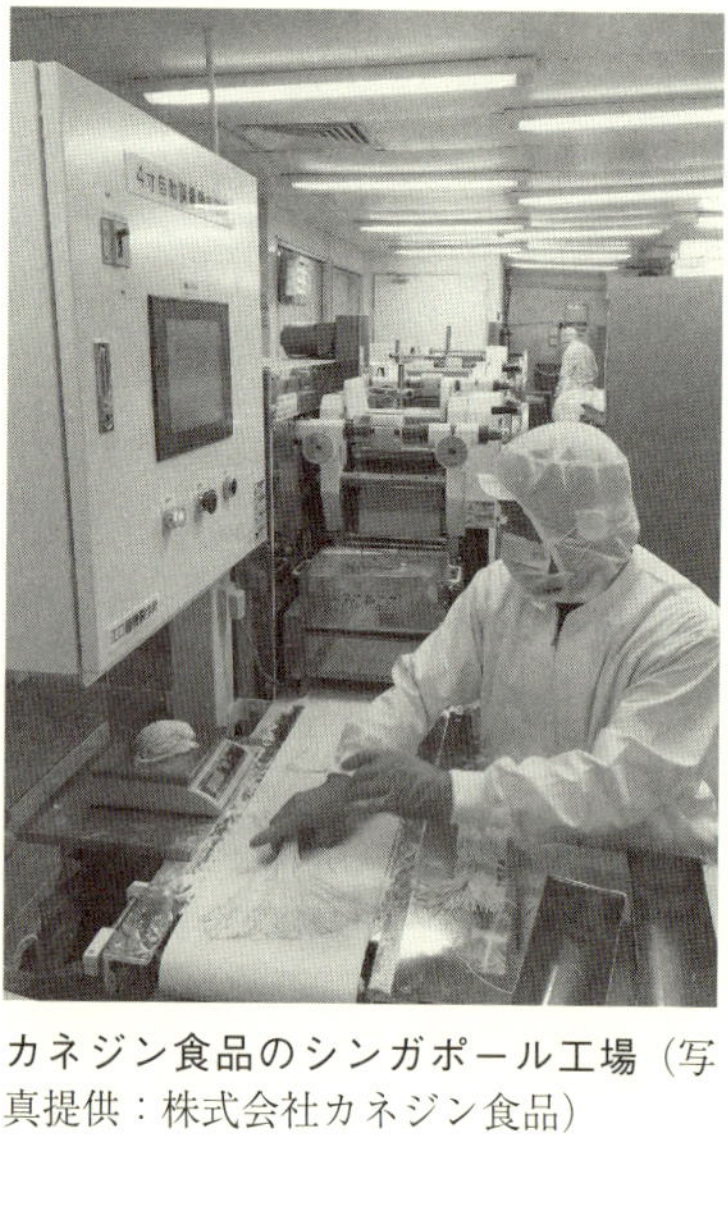

カネジン食品のシンガポール工場（写真提供：株式会社カネジン食品）

6　自力での現地生産化の実態

以上、オペレーション・システム構築にどのようなＳＩがかかわるのか、また実際にどのような企業が関与しているのかを具体的に捉えてきた。ただし、ここで取り上げたＳＩは、どちらかと言えば近年になって出現してきたものが多い。すなわち、初期に海外進出を果たした外食企業の場合はこのようなＳＩが利用できなかったため、自力でオペレーション・システムを構築してきたはずである。

当時の外食企業は、いったいどのようにしてオペレーション・システムを構築してきたのであろうか。また、そこでは何が鍵となったのであろうか。ここでは、ラーメン用のスープを現地化したチェーンのケースを紹介してみたい。

前述の重光産業は（本社：熊本市）、「味千ラーメン」を中国に六〇〇店以上を出店しているラーメンチェーンとして知られている。同社の海外進出は一九九四年の台湾進出からはじまるが、独自に開発した「千味油」と呼ばれる調味油で味付けされた独特のトンコツスープの味を海外でも正確に再現するために、濃縮スープを日本で生産して輸出する形をとっての進出であった。その後、同社の海外事業はアジア一円および北米、オーストラリアに拡大していくが、いずれの市場にもスープを日本から輸出することで味の標準化を保持してきた。

しかし、中国大陸では店舗数が急増したことで現地生産への転換を迫られた。そこで、中国の店舗が三〇〇店に迫ろうとしていた二〇〇七年に、初めての海外スープ工場（領先食品［上海］発展有限公司）を上海に建設し、現地生産へと転換した。

この工場は、香港の合弁会社である味千（中国）控股有限公司の一〇〇パーセント子会社であったが、工場長は日本人である。日本人を工場長に据えたのは、言うまでもなく、製品の品質管理を厳格に行うことや製造ノウハウの漏洩を防ぐためであるが、中国では工場に納められる原材料の品質チェックについても日本人が責任をもたないと難しいからだとされる。

また、二〇一〇年頃からは、他地域でもスープの現地化が進んだ。東南アジアの店舗にはタイにある協力工場から、北米（米国とカナダ）の店舗には米国にある協力工場から、濃縮スープを供給するようなったのである。この結果、日本から濃縮スープを輸出している地域は、現在では香港とシンガポールのみに留まっている。

ここで重要な点は、スープの味の決め手となる千味油は、現在でも日本からすべての海外市場に向けて輸出していることである。したがって、この千味油が現地生産のスープを日本と同じ味にする鍵になると同時に、海外での模倣（レシピ漏洩）を防ぐ手段となっており、いわば日本側のガバナンス（統制）の砦となっている。この結果、同社のラーメンスープの味は、アジアと北米・豪州地域においてすべて標準化されたものとなっている。

このように、自力での現地生産化には、工場への投資はもちろんであるが、日本人による現場管理や千味油のような模倣を防ぐ仕組みが必要となることが分かろう。繰り返すまでもなく、後者のレシピの秘匿ができる仕組みをもっているかどうかが、自力での現地化を左右する大きな鍵となる。

7　自力での食材調達システム構築の困難性

最後に、SIの存在意義を再確認する意味で、新興市場における自力での食材調達がいかに難しいかを述べておきたい。このことを示す例として、「博多一風堂」を国際的に展開する「力の源カンパニー」(本社・福岡市)の中国大陸での経験を紹介する。というのも、社長である河原成美氏が自著『一風堂ドラゴンに挑む!』(柴田書店、二〇〇七年)のなかで、中国での食材調達問題に関して非常に興味深い経験を紹介しているからである。ここでは、それを基にして、筆者なりの整理を試みたい。

さて同社は、上海で二〇〇四年から二〇〇七年にかけてラーメンチェーン「78一番《チーパー》ラーメン」

（のちに、現地パートナーの意向で「享食78」に変更）を展開した経験がある。上海において、中国人にも日本人にも好まれる新しいラーメンの開発を目指し、他のラーメンチェーンのようにスープや麺を日本から持ち込むのではなく、あくまで現地で入手できる原材料・食材を用いて新しいスープと麺をつくろうとしたのが特徴である。したがって、日本で展開する博多一風堂の味を中国に持ち込むこと（標準化すること）は考えていなかった。店舗ブランドを「博多一風堂」ではなく「78一番ラーメン」という上海独自のものにしたのはそのためであった(5)。

ところが、このような河原氏の思いとは裏腹に、上海での食材調達は困難を極めた。**表4－4**は、同書の記述をベースにして、同社がコア食材の調達に際して経験した問題（苦難）とそれへの対処を整理したものである。

この表から驚くべき事実が明らかになる。たとえば、料理の味を決める水質の問題である。上海では、水道水といえども硬度が高すぎて、そのままではラーメンの味が変わってしまうことから、適切な浄水法を見いだすまでに半年間にわたる試行錯誤がなされたとされる。水の問題は、他の新興市場でもしばしば問題となるものであり、いくら良質の食材を確保しても、水質が合わないと味が大きく変わってしまうことは、筆者が行ったヒヤリングでもしばしば耳にされたことである。

河原氏は、トンコツスープをつくる豚骨についても、納入業者とのやり取りに苦労したと述べ

表４－４：中国（上海）での食材調達システム構築の阻害要因とそれへの対処：力の源カンパニーのケース

	阻害要因	対処法
水	・水道水の硬度が高くスープ採取や製麺に不適	５種類の浄水装置を組み合わせて純粋化した後にミネラルを添加し軟水に（半年を要する）
製麺	・小麦粉の品質の低さ（納入業者の品質管理の悪さ、異物混入）	モンゴルの業者への取引変更をカードに納入業者の改善を実現
	・かん水が入手できない	日系の食品会社に依頼して造る
	・かん水が使用できない（法的規制）	塩を添加することで食品として認可をとる
スープ採取	・豚骨（頭部）の品質の悪さ（腐敗品の混入）	業者変更を５回行い産地を指定、冷凍倉庫で保管
	・豚骨（頭部）のサイズのばらつき	サイズを１個1.8～2.2キロに指定し規格外は伝票に記載させなくする（安定までに２年を要する）
肉	・餃子用挽肉の品質の悪さ（腐敗肉の混入）	品質が分かる正肉で納品させて自社でミンチ化
醤油	・醤油の製産業者が日本企業との合弁を解消したことで品質が低下	山東省の業者を探して取引変更
塩	・ミネラル分が添加されている	添加前の岩塩を入手

出所）河原成美［2007］『一風堂　ドラゴンに挑む！』柴田書店、57～70ページの記述を筆者整理。

ている。見本と異なる品質のものが納品されたり、サイズがバラバラで鍋に入らなかったりし、業者を五回も替えるなどして、納入品の品質が安定するまでに二年もの時間を要したとされる。また、餃子用の肉についても、ミンチの質が非常に悪く、そのうえ改善がなされないために、肉を塊で購入して自社でミンチ化するようにしたとされる。

一九九二年にタイに進出した「８番ラーメン」も、進出当初は豚肉の納入業者に「肩ロース」を注文したところ、タイでは肩から下の足が一本丸ごとの状態（骨と皮が付いた状態）で納品されてしまうことが判明した。そのため、自社で精肉技術を修得することを強いられたとされる[(6)]。このように、現地で流通する業務用食材の質や形状が日本のものとは大きく異なることは中国にかぎったことでないため、日本の外食企業側が厳格に食材の品質管理を行って、納入業者を育成する必要もあると言える。

いずれにしろ、この**表4－4**から分かることは、中国での品質の確かな食材入手の難しさである。河原氏は以下のようにも述べている。

「そもそも中国には、外資企業の信頼に応えられるだけの設備や能力を持った食品加工業者は、数えるほどしか存在しない。卸業者の管理能力も不十分で、食品配送の技術も低く、こうした飲食店を支える周辺事業が未発達なことも、チェーン展開を難しくしている大きな要因となっている」（前掲書、一二五〜一二六ページ）

また、食品の鮮度や安全性についても問題が多いとしている。

「まず、新鮮な食材が手に入らない。あったとしても輸送業者や卸業者の管理が悪く、鮮度が落ちてしまっているのが常だ。食中毒は企業の存続を揺るがす重大問題だが、上海ではとくに夏になると食中毒が頻発する。……（略）……化学的な意味での安全の確保も難しい。仕入れている加工食品が法律の枠内で製造されているか、野菜の農薬使用基準は適正か、などは常にチェック

をする体制が必要だ」(前掲書、二二六ページ)

さらに、「満足のいく食材に出会えたとしても、それらが安定的に供給される保証はない。知識と技術を持った仕入れ担当者の役割は大きく、また納入業者との罰則を含めたルールづくりも大切になってくるだろう」(前掲書、二二六ページ)ともしている。

以上のようなことは、中国の特殊事情というよりも、筆者のヒヤリングを通して知るかぎり、程度の差こそあれ新興国市場に共通した課題だと言える。近年では、質の高い食材調達が可能なSIが中国でも育ちつつあるが、まだまだ数が少ない。アジア全域で見ても、食材加工や卸売り、あるいは配送という中間段階を担う企業は、日本と比べると量も質も大きく不足している。このことは、そのような機能を担う日本企業の大きな市場が海外に存在していることを示す。他方、外食企業にとっては、進出先において信頼できる食材加工業者や卸売業者、配送業者をどのようにして育成するのかということが大きな課題となる。

(5)　この戦略の背景には、中国大陸でのビジネスの可能性の大きさをにらんで、多くの中国人に受け入れられる日本式ラーメンを開発したいという思いが強くあったようである(河原［二〇〇七］九〇〜九一ページ)。河原は「ラーメンを軸に据えた、しかし日本にはない業態を開発し、中国の大衆の心をつかむことができれば、中国全土への店舗展開が可能かも知れない」(同書、九六ページ)と思ったと述懐している。

(6)　株式会社ハチバン取締役執行役員の吉村由則氏へのヒヤリング(二〇一三年六月)。

8 新たな市場選択の指標

本章では、日系外食企業の海外進出を支えるＳＩに焦点をあて、ＳＩに相当する関係企業の中味、それらが海外でのオペレーション・システムの構築に果たす役割、とくに食材のサプライチェーン構築に果たす役割に着目して分析を行った。外食の海外進出の成否を語る際には、ともすれば川下である市場との適合性（所得水準や食文化、ライフスタイルとの適合性）に目が行きがちであるが、本章では川上のサプライチェーンの構築が鍵を握ることを明らかにした。

また、サプライチェーンの構築に際しては、アジアに立地する多様な日系企業のネットワークが重要となることも明らかとなった。筆者によるこれまでのヒヤリング調査では、とくに進出の歴史が浅い外食企業ほど日系のネットワークへの依存度が高いことが判明している。コスト的には現地企業を使うよりも高いが、何より長期での取引コストが低減されること、食の安全や品質の安定といったことへの安心感が得られること、そして納品される食材の品質をチェックするコストが軽減されることが大きなメリットとされる。

今後、外食業が海外進出を考えるにあたっては、このような川上のシステム構築に貢献するＳＩの集積の厚みに着目しつつ、各市場の立地環境を評価することが必要となる。

第**5**章

海外進出の急増と国際フランチャイジングの拡大

台湾のフランチャイズショーの会場風景（台湾ではフランチャイズ契約での独立が盛ん。2014年９月筆者撮影）

1 オペレーション・システムの構築と国際フランチャイジング

これまで述べてきたように、合理的なオペレーション・システムの構築は、外食企業が海外で成長するためには不可欠なものであるが、それを海外で行うことは決して簡単なことではない。大手企業であっても、オペレーション・システムの核心（三つの鍵）である、食材調達システム、店舗開発システム、人材育成システムの構築を自力ですべて行うことは不可能に近い。ましてや、資金、人材、ノウハウといった経営資源の制約が大きな中小零細企業の場合はなおさらである。しかし、SIを利用するといってもすべてがSIで代替できるわけでもなく、現実にはSIの集積が進んでいない所も多い。

そこで注目されるのが、前章でも述べた「現地パートナー」の存在である。というのも、それは前述した三つのシステムを構築する際において、もっとも頼りになるSIとして機能する存在だからである。

現地パートナーとの連携は、合弁もしくはフランチャイジングという形態で海外進出をすることを意味する。このうち、合弁の場合は出資が必要となるし、のちに述べるように、出資比率に応じて駐在員を派遣する必要も出てくる。一方、フランチャイジングでの進出は出資を伴わず、現地での投資もオペレーション構築も、そして運営もすべてパートナーが行う。その点で、理論的には小零細な外食企業ほどフランチャイジングでの進出が優位性をもっていると言える。

ここで、念のためにフランチャイジングとは何かについて、ごく簡単に確認をしておきたい。小売業や飲食業などが店舗を増大させるにあたっては二つの手法がある。一つは、自社でコストを負担して新たな店舗を建設し、自社で雇用した社員（店長など）を配置して店舗を運営していく方法で、これは「レギュラー・チェーン」と呼ばれる。

一方、自社で投資をするのではなく、加盟者を募って契約を交わし、加盟者に看板（商標）を貸して店舗を建ててもらい、さらに従業員も雇ってもらって運営をしてもらうことで店舗を増やしていく手法もある。これが「フランチャイズ・チェーン」と呼ばれるものである。この手法だと投資リスクはゼロとなり、従業員の雇用や教育も行わずにすむ。もちろん、この契約には多様なものがあり、加盟者が投資を行わないタイプの契約も存在する。

外食チェーンの本部と加盟希望者との契約は**図５－１**のようになり、相互に権利と義務を負いつつ利益を分配するのである。すなわち、本部は加盟者に対して、商標（看板）の使用、ノウハウ供与（運営指導）を行い、コア食材（タレなど）や包装材などを供給（販売）する。一方、加盟者は、本部に対して加盟金や月々のロイヤリティ（通常は毎月の売上げの一～三パーセント程度）を支払う。

図5－1：外食業におけるフランチャイズ契約の基本

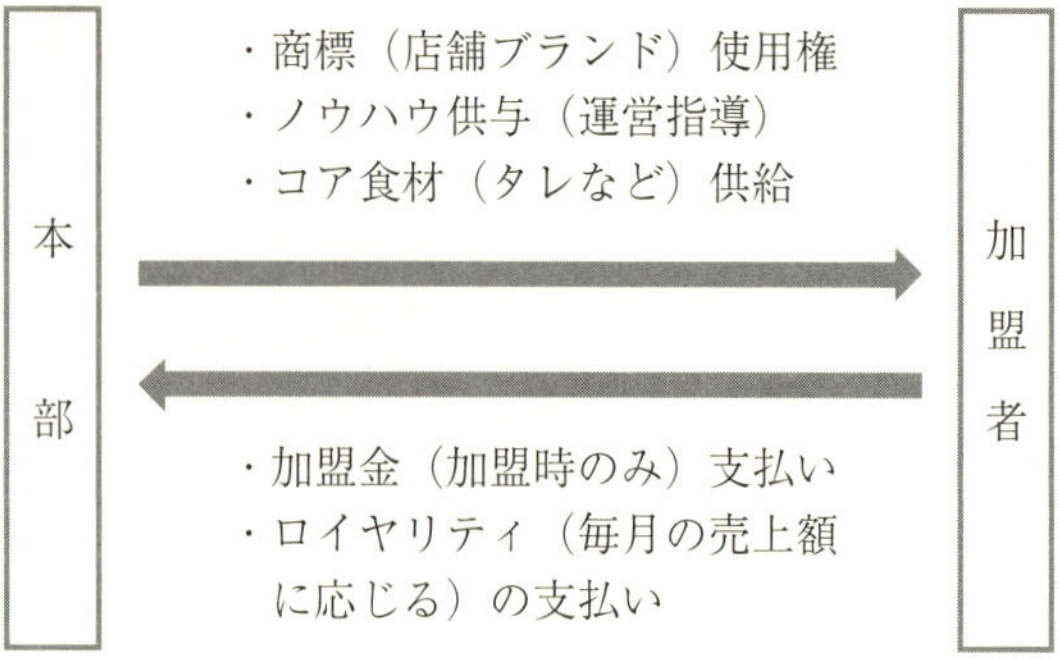

このようなフランチャイジングを行うチェーン（フランチャイズ・チェーン）には、コンビニ、外食店、一〇〇円ショップ、理髪店、学習塾、フィットネスクラブなど、さまざまなものが存在する。

さて、このフランチャイジングは、海外進出の際にも利用される場合がある。つまり、海外に投資を行って店舗を出すのではなく、海外の加盟者（パートナー）と契約を結んで、その加盟者に店舗を建ててもらいつつ運営も行ってもらう手法である。これを「国際フランチャイジング」と呼ぶ。国際フランチャイジングには、**図5－2**のように、「Ⓐダイレクト・フランチャイジング」、「Ⓑマスター・フランチャイジング」、「Ⓒサブ・フランチャイジング」という三つの種類がある。

Ⓐのダイレクト・フランチャイジングとは、本部が国境を越えて外国の店舗を直接（ダイレクトに）管理・指導するタイプである。たとえば、米国に本部を置く企業が、隣接する

図5－2：国際フランチャイジングの三類型

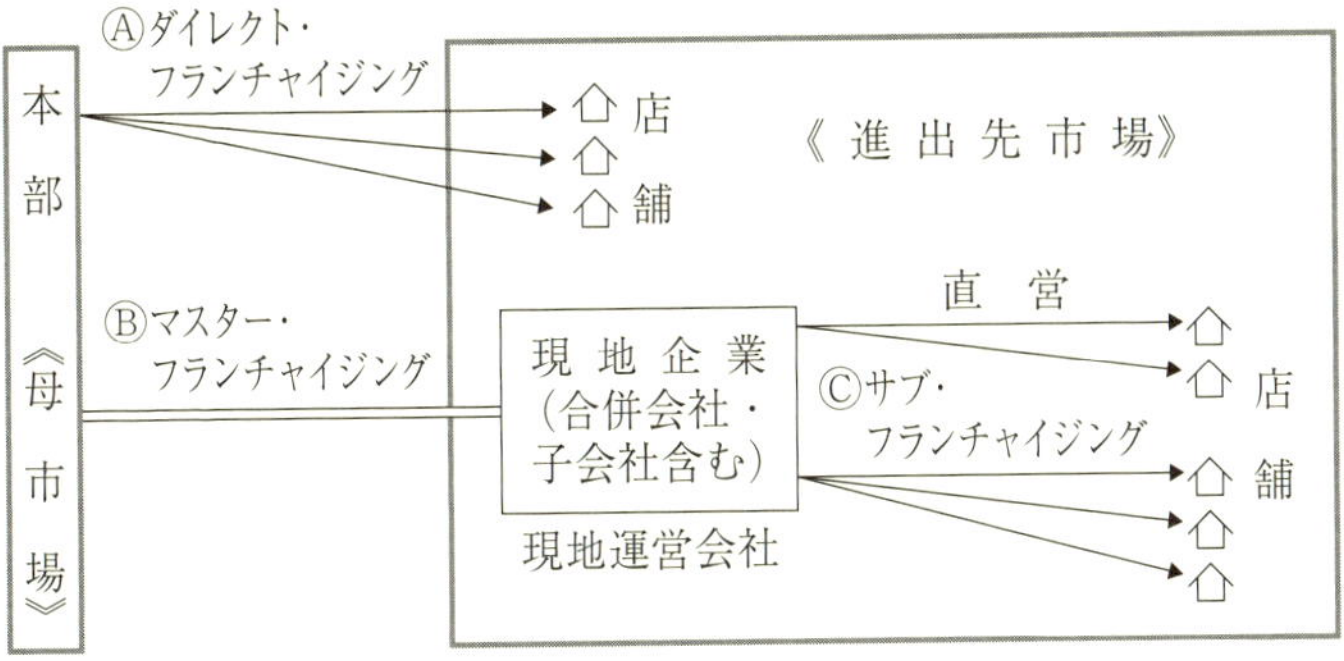

カナダやメキシコの経営者と契約を結んで出店する場合のことを言う。米国とカナダやメキシコは陸続きであるため、本部から商品を運ぶことも、指導員が店舗に指導に行くことも比較的容易である。[1] しかし、海に囲まれた日本では不可能である（膨大な費用がかかる）ため、日本には存在しないタイプのものである。

Ⓑのマスター・フランチャイジングは、簡単には行けない地理的遠隔地に進出（出店）する場合のもので、現地に本国の本部の代替機能を有する現地本部を設立して、そこに運営権を与えて現地での出店と監督の業務を行わせる契約のこと

（1）米国の外食企業はカナダから国際化を開始した企業が多く、マクドナルドもKFCもカナダが初の海外進出先であった。その背景には、カナダは国内市場に隣接しており、現地本部を置かずとも直接的に店舗を管理できることがあった。なお、このことは外食業にかぎらず米国のフランチャイズ企業全般に当てはまる傾向である（川端［二〇一〇］）。

である。日本のような国から海外に進出する場合は、必然的にこのタイプが選択される。

なお、これには一国の市場すべてを一つのパートナーに任せる契約と、市場を分割して地域ごとに異なるパートナーに任せる契約とがあり、前者を狭義の「マスター・フランチャイズ契約」、後者を「エリア・フランチャイズ契約」と呼ぶ。米国のような広い国土を有する市場では、一つの契約先企業に全土を任せることは難しいので、東海岸エリアと西海岸エリア、あるいは州ごとに異なる企業と契約を結ぶことが多い。

中国でも、スターバックスのように地域ごとに契約相手を変えている企業が見られる。これがエリア・フランチャイズ契約である。日本の場合は国土が狭いので、一つのパートナーに日本全土での店舗展開権を与える狭義のマスター・フランチャイズ契約で参入してくる外資系外食企業がほとんどである。

Ⓒのサブ・フランチャイジングとは、マスター・フランチャイジングで進出した市場において、パートナー（現地本部）がオーナーを募ってフランチャイズによる店舗展開を行うことをいう。たとえば、日本マクドナルドはアメリカの本部との間でマスター・フランチャイズ契約を結んで日本のフランチャイジーとして活動しているが、同時に自らが本部（フランチャイザー）になって日本国内でオーナーを募ってフランチャイズ契約を結んで多くの店舗（フランチャイジー）を展開している。この日本国内で展開している部分がサブ・フランチャイジングとなる。

2　マスター・フランチャイジングの三タイプ

以上のことから、日本の外食企業が国際フランチャイジングで海外進出を行う場合は、基本的にマスター・フランチャイジング（エリア・フランチャイジング含む）が選択される。つまり、現地に運営本部を設けて、そこが日本との契約によって現地で出店していく手法である。ただし、マスター・フランチャイジングには、契約を結ぶ相手によって、「ストレート型」、「合弁型」、「子会社（独資）型」の三つのタイプが存在する。(2)

ストレート型は、現地のパートナー企業と直接的にフランチャイズ契約を結ぶ「ストレート・フランチャイジング」と呼ばれるものであり、これが基本形とも言える。ただし、新興市場では信頼できるパートナーを現地で見いだすことができないことも少なくない。その場合は、合弁か独資で現地運営会社を自らが立ち上げ、その現地法人を相手として、日本本部がフランチャイズ契約を結ぶ必要がある。これが、「合弁型」や「子会社（独資）型」となる。すなわち、投資をしたうえでフランチャイズ契約を結ぶことになる。

(2)　国際フランチャイジングの定義や種類については、川端［二〇一〇］に詳しい。

表5－1：マスター・フランチャイジングの三つのタイプとその特徴

	契約先	出資リスク	ブランド管理リスク	オペレーション・システム構築の主体	特徴
ストレート型	現地企業	ゼロ	大	パートナー（立ち上げまでは関与）	運営のすべてをパートナーに委ねる。それゆえに、モニタリングコストが発生。
合弁型	現地の合弁会社	中	中	自社とパートナーが協力	運営はパートナーと協議。出資比率に応じた発言権。役員を派遣。パートナーの市場情報を活用。
子会社型（独資）	現地の子会社	大	ゼロ	自社（自力）	運営はすべて自力（SIを有効利用）。スタッフも自前で派遣。

出所）筆者整理。

表5－1は、この三つのマスター・フランチャイジングの形態の特徴を整理したものである。それぞれについて詳しく解説していこう。

ストレート型

出資を伴わない契約のみでの進出であるため、投資リスクはゼロとなる。食材の調達ルートの開発、店舗物件の確保と建設、雇用などは、すべて現地パートナーがやることになる。日本側に求められるのは、食材の選定（品質判断）や調理関係のノウハウ指導、スタッフ教育などであるが、それらはむしろ日本側にとっては得意とするところである。

しかし、運営のすべてを現地パートナーに任せる分、次節で見るように、料理の品質や味の低下、サービスの質の低下といったことが生じる危険性もある。すなわち、当該企業のブランド管理上のリスクが大きいわけである。それを防ぐためには、パートナーが運営を適切に行っているかどうかを監視（モニタリング）する必要が生じるため、モニタリングコストが発生することになる。

合弁型

現地にパートナーと出資し合って現地運営会社を立ち上げ、それを契約相手としてマスター・フランチャイズ契約を結ぶタイプである。現地側に運営のすべてを委ねることに不安を抱く場合に選択されるものである。日本側が過半数（五一パーセント以上）の出資を行って（リスクをとって）運営の主導権を握ることが多いが、オペレーション・システムの構築とその後の維持・修正（とくに、メニューの現地化、店舗開発、家賃交渉、役所との交渉など）については、適宜パートナーの力（情報力とコネクション）が借りられるというメリットがある。ただし、出資比率に応じて日本から社長や役員を派遣して駐在させるため、そのような人材が必要となる。

合弁型は、日本の運営ノウハウとパートナーの現地情報とを摺り合わせながら、現地適応化を進めつつ運営を行おうとする手法と言えるが、実際の運営をめぐってはさまざまな協議がパートナーとの間で必要となるため、人材や経験、あるいは情報が不足している中小零細外食企業にとっては負担が大きくなることがディメリットとなる。

子会社（独資）型

現地に一〇〇パーセント子会社を自ら設立して、そことマスター・フランチャイズ契約を結ぶタイプである。換言すれば、現地パートナーに頼らず、自力ですべてを行おうとするものである。

部分的であれ現地パートナーに依存するかたちの進出は、何かにつけてトラブルが生じやすく、パートナーとの関係性（対立）そのものが大きなリスクとなる可能性がある。とくに、日本的な「のれん」や「看板」（店舗ブランド）の信頼性を守るためには、苦労をしてでも自己責任ですべてを管理したほうがよいと判断されることも多い。その場合は、この子会社（独資）での進出が行われる。投資リスクは大きくなるが、ブランド管理リスクは小さくなる点が何よりのメリットである。

これまでの日本の外食企業における海外進出を見ると、当初は合弁型で進出したものの、のちにパートナーの株を買い取って子会社化（独資化）したケースが散見される。これは、合弁先との意見の相違により、進出先でのブランド性を日本側が思うようなかたちで確立できなかったり、運営や収益が安定しなかったりすることが要因となっている(3)。

3 ストレート型の課題

マスター・フランチャイジングの三形態のうち、とりわけ経営資源が不足している小零細外食業の海外進出では、ストレート型のフランチャイジングが有利である。ストレート型の場合は、先述のごとく投資の必要がなく、日本本部は商標の貸与とノウハウ供与やコア食材の供給（日本からの輸出）を行うだけですむ。もっとも負担が大きくなる現地でのオペレーション・システムの構築と維持管理は、基本的にはすべて現地パートナー側に委ねることができるからである（実際には、オープンまでは日本側が指導している）。

しかし、このストレート型での進出は、決してよいことばかりではない。これまでのヒヤリング調査によると、**表５－２**のような問題が生じている。

一つは、店舗をめぐる問題である。国際フランチャイジングを理論的に理解しようとした草分け的研究者であるルート（Root［1987］,［1994］）によると、フランチャイジングでの進出のメリ

(3)「一風堂」を展開する力の源カンパニーの社長である河原成美氏は、中国・上海での合弁先との意見の相違によって苦労した挙げ句に撤退に至った経緯を自著にまとめている（河原［二〇〇七］）。

(4) Root は、市場参入戦略研究のなかで、参入モードの一つとして国際フランチャイジングに着目している。

表５－２：ストレート型のパートナー問題（典型例）

・ロイヤリティの支払いが滞る。
・売上げをごまかす（ロイヤリティを抑えるため）。
・約束通りの店舗投資をしてくれない。
・日本側のアドバイス・改善案を聞かない。
・店舗立地（開発）のルールを守らない。
・商標を勝手に流用する。
・調理手順を守らない（手抜き）。
・衛生管理の契約を守らない。
・勝手にメニューや味を変更する。
・ノウハウを流用して別のブランドを立ち上げる。
・契約違反の食材を使用する。
・誇大広告を行う。

出所）筆者によるヒヤリング結果の整理。

ットの一つとして、現地での出店（成長）スピードが速まることを挙げている。それは、資金力を有するパートナーと組むことが前提となっているが、パートナーは現地事情に通じているため、立地選定や物件確保、あるいは内装工事がスムーズに進むことを意味している。

ところが、現実には、資金力があるにもかかわらずパートナーが二号店以降の店舗投資を行わないケースが少なくない。契約上は「三年以内に一〇店舗以上」などといった取り決めになっている場合でも、一号店だけの状態が何年にもわたって続くケースが見られる。その理由は、一号店の売り上げが期待に反して悪かったため、パートナーが追加投資に慎重になっていることによる。しかし、店舗規模が拡大しないと食材などのコストが低下せず、知名度も上がらず、収益も低迷するといった悪循環が続くため、このような場合は撤退（契約解消）に至るケースが多く見られる。

一号店については、立地選定のミスも多く見られた。外食経験のない（浅い）パートナーが立地選択を見誤るだけでなく、家賃を抑えようとして意図的に立地条件が悪い物件に開業したり、パートナーの知人がオーナーであるという理由を優先して条件の悪い物件に入居してしまうケースもあった。

また、店舗は順調に拡大したものの、家賃の高い店舗を次々と出店してしまったため、利益が出せない構造に陥ってしまったというケースも見られた。ヒヤリングでは、パートナーが高級店としてのコンセプトで店舗展開を図ろうとして過剰投資を行ったことや、店舗開発担当が不動産業者から契約賃料に応じたリベートを受け取りたいがために高い家賃設定の物件を選んでしまうことなどが課題となっていることも分かった。言うまでもなく、一号店の立地は非常に重要であるため、パートナー任せにしない姿勢が必要となろう。

二つ目の問題は、開業後の店舗におけるオペレーションの品質低下である。通常、新規オープンから一～三か月程度は日本側から日本人スタッフが派遣され、調理場やフロアでノウハウ指導を行うため、品質は日本と同等の水準が提供できるが、日本人が引き揚げた途端に味やサービスの質が低下するというケースがとくにアジアで多く見られる。

食材の廃棄ルールが守られずに鮮度の悪い食材が使用されたり、日本側が選んだ納入業者を価格の安い業者に勝手に変更したために食材の品質が著しく低下したケースもあった。その結果、店の信頼性が低下し、ブランドの毀損《きそん》が深刻化する。一九九四年、台湾にストレート・フランチャイジングで進出した「味千ラーメン」の場合も、開業後しばらくすると調理ノウハウが守られなくなり、本来の品質や味が大きく低下してしまったため、ブランド性を保護する観点から契約を解消して撤退を行っている（重光［二〇一〇］）。

三つ目の問題は、商標とノウハウをめぐるトラブルである。これは中国や香港で見られるものであるが、パートナー側が、日本側の承諾を得ずに同じ店舗名で異なる業態の飲食店（日本料理系）を出店したり、日本側から供与されたコンセプトやノウハウを使って勝手に別の店舗名のチェーンを立ち上げたり、さらには勝手にサブ・フランチャイジングを行ったりするようなケースが見られた。

つまり、ストレート型は、投資リスクは低いものの、ブランド管理上のリスクが高まることがネックとなってきたのである。このようなブランド管理上のリスク問題を回避するためには、海外のパートナーの行動を日本側がこまめにモニタリング（監督）し続けることが必要となる。しかし、これには当然のことながら相応のコスト（モニタリングのための渡航費）とノウハウ（契約ノウハウや交渉技術）が必要となる。

では逆に、ストレート型で進出した海外市場において成功をしている企業はどのようなことを行っているのであろうか。ヒヤリングにおいて、そのような外食企業がしばしば口にすることは、「現地パートナーに恵まれた」ということである。(5)

　現地パートナー企業の選定は、実際には手探りの感が強く、相手の規模や業種、外食ビジネスの経験の有無などのファクターと、成否との間に何らかの相関性や法則性が見てとれるわけではない。それゆえ、成功しているケースは、「たまたま」現地パートナーに恵まれたケースや、パートナーが現地の日本人や日系企業であるケースがほとんどといっても過言ではない。

　一般的に、現地パートナーが日本人や日系企業である場合は、細かな説明をしなくても日本本部のコンセプトや理念、そしてオーナーのこだわりが理解されやすく、ノウハウ移転も比較的スムーズに行えて信頼関係が構築しやすいというメリットがある（もちろん、日本人と組んでも失敗するケースが見られることは言うまでもない）。

　このように、現地パートナーを選定するノウハウが確立されていないがゆえに、現地での運営の質（味、衛生管理、サービスなどの品質）にこだわる傾向が強い日本の多くの外食企業にとっては、ストレート型は逆にリスクが高い手法と見なされる傾向が見られる。とくに、海外企業との交渉・接し方のノウハウをもたない外食企業にとっては、パートナー企業を統制（ガバナンス）

---

(5)「味千ラーメン」の社長である重光氏も、同様のことをインタビューで語っている。

することは至難の業と言える。

外食企業にかぎらず、日本企業が国際フランチャイジングにおいて、とくにストレート型をとる率が低いことを筆者はすでに明らかにしてきた（川端［二〇一〇］）が、それはこのような事情によるのである。

4 パートナー選定を捉える視点

ストレート型にしろ、合弁型にしろ、フランチャイジングで進出するにあたって、契約相手であるパートナーをどのように選ぶのかは、外食企業の多くが頭を悩ませている問題である。多くの外食経営者が、パートナーを選択するにあたって重視することの一つとして挙げているのが「理念の共有」である。すなわち、食を通して社会に貢献するとか、営利主義に走らず誠実な事業を目指す、といった曖昧でいかにも日本的なものである。

これは、信頼関係をすべての基礎に置く日本企業の特徴を表しているものと理解できる。確かに、このような理念の共有は重要なことであろうし、信頼関係が構築できなければ事業提携は成立しないこともその通りであろう。日本側の看板を掲げる以上、日本で築いてきたブランドや社会的信頼を壊されたくないと考えるのも当然のことである。したがって、日本側経営者がパートナーと何度か会って話をするなかで、「信頼に足る」と判断するかどうかが重視されてきた。

しかし、これまで述べてきたことからすると、オペレーション・システムの構築という視点からこの問題を捉えることも重要になる。前章で述べたように、オペレーション・システムの構築における三つの鍵のうち、日本側がとくに苦労しているものは店舗開発と人材育成システムの二つであった。したがって、とりわけこの二つに関して優位性をもっているパートナーと組むというのも一つの考え方と言える。

店舗開発能力が高いパートナーとは、たとえば現地の商業施設のディベロッパーや大手小売業などとの結び付きが深く、適切な店舗物件の情報探索や物件確保がスピーディーにできるパートナーや、すでに外食業のチェーン展開の経験があり、現地における外食店舗の立地評価が適切にできるパートナーである。もちろん、適正な家賃に対する認識や家主との交渉力をもち合わせていることが条件となる。

今ひとつの人材確保力が高いパートナーとは、端的には大手企業を指す。新興市場であればあるほど、外食企業には優秀な人材が集まらない傾向が見られる。しかし、現地の大手企業（上場企業や財閥系企業）には優秀な人材が集まっており、ジョブホッピング（転職）も少ない。第４章の「４　人材育成システムの構築をサポートするＳＩ」でも例に出したが、タイの流通大手セントラルグループの外食子会社などもその一つであろう（一四八ページ参照）。

ただし、企業としての能力と、パートナー企業側から出てくる担当者の能力とはまた別である。ある日系外食企業がパートナーとして選んだ企業は、すでに当該国で外資系の有名外食チェーンを運営している企業であり、経営者の考え方もキャリアも申し分がなかったためストレート型のフランチャイズ契約を行った。しかし、実際に日系外食チェーンの担当者としてパートナー企業側から出てきた人物は、外食の経験がまったくない航空業界の出身者であったため、結局、二店舗を出しただけで事業が行き詰まり、撤退せざるを得なかった。

このように、実際に日本側が向き合うパートナー企業の担当者（窓口）がどのような人物になるかによって、提携事業は大きな影響を受けることにも留意を要する。

5 パートナーのガバナンス（統制）をどうするのか

さて、このストレート型のフランチャイジングが有する課題は、詰まるところ二つの問題に収斂していく。一つは、海外でのブランド管理上のガバナンスをどこまで強めるのか、あるいは日本との差・違いをどこまで許容するのかという問題であり、今ひとつは、海外での運営や管理をどこまでシンプルにするのかという運営ノウハウの標準化・マニュアル化がどこまで進められるかという問題である（三六ページ参照）。

もし、海外と日本とのオペレーション環境や市場環境・消費者特性の違いを考慮して、日本とは異なる発想やコンセプトでブランド管理を行えば（過度のガバナンス強化を回避すれば）、あるいは、もしオペレーションのマニュアル化が進んで現地での運営が非常に単純化されれば、パートナーの統制も行いやすくなるだろうし、日本の本部側のモニタリングコストも低減することができよう。

しかし、筆者がこれまでの海外進出事例を見たかぎりでは、日本の外食企業は、小零細外食企業ほどオーナーや創業者の職人的なこだわりがオペレーションに色濃く出ており、味やサービスへのこだわりも強い（日本との差や違いを許容しない）。もちろん日本では、それが重要な競争優位となってきたのであり、それが海外でも実現できれば大きな競争力につながるのであろうが、現実には、海外において日本と同じ品質の味やサービスを実現することは難しい。たとえ実現できたとしても、価格が非常に高くなってしまう。

そもそも海外ではジョブホッピング（転職）が激しく、ただでさえノウハウ移転が困難であるからにほかならない。それにもかかわらず、こだわりの強さから、現地の店舗スタッフに（現地の規範に照らせば）高度なノウハウを要求することも少なくないのである。すなわち、外食分野

図５－３：吉野家の海外進出形態

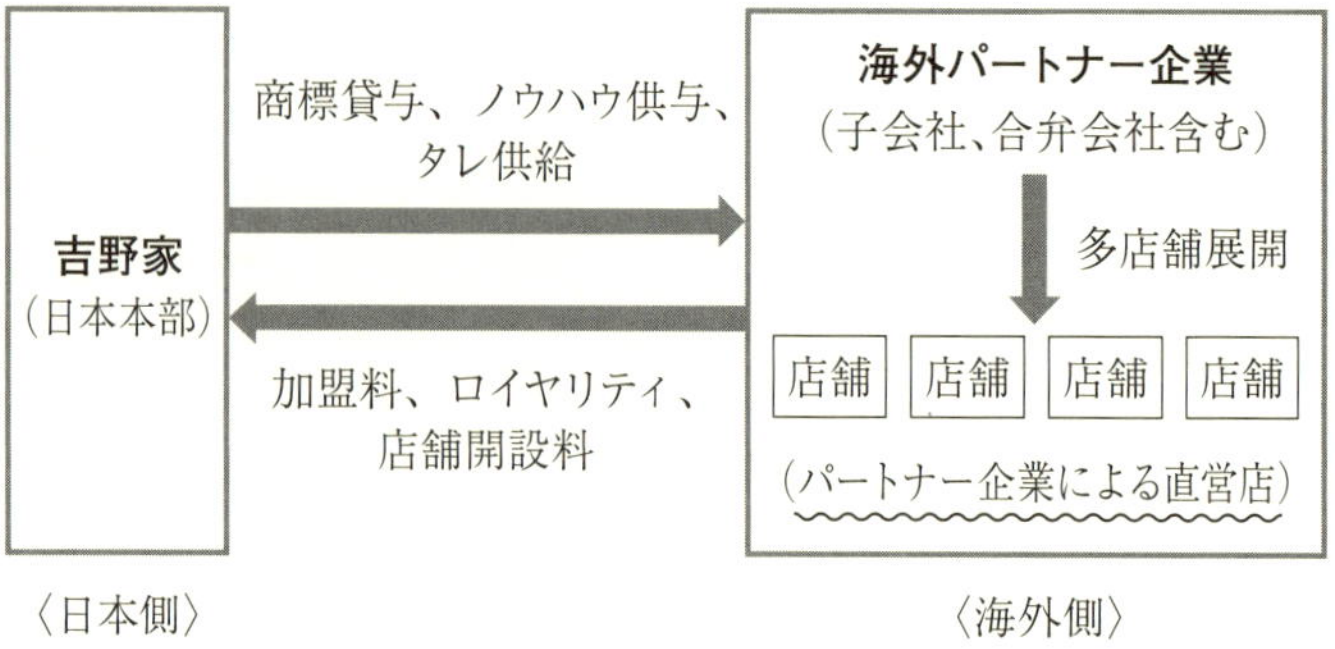

出所）川端［2010］217ページ。

では規模が小さい企業であればあるほど、国際化に不可欠なブランド管理に対するガバナンスの方針の確立（日本との差の許容範囲の見定め）や、オペレーションの標準化・マニュアル化に対する認識が進んでいないというのが実態であり、それが海外進出の進展を阻害していると言える。

このことは、先述のように進出先での出店にあたって、サブ・フランチャイジングを行う外食企業がほとんどないことの要因の一つにもなっている。これは、現地で募集したオーナーに店舗運営を委ねると、調理や衛生管理、サービスなどに問題が生じてブランドに傷が付くというリスクが懸念されるためである。

もちろん、ロイヤリティの支払いなどの契約違反が生じる可能性も大きい。これに対して直営店は、店長も社員であるしスタッフも本部が雇用するため、本部の意思が実現されやすく（さまざまな管理が行いやすく）、ブランド性が毀損《きそん》する心配も少ない。たとえば、「吉野家」の海外店舗は米国の一部を除いて直営店が基本であるし、「味千ラーメン」の中国大陸の店舗も「モスバーガー」も、海外店舗はすべて現地運営会社の直営店となっている。

図５－３は、吉野家の国際フランチャイジングによる海外進出形態を示したものである。これからも分かるように、吉野家は海外のパートナーに対して、商標貸与やノウハウ供与を行うだけでなく、コア食材である牛丼のタレも供給して味の世界的な標準化を図っている。また、海外店舗はパートナーによる直営店のみとし、管理責任の所在を明確にしている。海外店舗に対しては、定期的に日本から視察してチェックを行い、改善点をパートナーに伝えている。

6　進出形態の実態

では、外食国際化においては、実際、どの程度ストレート型での進出が見られるのであろうか。**表５－３**は、巻末のデータベースを基に、これまでの海外進出の進出形態を時期別に整理したものである。ただし、進出形態はすべてが明確になっていないために確度が低いものも含まれてい

表5－3：外食企業の時期別進出形態

進出形態	1960年代	1970年代	1980前半	1990前半	1990後半	2000前半	2000後半	2010前半	計
ストレート型		6	35	23	35	49	123	366	637
合弁型	2	10	42	31	20	24	38	89	256
子会社型	5	35	67	29	17	37	81	207	478
買収			8	2			1		11
共同出資			2	2				1	5
運営受託	2			1			1		4
商標貸与		1							1
プロデュース						1	1	2	4
資本参加			2						2
合計	9	52	156	88	72	111	245	665	1,398

出所）巻末データベースを筆者整理。

る。また、新聞報道や業界雑誌記事、ウェブ上の記事においては、フランチャイジングに対する理解が十分でないため、「フランチャイズでの進出」（ストレート型の意味）と記されていても、実際には海外に設立した合弁企業や子会社と日本本部とのフランチャイズ契約であるケースも少なからず存在しており、用語の使用に混乱が見られる。したがって、このデータには限界があることを認識すべきであるが、それでも一つの明確な傾向が見てとれる。

すなわち、**表5－3**で、各時期においてもっとも多く採られた進出形態を見ていくと（表中の網掛け部分）、一九八〇年代までは子会社（独資）型での進出が多数を占めていたが、一九九〇年代の前半になると合弁型の比率が高まり、さらに一九九〇年代の後半以降はストレート型での進出が増大してきている。とくに、二〇〇〇年代の後半には五〇パーセントを超えるようになり、進出が急増した二〇一〇年代の前半には五五パーセントに達している。

また、表からは、二〇一〇年代はストレート型とともに子会社型での進出も増えており、外食業の選択が二極化していることが分かる。子会社型での進出が増えてきている要因には、ストレート型や合弁型での進出では現地パートナーとの協調関係の構築を求められるが、その難しさが避けられているということがある。

近年では、中国をはじめとする新興国で現地パートナーとトラブルを抱える外食企業が増えてきており、そのようなリスク情報が業界内で共有化されてきたことがこの背景にある。(6) とくに、近年進出が急増している小零細の外食業においては、リスク回避が優先される傾向も見られ、独資で進出して現地のSIを使ってオペレーション・システムの構築を目指す企業も増えている。

いずれにしろ、この進出形態の選択問題は、単に投資リスクへの対応を反映しているだけではなく、現地でのオペレーション・システムの構築問題やパートナーとの関係が生むリスクに対する、外食企業側の考え方（戦略的対応）を反映していると言える。

(6) たとえば、関［二〇一一］や藤尾［二〇一二］などは、中国ビジネスのリスクの大きさを伝えている。

7 海外統括会社（グローバル・ハブ）を介した海外進出

最後に、近年の海外進出における新しい動きについて述べておきたい。これまでの外食業における日本からの海外進出は、日本本社からの投資、もしくは日本本社とのフランチャイズ契約であった。しかし、二〇〇〇年代以降は、香港やシンガポールに独資の子会社を設立し、そこを海外の統括拠点、つまりグローバル化の拠点（グローバル・ハブ）として第三国への進出を図る外食企業が増大している。

たとえば、ワタミは本社内に置かれていた海外事業部を、二〇〇九年に「ワタミ・インターナショナル」という子会社として独立させた。また、吉野家も同じ年に海外事業部を「ヨシノヤ・インターナショナル」という子会社として独立させている。これは、独立させることによって本社から決定権を移譲し、海外戦略に関する意思決定を早めようとしたことによる。

またワタミは、ワタミ・インターナショナルの本社を香港に置いている。香港はワタミが最初に進出した市場でもあるが、中国大陸にも東南アジアにも近いという地理的な優位性をもち、さらに隣接する大陸の珠江《しゅこう》デルタ(7)に集積している多様な食品メーカーや加工メーカーを利用しやすいという地の利もある。つまり、日本や海外向けの食材（調味量類含む）を、中国大陸から香港経由で調達して輸出するという狙いもあったわけである。

現在では、海外事業への投資、海外店舗の運営と管理および海外店のメニュー開発や食材調達などはすべて香港で行っており、東京の本社は海外事業に直接的な関与をしていない。ワタミにとって、香港はまさにグローバル・ハブとして機能しているのである。

香港に拠点を置く企業としては、サントリーの外食事業部門の子会社である「SFBI」（サントリー・フード・アンド・ビバレッジ・インターナショナル、二〇〇四年設立）もその一つとして挙げられる。SFBIは、「ペッパーランチ」のアジアでのフランチャイズ事業権を二〇〇五年から行っており、シンガポールや上海、ホノルルにも運営会社を置いて、中国大陸から東南アジア各国に至る広範なエリアでペッパーランチを約二〇〇店舗展開している（フランチャイジー事業として）。

また、「築地銀だこ」で知られるホットランドも香港に子会社である「WAENインターナショナル」を設立し、そこから東アジアや東南アジア各国に投資を行って店舗展開をしている。さらには、「サガミ」を展開するサガミチェーンも香港に東アジアの統括子会社（二〇一〇年）を、

（7）　珠江の河口部を指す。広州、東莞、仏山、中山、珠海、深圳《シンセン》などの都市が立地する人口集中地区で、香港との結び付きが強い。日系をはじめとする外資系企業の工場が集積することで知られる世界的な工業地帯である。

シンガポールに東南アジアの統括子会社（二〇一三年）を設立して、それらを拠点に周辺国への進出を進めている。このほか、香港に地域統括子会社を置く企業としては、「丸源ラーメン」を展開する物語コーポレーション（二〇一一年）、「かつや」を展開するアークランドサービス（二〇一二年）、「トニーローマ」を展開するWDI（二〇一二年）、「CoCo壱番屋」を展開する壱番屋（二〇一五年）などが、シンガポールに統括子会社を置く企業としては「ドトール」や「麺屋五右衛門」を展開するドトール日レス（二〇一一年）などが挙げられる。

このような、海外の統括会社を介しての海外進出が増大するということは、日本から見ればアジア各国の運営会社が孫会社化していることを意味する（**表5－3**では、子会社型に含めて集計している）。それは、統括会社を介したフランチャイズ契約の場合も同様である。これは、香港やシンガポールが有するアジア地域内での移動の便のよさや、金融上・税制上の優位性、食材調達上の優位性などのほか、海外子会社からの投資やそれとの契約にすることで日本本社のリスクヘッジが図れるというメリットがある。

以上のように、香港やシンガポールに海外展開のハブを設立しようという動きは、とくに二〇一〇年頃から大手や中堅の外食企業の間において急速に広がっており、今後は、それらを拠点にした外食国際化（多国籍化）が一段と進むことは間違いなかろう。

8　法人フランチャイジー（加盟者）による海外進出

近年の国際化の動きにおいてとくに注目されるのが、フランチャイジーによる海外進出である。これまでは、フランチャイジングによる海外進出は本部（フランチャイザー）が行うことを当然とする捉え方があったが、近年ではフランチャイジー・ビジネスの専業企業である「法人フランチャイジー」が生まれており、複数の外食業と契約を結んで多くの外食店を展開している。

注目すべきは、この法人フランチャイジーが海外に進出をする現象が見られるようになっていることである。現在の法人フランチャイジーによる国際化行動には、次に挙げる五つのタイプが確認できる。

①海外の加盟者（パートナー）が第三国に出店するタイプ（第６章の10節を参照）

ジャパン・フード・ホールディング――「味千ラーメン」や「麺屋武蔵」をシンガポールで展開する日系の法人フランチャイジー（上場企業）であるが、味千本部（重光産業）からはベトナムとインドネシアでのフランチャイズ権も取得し、両国に出店を行っている。

美心集団（マキシム）――「元気寿司」の香港でのフランチャイズ権を有する現地外食業の美心

集団は、中国大陸のフランチャイズ権も有し、二〇一五年時点で「元気寿司」を中国全土に三七店展開する。

②日本の法人フランチャイジーが加盟ブランドの海外出店権を付与され、海外進出するタイプ

G－7ホールディングス――「オートバックス」などの自動車・バイク関連の店を八〇店舗余り国内で展開する大手の法人フランチャイジー（上場企業）であるが、二〇一二年からマレーシアに進出し、「オートバックス」と「バイクセブン」を各二店舗展開している。

③日本の法人フランチャイジーが海外に独自ブランドを開発して進出するタイプ

サンパーク――「びっくりドンキー」や「丸源ラーメン」、など多数のブランドを関西と首都圏で約五〇店舗展開する法人フランチャイジーであるが、これまでの多様な外食業の運営ノウハウを生かして、二〇一一年に独自ブランドの「豚骨火山」をシンガポール（子会社）で立ち上げた。二〇一三年にはタイ、二〇一五年にはインドネシアにも出店し、国際化を進めている。

セレーノ――「ベビーフェイス」（カフェ）の法人フランチャイジーとして福岡県内に六店舗展開するが、二〇一三年に独自ブランドの焼肉店「MR. GRILL」をカンボジアに出店している。

G－7ホールディングス――「オートバックス」を展開する先述の企業が、独自ブランドの「ラーメン神戸《かんべ》」をマレーシア（二〇一四年）とインドネシア（二〇一五年）に出店し、さらに独自ブランドの「黄金カレー」を二〇一四年からベトナムに出店している。

④日本の法人フランチャイジーが海外企業を買収して進出するタイプ

アスラポート・ダイニング――「牛角」などの有力フランチャイジーとして、国内で四〇〇店舗以上もの外食店を展開するメガ・フランチャイジー(8)（上場企業）であるが、二〇一五年に英国で鮮魚の卸売業や小売業、そして寿司バーを運営する「ATARIYA Group」を買収し、英国進出を果たした。

⑤海外フランチャイズ・チェーンの日本法人が独自ブランドを開発して海外進出するタイプ

タリーズコーヒー・ジャパン――「タリーズ」を日本で展開する同社は、二〇〇六年から日本で開発されたブランドの緑茶カフェ「クーツグリーンティー」をシアトルで展開している。

(8)　法人フランチャイジーのなかでも、とくに大規模なものは「メガ・フランチャイジー」と呼ばれている。特定のブランドを特定の地域で数十店舗から一〇〇店舗程度出店している企業もあり、本部側（ザー）にとっても極めて重要なパートナーとなっている。メガ・フランチャイジーの定義はとくにないが、近年では三〇店舗以上を運営するか、年商が二〇億円以上のものを目安とする見解が多い。

このほか、海外進出ではないが、日本の法人フランチャイジーが海外の飲食ブランドとも契約を結んで外資ブランドを誘致しているものもある。たとえば、最近の例では先述のアスラポート・ダイニングが米国の「Taco Bell」社とフランチャイズ契約を結び、「Taco Bell」の日本一号店を二〇一五年四月に開店している。これは、外資の外食業にとって、日本の法人フランチャイザーが有力なパートナー兼SIであるからにほかならない。

法人フランチャイジーは、さまざまな業態の飲食業を経験してきており、また市場とも直接かかわってきていることから、店舗開発や業態の現地適応化に強みをもっていると言える。その点では、今後の日本における外食国際化（外資ブランドの進出）において大きな役割を果たしていく可能性もある。

以上のように、国際フランチャイジングは複雑な様相を呈しはじめており、今後もこのようなケースが増えていくものと見てよかろう。

第6章

アジア系外食企業との競争と協調

海外進出を進めるシンガポール発ベーカリー「ブレッド・トーク」のマニラ店（2014年2月筆者撮影）

1　アジアに広がる外食国際化の波

第1章でも見たように、戦後の日本の外食企業の進出先は、七四パーセント以上がアジア地域であった（**表1－3**参照）。そのようなアジア市場への偏りは、最近（二〇一〇年～二〇一四年）の五年間にかぎって見ると八五パーセントにまで達する（**表1－4**参照）。ところが、近年、そのアジア市場では現地の外食企業の国際化が急速に進んでいる。すなわち、日本の外食企業がアジアに出ると、そこには現地の外食企業やアメリカの外食企業のみならず、周辺のアジア諸国から進出してきた外食企業もが待ち構えているという構図が生まれているのである。

ここで言うアジア資本とは、韓国、台湾、香港、シンガポール、フィリピンなどの外食企業である。これらのなかには、後述のように、日本の外食企業をはるかに凌ぐ規模とスピードで国際化を進める企業も見られる。また、寿司や刺身あるいはタイ焼きなどの日本食を提供する企業も含まれており、日本の外食業よりも先に市場を押さえてしまっているケースも見られる。

しかし、これらアジア系の外食企業は、日系外食企業と敵対する存在であるとはかぎらない。場合によっては、新しい市場開拓に乗り出すパートナーになりうる存在となる。つまり、アジア市場を舞台にして、競合関係と協調関係が交錯しているのである。

そこで本章では、まずはアジア系外食企業の海外進出の実態と特徴について韓国企業と台湾企業の分析を通して捉え、その後、香港企業とシンガポール企業を通して日系企業との協調関係の実態について捉えたい。そして、そこから今後の日本の外食国際化に対する示唆を抽出したい。

2　アジアの主な国際外食企業

アジア系の外食企業の国際化はどれくらいの規模で行われているのであろうか。表6－1は、海外に一〇〇店舗以上を出店しているアジアの主要外食企業を捉えたものである。二〇一五年春の時点で、その数を国別に見ると、日本が一四社であるのに対して、韓国九社、台湾七社、香港とシンガポールが各二社、フィリピンが一社となっている。数では日本が最多とはいえ、韓国や台湾にも多くの国際的な外食企業があることが分かる。

また、各企業の進出市場数を見ると、アジアでもっとも多くの海外市場に進出しているのは、韓国のフライドチキン・チェーンの「ＢＢＱ」であり、それが三〇か国と群を抜いている。同社はすでに五七か国のパートナーとフランチャイズ契約を結んでいるため、今後もまだ進出国は増えていくと見られる。

表６－１：海外に100店舗以上を展開するアジアの主要外食チェーン

母　国	企業名	主な店舗ブランド	主要業態	海外店舗数	進出市場
日　本	ダスキン	ミスタードーナツ	ドーナツ	2,700	6
	重光産業	味千ラーメン	ラーメン	700	11
	吉野家	吉野家	牛丼	650	9
	モスフードサービス	モスバーガー	ハンバーガー	320	8
	麦の穂	ビアードパパ	シュークリーム	220	18
	トリドール	丸亀製麺	うどん	200	12
	ペッパーフード	ペッパーランチ	牛肉グリル料理	200	13
	サイゼリア	サイゼリア	イタリア料理	130	5
	グリーンハウスフーズ	新宿さぼてん	とんかつ	130	8
	壱番屋	CoCo 壱番	カレー	120	8
	プレナス	やよい軒	和食	120	4
	ハチバン	８番ラーメン	ラーメン	110	2
	元気寿司	元気寿司	寿司	110	6
	ワタミ	和民	居酒屋	100	7
韓　国	デリス	デリ・マンジョ＊	鯛焼きなど	600	10
	カフェ・ベネ	カフェ・ベネ＊	カフェ	580	15
	ジェネシス	BBQ ＊	フライドチキン	500	30
	リレイ・インターナショナル	レッド・マンゴ	飲料	400	18
	ロッテリア	ロッテリア＊	ハンバーガー	350	5
	パリス・クロワッサン	パリス・バゲット	ベーカリー	170	4
	ボンチョン	ボンチョン	フライドチキン	150	5
	イウェオン	トゥダリ	焼き鳥	140	2
	CJ　フードビラ	トゥレジュール	ベーカリー・ケーキ	130	7
台　湾	億可國際飲食	CoCo 都可	飲料	2,150	9
	美食達人	85度 C	カフェケーキ	520	3
	休閒國聯	鮮芋仙	デザート	370	4
	六角國際事業	チャタイム Chatime ＊	飲料	220	25
	聯發國際餐飲事業	シェアティー Sharetea	飲料	160	15
	長沂國際實業	カムバイ Comebuy ＊	飲料	110	11
	爭鮮 Sushi Express	爭鮮迴轉壽司	寿司（持ち帰り含）	110	4
香　港	大家楽集団	大家楽＊	中華ファーストフード	120	1
	美心集団	美心西餅	ベーカリー	130	1
シンガポール	ブレッド・トーク	ブレッド・トーク	ベーカリー	700	17
	翡翠餐食集団	クリスタル・ジェイド＊	広東料理	120	10
フィリピン	ジョリビー・フード	ジョリビー	ファーストフード	100	7

注１）＊印の付いた企業は日本に進出済み。

注２）進出先数は中国大陸、香港、マカオを別々にカウント。

注３）海外店舗数は概数（2014～2015年時点）。ミスタードーナツの店舗数にはフィリピンでのスタンド型店舗やコンビニ内店舗を含む。

出所）各社 HP および各種報道を基に筆者整理。

二位は台湾のタピオカ・ミルクティー・チェーンの「チャタイム（Chatime）」で、二五か国に進出している。三位が日本のシュークリーム・チェーン「ビアードパパ」と韓国のドリンク・チェーンの「レッド・マンゴー（Red Mango）」で一八か国、五位がシンガポールのベーカリー・チェーンの「ブレッド・トーク（Bread Talk）」（本章の扉写真参照）の一七か国となっており、進出市場数については日本企業の優位性はさほど感じられない。加えて言うなら、表中の「＊」印が付いたブランドは、すでに日本市場にも進出を果たしている。

ところで、海外店舗数に着目すると、とくに韓国や台湾の外食企業のなかには日本の大手外食企業よりも店舗数が多いものが少なくない。日本では「ミスタードーナツ」の店舗数が約二七〇〇店と突出しているが、[1]台湾にも海外に二〇〇〇店を超える店舗を展開する企業が存在している。

このように、アジア系のなかでもとくに国際化が進んでいるのは韓国と台湾の外食企業であることが分かろう。そこで以下では、韓国と台湾の外食企業に焦点をあて、それらの具体的な国際化行動と、その背景を明らかにしていきたい。

（1）ミスタードーナツの店舗数の大部分はフィリピンの店舗である。フィリピンには、スタンド型の簡便で小規模な店舗が多く見られ、それが数値を押し上げている。

3　韓国で外食国際化が急進する背景

表6－2は、韓国の主要外食企業の主な進出先を見たものである。これを見ると、総じて中国や米国市場での店舗数の多さが目につくが、一方でサウジアラビア、トルコ、イラン、エジプト、ウルグアイ、パキスタンなど、日本企業がまだ視野に入れていない市場にすでに進出を果たしていることが分かる。このような韓国の外食企業の積極的な国際化行動には、どういった背景があるのだろうか。また、中東や中南米など、一見すると外食企業にとってはインフラも市場も未成熟な所に進出をすることがなぜ可能となっているのであろうか。

まず、韓国の外食企業が国際化を急進させる背景には、韓国国内での過当競争と成長余力の小ささがある。**表6－3**は、日本と韓国の業界の状況を比較したものである。そもそも、フランチャイズ・チェーン業界には、外食チェーン以外にコンビニ、アパレルなどの小売チェーン、ホテルチェーン、美容チェーン、フィットネス・クラブチェーン、学習塾チェーンなど多様なものが存在する。日本において、外食チェーンがフランチャイズ業界全体に占める割合は、企業数で約四三パーセントを占めているが、(2)韓国の外食企業は企業数で業界全体の七割以上を占めている。その他は、コンビニや学習塾くらいである。

表６－２：韓国の主要外食企業の海外進出先（2015年上半期時点）

	主な店舗ブランド	主要業態	海外店舗数	進出市場	進　出　先
1	デリ・マンジョ（Deli Manjoo）	鯛焼きなど	600	10	米国400、台湾34、フィリピン45、ベトナム10、サウジアラビア12
2	カフェ・ベネ（Cafebene）	カフェ	580	15	中国500、米国25、台湾13、モンゴル４、カンボジア２、サウジアラビア４
3	BBQ	フライドチキン	500	30	中国150、米国110、フィリピン25、スペイン５、トルコ11、サウジアラビア８、イラン２
4	レッド・マンゴ（Red Mango）	飲料	400	18	米国275、メキシコ50、フィリピン25、パキスタン１、インド５、クウェート６、エジプト２、ウルグアイ１、エルサルバドル１
5	ロッテリア（Lotteria）	ハンバーガー	350	5	ベトナム208、日本86、インドネシア31、中国16、カンボジア１

注）Deli Manjoo の進出市場数は同社 HP では約70となっているが、詳細は未公表のため、本表では筆者が確認できた10市場としている。
出所）各社 HP および各種報道を基に筆者整理。

表６－３：韓国外食業界の実態

	韓国	日本
FC 業界に占める外食の割合	72.4%	42.2%
外食チェーン数	2,251	550
千人当たりの外食店数	11.6	5.9

出所）韓国フランチャイズ協会資料および日本フランチャイズ協会資料を基に筆者作成。

表：ジェネシス社の海外展開（2015年末）

	進出先	店舗数		進出先	店舗数
1	米国	110	17	フランス	2
2	カナダ	2	18	ドイツ	2
3	中国	150	19	イギリス	5
4	台湾	5	20	アイルランド	2
5	日本	12	21	スペイン	5
6	モンゴル	12	22	ポーランド	1
7	ベトナム	35	23	ハンガリー	1
8	バングラディシュ	5	24	ロシア	2
9	ミャンマー	12	25	サウジアラビア	8
10	マレーシア	25	26	アラブ首長国	1
11	シンガポール	10	27	イラン	2
12	フィリピン	26	28	豪州	5
13	カンボジア	11	29	フィジー	5
14	インドネシア	19	30	ブラジル	9
15	インド	5	31	ナイジェリア	準備中
16	トルコ	11	32	ケニア	準備中

注）マスター・フランチャイズ契約済み市場は57。
出所）ジェネシス社内部資料を基に筆者作成。

韓国ジェネシスの渋谷店

（注）Genesis 本社（ソウル）での伊洪根会長へのヒヤリング（2015年5月7日）による。

column

海外の食文化問題にどのように向き合うか
——韓国のジェネシス社のケース

アジアで最も多くの海外市場に進出している外食企業は、本文でも述べたように「BBQ」を展開する韓国のジェネシス社である。その現状を見ると、店舗数では中国と米国が中心であるが、アジアの新興市場から、欧州、中東、南米、また、アフリカについても進出の準備が進められている。地球規模での展開を行っていることが分かる（表参照）。

さて、進出先が増えると、その分、それぞれの市場の食文化への適応化が必要となる。第2章でも述べたごとく、食文化問題については、まずはどのような違いが存在し、それがどのような影響をもたらすのかということを正しく認識することが重要となる。そこで同社は、社内に「世界食文化科学技術研究所」という組織を設置し、そこに40名の専任スタッフを配属している。このうち6名はマーケティング調査チームに属し、市場情報を収集・分析している。残りの34名は開発チームに所属し、市場ごとの有望メニューの分析を行っている。

有望メニューの分析とは、世界各地の料理のなかから有望と思われるものをピックアップし、それに使われているソース（調味料）類、食材、調理法、盛り付け・飾り付けなどを分析することを指す。

実際、現在の看板メニューであるフライドチキンの揚げ油には、同社が世界中から探し出したスペイン産の高品質オリーブオイルが使われている。つまり、適応化のヒントだけではなく、グローバルな展開に耐えうる食材や調味料を探し出すことが目的とされているのである[(注)]。

これほどの規模で世界の食文化を研究する組織を有する外食企業は、韓国でもほかには見られないが、日本企業にも参考になる取り組みと言えよう。

つまり、韓国で新たにフランチャイズ・ビジネスに加盟しようとする人にとっては、外食業がもっともポピュラーなビジネスとなっているのである。その結果、外食チェーン同士の加盟者の奪い合いが激化している。

次に外食チェーンの数を見ると、日本が五五〇であるのに対して韓国は二二五一となっており、日本の半分以下の人口の国にもかかわらず、日本の四倍もの外食チェーンがひしめき合って市場の奪い合いをしていることが分かる。

さらに人口一〇〇〇人当たりの外食店舗数を見ると、日本が五・九店であるのに対して韓国は一一・六店と、日本の約二倍という密度となっており（これは米国や中国の約三倍の密度に相当）、店舗間競争も非常に激しいことがうかがえる。

このようなことから、韓国の外食業界では、国内市場での将来的な成長の余地は小さいと見なされており、それが積極的に海外市場を目指そうとする機運を高める大きな要因となっている。序章でも述べたように（二〇ページ参照）、日本の場合はあくまで経営者のチャレンジとしての進出が多くなっているが、韓国では海外市場に出ざるを得ない追い詰められた事情が存在しているのである。

この結果、小規模チェーンであっても海外に目を向ける企業が多く、さらには韓国内にはほとんど店舗を有さず、海外事業に集中する企業まで現れてきている（**表6-1**の Red Mango や

BONCHON などがその例にあたる）。また、**表６－２**で韓国の外食企業が世界各地の新興国に進出している実態を示したが、これも各社が先を争うように国際化を進めているため、他企業がまだ目を付けていない市場にいち早く進出して先行者利益を得ようとしていることの表れだと見ることができる。

4　韓国での進出支援体制

このような国内市場の狭隘《きょうあい》化による海外市場指向の強さは、韓国では外食分野にかぎらずあらゆる産業領域で見られるものであるが、韓国政府はそのような進出企業に対して積極的な進出支援を行っている。とくに外食分野においては、政府が資金を出し、韓国フランチャイズ協会を通してさまざまな支援（資金支援を含む）を行っているのである[3]。その主な例を挙げると、以下のようなものになる。

（２）日本では、店舗数では全体の二三パーセント、売り上げでは一七パーセントしか占めていない。
（３）韓国フランチャイズ協会（ソウル）での Jeong, Seok, Yang 氏へのヒヤリング（二〇一五年五月六日）

①チェーン本部のCEO向けの進出研修会（韓国フランチャイズ協会主催）——海外進出を促すための研修会（講師代などの支援）。

②海外でのフランチャイズショー（見本市）への出店支援——海外でのフランチャイズショーにおいてパートナーを募集する展示ブースの賃貸料と担当者の派遣費（航空券代）をフランチャイズ協会が負担。

③進出実務の支援——現地法人設立ノウハウの支援、マスター・フランチャイズ契約書作成の支援（契約書ひな形の作成）、専門家やコンサルティング会社を介した課題解決支援（コンサル料の支援）。

もちろん、日本でもジェトロや経済産業省、クールジャパン機構、日本フランチャイズ協会などによるさまざまな支援がなされている。とはいえ、②のような支援は日本では行われていない。

国際外食ビジネスショーで存在感を示す韓国ブース
（シンガポール、2014年10月筆者撮影）

たとえば、筆者が視察した二〇一四年一〇月のシンガポールでの国際フランチャイズショーでは、会場中央部に韓国の大規模な共同ブースが設けられ、二〇社以上の企業が出展をして大きな存在感を放っていた（写真参照）。言うまでもなく、これは②の成果である。これに対して、同じ会場の日本の外食企業は、小規模なブースで個別に展示を行っている企業が数社見られたのと、民間のコンサルティング会社が海外未進出の日本の外食ブランドを一〇社程度紹介していたに留まり、公的支援のあり方の違いが存在感の差として如実に現れる結果となっていた。

5　韓国企業に見る外食グローバル・モデルの要件

先述のごとく、韓国の外食企業は日本の外食企業がまだ視野に入れていない中東諸国や中南米諸国、あるいはアフリカ諸国にもすでに進出している。しかも、そのスピードの速さには目を見張るものがある。なぜ、韓国の外食企業にはこのような迅速なグローバル化が可能となっているのであろうか。

その答えの一つは業種（業態）特性にある。たとえば、**表6-2**の海外店舗数で一位の「デリ・マンジョー（Deli Manjoo）」は、日本の鯛焼きを一口サイズ（六～七センチ）にした小さな焼き菓子や煎餅類を販売する企業である。持ち帰り店であり、厨房設備も屋台並みのものであるために店舗スペースが小さくてすみ、投資負担や家賃も軽くなる。また、高度な調理ノウハウも不要であるため、スタッフ教育の負担が軽いことも利点と言える。

このような投資とノウハウの視点から**表6－2**を再度見直すと、上位にランクされている外食企業は、総じて投資額が小さく高度な調理ノウハウを要さない業態であることが分かる。要するに、海外のパートナーにとっては、参入のハードル（フランチャイズ・パッケージの購入障壁）が低いということである。このことから、広域的な国際化（グローバル化）を可能にする業態特性が見えてくる。それは、初期投資の軽さとノウハウの軽さであり、それこそが外食グローバル・モデル

デリ・マンジョーの焼き菓子（同社ホームページより）

の重要な要件と言える。

ところで、このデリ・マンジョーがグローバル化した要因はその商品の特性にある。この企業の看板商品である鯛焼きは、言うまでもなく日本の伝統的な和菓子をモデルにしたものである。ブランド名の「デリ・マンジョー」の「マンジョー（Manjoo）」も、日本の饅頭が基になっている。したがって、韓国企業が鯛焼きを多くの海外市場で販売している現実は、日本の外食企業にとっては忸怩《じくじ》たる思いもあろう。

しかし、ここで注意すべきことがある。デリ・マンジョーは、日本の鯛焼きをそのまま真似をして販売しているわけではないということである。デリ・マンジョーの成功の秘訣は、鯛焼きのサイズを一口大に小さくした点にあったと筆者は見ている。日本の外食企業のなかにも鯛焼きで中国や韓国に進出をしているところがあるが、多国籍化には至っていない。その理由は、サイズが日本と同じであるからではないかと推察できる。

海外の消費者にとっては、食べたことがない（味が分からない）海外の商品に対しては、当然、リスクを感じざるを得ない。日本の標準サイズの鯛焼きでは、単価もやや高くなり、試し買いをするには抵抗を感じるのではないかと思われる。それに対してデリ・マンジョーは、一口大で単価も安いため、ちょっと食べてみようかという試し買いを誘い、それをきっかけにしたリピーターを生み出している。いくら美味しくても、試し買いという最初のハードルが越えられなければその後にはつながらないということは、鯛焼きにかぎらず、海外市場でものを売る場合の共通点となろう。

また、サイズを小さくしたことで、小袋に入れた鯛焼きを歩きながら食べられるようになったことも重要な点である。これによって、女性や子どもにも親しみを与えたと思われる。歩きながら食べるというスタイルは、日本人にとってはマナーに反するという感覚があるが、逆に海外市場ではそれができるかどうかが重要な要件になる場合も多い。日本のコンビニが上海で初めて「おでん」を売り出した際も、ネタのサイズを小さくして、串に刺して販売するというスタイルをとった。歩きながら食べられるようにしたことで、子どものおやつとして人気を博し、そこから市場が拡大したという経緯がある。

以上のように、加盟者にとって初期投資やノウハウのハードルが低い業態であったこととともに、商品サイズを小さくして消費者のリスク負担を軽くしたことが、このデリ・マンジョーが中東市場にまで進出できた背景にあったと見てよかろう。このケースは、外食業が多くの国境を越えていく（グローバル化する）ための要件を示してくれていると言える。いわば、グローバル・モデルの構築のポイントが見てとれるのである。この点については、第1章の「コラム　米国ベニハナによるグローバルモデル開発」（四八〜四九ページ）も参照されたい。

6　外食業の国際化と製造業の国際化との関係

第3章でも示したように、外食企業が海外進出するにあたっては、現地でのオペレーション・システムを構築しなければならない。具体的には、「食材調達システム（加工・保管を含む）」、「店舗開発システム」、「人材育成システム」の三つを現地で構築することが要件となる。新興市場に参入するにあたってまず必要となることは、食材調達ルートと加工システムの構築である。すなわち、求める品質の食材をどこから安定的に調達し、どこで衛生的に加工・保管（冷蔵を含む）し、そしてどのように店舗まで運搬するのか、といった問題である。

では、韓国の外食企業は、中東や中南米、アフリカなどの発展途上国に進出する際、この問題をどのように解決しているのであろうか。この疑問を、世界三〇か国で展開する韓国のジェネシス社（二〇〇四～二〇〇五ページのコラム参照）の担当者に尋ねてみたところ、市場選択に際しては、基本的に韓国の製造業の進出度に着目しているという興味深い回答を得た(4)。

つまり、フライドチキンを提供する「ＢＢＱ」にとって、鶏肉の調達ルートは自社で構築可能

（4）Genesis 本社（ソウル）での Park, Ho, Jin 氏へのヒヤリング（二〇一五年五月七日）。

であるが、難しいのが鶏肉を加工・保管するセントラルキッチンの構築や配送体制であるとされる。韓国の製造企業はかなり広域的な国際化が進んでおり、今やアフリカや中東諸国、中南米諸国も含めて世界中に展開している。そのなかでも、機械系、とくに食品・厨房関係の機械メーカーが進出している市場を選び、それらの韓国系製造業が有する企業間ネットワークを手がかりにして必要な食品加工機器や取引先情報を集め、食材を加工・保管するセントラルキッチンを構築するとともに配送システムも構築するというのである。韓国系製造業のネットワークは、現地のオペレーションの基盤を構築する際に極めて重要な役割を果たしているとのことであった。

実際、同社はアフリカのナイジェリアとガーナで店舗を立ち上げる予定であるが、それらの市場でも韓国系製造業のネットワークを利用して、すでにオペレーションの基盤が構築されつつあるとのことであった。この事実から、進出市場の選択にあたっては、所得などの市場要因だけで

ジェネシスは韓国でのワタミのパートナーでもある（ソウル、2015年５月筆者撮影）

なく、川上のサプライチェーンの構築のしやすさという観点も重要になることがうかがえる（川端［二〇一四a］、［二〇一五a］）。

7　台湾の外食国際化と華人ネットワーク

次に、台湾の外食企業の国際化を見てみよう。(5) **表6－4**は台湾の主要外食企業の進出先を見たものである。これによると、まず台湾の外食企業は中国大陸への出店が極めて多いことが目を引く。大陸市場への進出の多さは、言うまでもなく、民族的な同一性（大陸出身者の多さ）や、台中間の政治経済的な関係の強さによる台湾企業ならではの優位性を反映したものである。

大陸への出店集中度（大陸店舗数／海外店舗総数）を見ると、「CoCo都可」が九七パーセント、「85度C」が九六パーセント、「鮮芋仙」が九五パーセントと、上位企業においても非常に高くなっている。その一方で、国際化があまり進んでいない中小の外食企業は、海外店舗のすべてが中

（5）台湾の外食企業の国際化に関しては、川端［二〇一四a］［二〇一五c］、白・簡・荘［二〇一三］もを参照のこと。

表6－4：台湾の主要外食企業の海外進出先（2014年上半期時点）

	主な店舗ブランド	主要業態	海外店舗数	進出市場	主要進出先
1	CoCo 都可	タピオカ・ミルクティー	1239	9	中国1200、香港2、シンガポール1、マレーシア1、タイ16、インドネシア5、フィリピン1、米国10、南アフリカ3
2	85度C	カフェ＆ケーキ	511	3	中国492、米国14、豪州5
3	鮮芋仙	台湾式デザート	374	4	中国356、韓国3、マレーシア5、豪州10
4	チャタイム（日出茶太）	タピオカ・ミルクティー	220	19	中国100、香港11、マカオ1、日本2、韓国2、シンガポール5、マレーシア16、タイ7、インドネシア10、ベトナム5、フィリピン6、カンボジア10、インド5、米国11、カナダ8、英国4、中東4、豪州9
5	シェア・ティー（歇腳亭）	タピオカ・ミルクティー	160	15	中国53、香港11、マカオ3、韓国7、シンガポール13、マレーシア15、インドネシア35、フィリピン8、カンボジア4、ブルネイ1、米国3、カナダ1、英国1、中東2、豪州5
6	カムバイ（Comebuy）	タピオカ・ミルクティー	112	11	中国44、香港15、マカオ23、日本1、シンガポール2、マレーシア5、インドネシア15、フィリピン1、米国2、カナダ1、豪州3
7	争鮮	回転寿司	107	4	中国64、香港37、シンガポール5、米国1
8	鼎泰豊	小籠包	95	10	中国23、香港4、日本13、韓国6、シンガポール19、マレーシア4、タイ2、インドネシア13、米国5、豪州6
9	ゴンチャ（貢茶）	タピオカ・ミルクティー	77	9	中国15、香港31、マカオ6、韓国5、シンガポール6、マレーシア5、インドネシア2、フィリピン5、豪州5
10	ゼンキュー・デザート（仙Q　品）	台湾式デザート	70	6	中国10、マレーシア16、豪州41

出所）各社 HP および各種報道を基に筆者整理。

国大陸にある企業も多く見られる。つまり、台湾の多くの外食企業にとっては、「国際化＝中国大陸進出」といっても過言ではない状況が生まれているのである。

台湾にはもともと福建省や広東省からの移住者が多く住んでいたが、戦後は大陸から国民党関係者が大量に移住してきたことから、現在でも中国大陸との人的なつながり（親戚関係や同郷関係）は深い。このような背景が大陸への進出を強める要因ともなっている。もちろん、台湾の外食企業が目を向ける海外市場は中国大陸だけではない。**表6－4**からは、東南アジアとオーストラリアも目立つ。

これは、一九六〇年代に政治的な迫害を受けたインドネシア華僑の台湾移住が起きたり、逆に一九八〇年代末以降は東南アジア各地への経済進出と、それに伴う移住が進んだりしてきた。さらに近年では、オーストラリアへの投資や移住も増えてきていることによる。このような、いわば台湾人の人的ネットワークが、**表6－4**に見る進出先市場に反映されていることには留意を要しよう。

この点では、台湾の外食国際化は世界各地の台湾系パートナーのコネクション（台湾系華人ネットワーク）を利用しつつ進んでいる面があると言え、純粋に市場性を基にした日本からの進出とは本質的に異なっている。

図2：夕食の外食頻度（%）

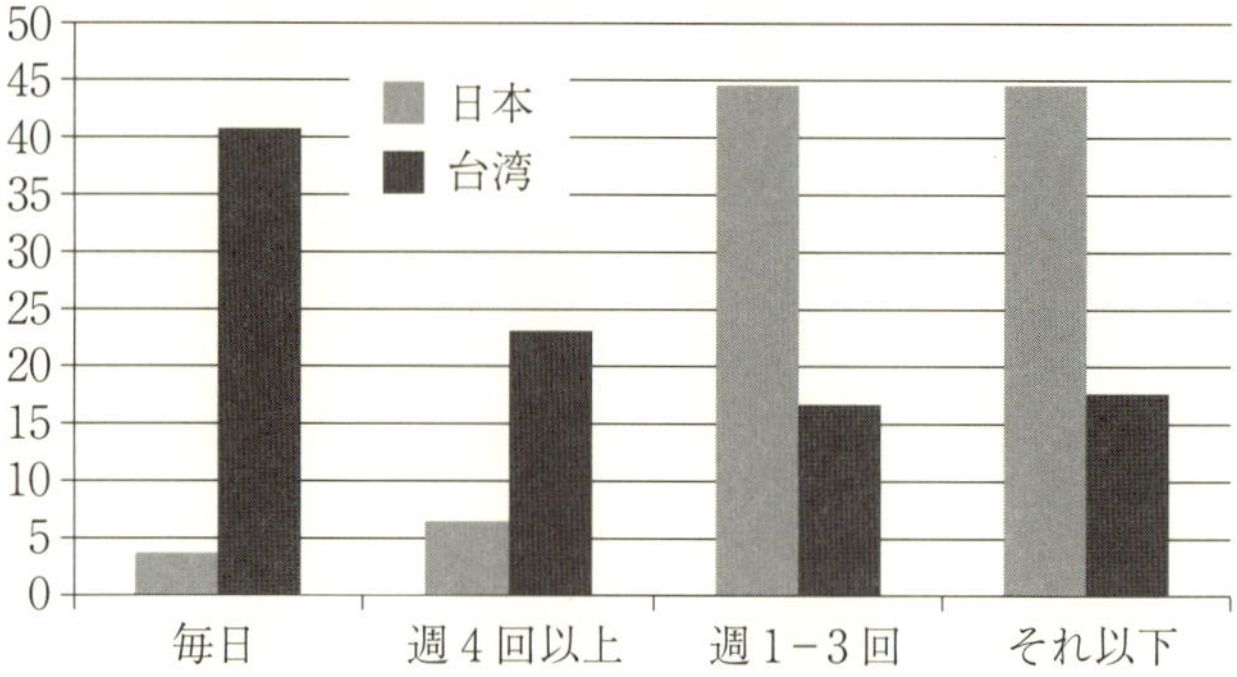

出所）陳（2015）、52－53ページのデータを基に筆者作成。

極めて多くの屋台が存在しており(注3)、また近年では弁当などが充実したコンビニも急増し(注4)、それらとの競争の激化が海外進出を促す要因となっている。

（注1）洪［1998］は、「台湾の普通の男性サラリーマン一人分の給料の額は余裕をもって家族を養ってゆける水準には設定されていないことが重要であろう。そのせいか、交際相手に結婚後は仕事を辞めて欲しいと望む男性がほとんどいない。女性が結婚後も働き続けることは台湾社会において当然のこと」（91ページ）としている。現在も賃金水準は低いままであり、2000年以降を見ても実質賃金の減少が続いている。

（注2）この調査は、関西学院大学商学研究科博士前期課程に在籍した陳静樺によるもので、2014年7～11月にかけて、16歳以上の日本人364名と台湾人311人に対して調査票を使って行われた。

（注3）中華民国行政院主計処2013年8月の調査によると、台湾の屋台は32万店弱存在し、そのうち53%が飲食店であった。屋台の数は増加傾向にあり、2008年に比べると5%以上も増加している。

（注4）台湾のコンビニは店内での飲食スペースが広いため、日本のコンビニよりも外食店化が進んでいる。

台湾の外食頻度の高さ

台湾は、アジアで最も外食率・外食頻度が高い市場だとされる。外食率の高まりは、2000年以降に特に顕在化し、外食業の売り上げは2001年から2010年までの10年間に3割以上も拡大している（ジェトロ［2014］）。この背景には、賃金の低さによって夫婦共働きが増えたことがあるとされている(注1)。特に台湾では、朝食の外食化率の高さが特徴となっている。

図1と図2は、台湾と日本における朝食と夕食の外食頻度に関する調査結果である(注2)。朝食も夕食も、台湾人の6割以上の人が週4回以上外食しており、毎日外で食べる人も4割を超えている。対して、日本人の場合は、週4回以上の人が朝食・夕食ともに1割強にすぎず、特に夕食を毎日外食する人は4％に満たない。この結果、台湾では午前中しか営業しない朝食専門の外食チェーンが多数見られる（第6章の扉写真参照）。

このような外食率の高さは、国内市場の拡大を示すため、海外進出の必要度の低さを暗示する。しかし、実際には台湾では

図1：朝食の外食頻度（％）

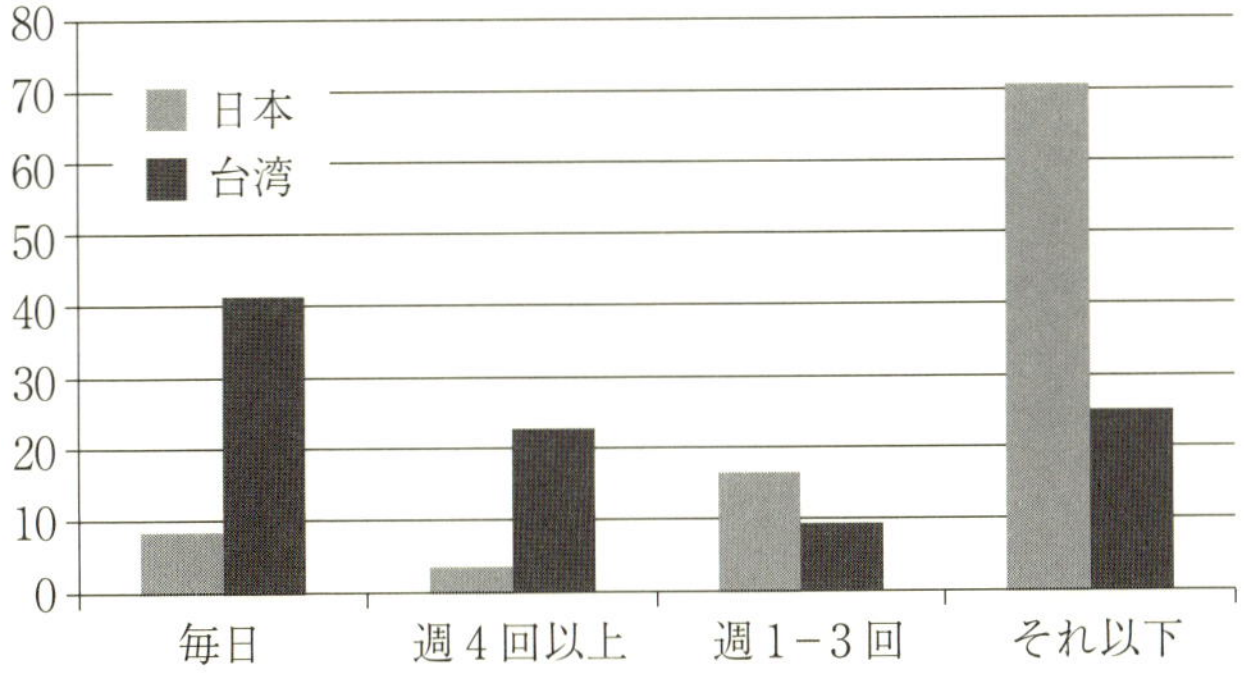

出所）陳（2015）、46ページのデータを基に筆者作成。

8 タピオカ・ミルクティー業態の台頭と広域化の要因

さて**表6－4**（二一六ページ）からは、国際化が進む上位企業のなかに、飲料チェーンすなわちタピオカ・ミルクティーのチェーンが多く含まれていることが見てとれる。(6) これは台湾の国際化の大きな特徴である。タピオカ・ミルクティーとは台湾で開発された飲料で、甘めの冷たいミルクティーの中にタピオカでつくった小さなボールを入れ、それをミルクティーと一緒に太めのストローで飲むタイプのドリンクである。近年はアジアのみならず、米国や欧州でも見かけるようになっており、世界中で普及しつつある飲料と言える。

表6－4において、タピオカ・ミルクティー企業の進出市場数を見ると、「チャタイム」が一九市場、「シェア・ティー」が一五市場、「カムバイ」が一一市場、「CoCo 都可」と「ゴンチャ」が九市場と、総じて他業態よりも広域化が進んでいる

タピオカ・ミルクティー

ことが分かる。なぜ、タピオカ・ミルクティー企業は広域での国際化が進展しているのであろうか。その要因としては、以下の五つが挙げられる。[7]

①食材が有する潜在的グローバル性

表6－4のタピオカ・ミルクティー企業の進出先を見ると、中国のほかに東南アジア地域が目立つが、これは熱帯ゆえのドリンク需要の大きさによるものと思われる。しかし、そもそもタピオカ・ミルクティーは、使用食材自体が世界の多くの地域・市場で受容可能な要件を満たしている飲料だと言える。

まず、タピオカは天然植物由来のデンプンである。つまり、グルテンフリー食品でもあり、アレルギー対応食品でもある。ティーも茶葉であるため、ミルクさえ入れなければベジタリアンでもどんな宗教の人々でも飲むことができる。また、ティーの種類やミルク・砂糖を入れるかどう

(6)　二〇一二年時点での台湾国内のタピオカ・ミルクティー専門店の数は五四三四店である。また、チェーン数は七六社あり、全外食チェーンの一二パーセント以上を占めている。（台灣連鎖暨加盟協會［二〇一三］『2013 台灣連鎖店年鑑』より）

(7)　この節の記述は、「チャタイム（Chatime）」を運営する六角國際事業の国際業務管理部・石虔宙氏へのヒヤリングを基にしている（二〇一四年九月二八日）。

か、トッピングをどうするかなども含めて非常に選択肢が多いため、自分に合わせた「安全な」ドリンクがオーダーできるという点もメリットとなっている。

タピオカ・ミルクティー・チェーンがなぜ多様な国境を容易に越えるのか、また食文化との摩擦もなく多くの人々に受容されるのかは、この使用食材の特性やオーダーメイド性（食材使用の柔軟度の大きさ）がもたらしている部分が大きい。

②ビジネスモデルのシンプルさ

タピオカ・ミルクティーは、原液、タピオカ、トッピング類からなる。主要材料は各社のオリジナルなもので、台湾から輸出している企業がほとんどだが、食材の種類も少なく、また標準化もやりやすいために食材管理が容易である。

来店客はカップの大きさ、ティーの種類、氷の量、砂糖の量（標準から無糖まで六段階ある）、タピオカ・ボールの量、トッピングの種類といったことを注文票に記入するので、店頭の店員はそれに従ってカップに入れていくだけの作業となる。しかも、その作業は専用のマシンを使って行われるため、実質的にはボタンを押すだけの作業となる。言うまでもなく、特別なトレーニングを受けていないアルバイトでも間違いなくこなせる作業内容となっている。

この食材管理と店頭作業の単純さこそが、タピオカ・ミルクティー企業が広域的な国際化を実現することが可能となった一つの要因と言える。というのも、アジアをはじめとする外食業界では、一様にジョブホッピング（転職）が激しく[8]、店頭でのノウハウの蓄積が難しいということが、しばしばアジアに進出した日系外食企業の成長の阻害要因となっているからである。

③商品のフレキシビリティー性（味の決定権が顧客側にあること）

通常、飲食店で出される商品（料理）の味は、店の個性であり、店のアイデンティティでもある。ところが、このタピオカ・ミルクティーのビジネスモデルでは、①でも述べたように、茶葉の種類やカップの大きさはもちろん、氷の量、砂糖の量、タピオカ・ボールの量、トッピングの種類など極めて選択肢が多く用意されており、顧客が自分の嗜好やそのときの気分に合わせたカスタマナイズが可能になっている。すなわち、自分だけのオリジナルなドリンクが注文できるのである。

筆者が管見するかぎり、アジア市場では、このような味の決定権を客側がもちたがる傾向が強い。たとえば、タイでは屋台やフードコートのみならず、街のレストランでもテーブル上に多く

（8）筆者が台湾や東南アジアで外食関係者にヒヤリングを行ってきた結果では、店舗スタッフの場合は、一年でほぼ一〇〇パーセント入れ替わるという声も多く聞かれた。

の調味料（唐辛子系、ナンプラー系、グラニュー糖、酢など）が並んでおり、客がそれらを自由に（場合によっては大量に）料理にかけて味のカスタマナイズをする光景をよく目にする。[9] また、アジア一円で鍋料理が人気を呼ぶのも、好きな具材を選んで、好みの火の通し加減で、好みのタレ（味）で食べることができるという鍋料理のフレキシビリティー性が影響していると考えられる。

　タピオカ・ミルクティーがアジアで急速に拡大した要因の一つとして、この商品のフレキシビリティー性がアジアの消費者の心をつかんだことも影響していると推測できる。

タピオカ・ミルクティーの店舗（台北市、2014年９月筆者撮影）

④店舗規模・設備の小ささ

タピオカ・ミルクティー店の特徴は、何と言っても大きなスペースを要さず、厨房設備も小さいことにある。タピオカ・ミルクティー店はテイクアウト専用店（顧客は歩きながら飲む）であるため、店は注文を受けて商品をわたすだけの小さなカウンターがあればよく、カウンター内の作業場も小さな洗い場とドリンクを混合する小型のマシン、そして食材の保管スペースがあれば基本的には事足りる。したがって、ショッピングセンターの通路や階段下の空きスペースなど、ちょっとした空間に出店することが可能となる。

これは、取りも直さず、店舗建設コスト（初期投資）や家賃、光熱費の低減に大きく貢献することとなり、店舗の利益率を押し上げる要因となっている。何より、この店舗特性が加盟者（フランチャイジー）の投資負担を小さくするため、フランチャイズ方式での店舗拡大を促進させる要因となっている。

（9）台湾では「台湾しゃぶしゃぶ」が、タイでは「タイすき」が、シンガポールでは「スチームボート」が、中国大陸や香港では「火鍋」（二種類の出汁）が好まれるが、それらは具材の選択肢が多く、味付けの自由度も高いことが特徴となっている。

⑤エリア・フランチャイズ制の活用

第5章でも述べたように、マスター・フランチャイズ方式での海外進出には、一国レベルの広域市場を一企業に委ねる狭義の「マスター・フランチャイズ方式」と、エリアを限定して店舗展開権を与える「エリア・フランチャイズ方式」の二つの手法がある。前者の場合は、パートナーに当該市場（国）全体をまとめて委ねるために手間はかからないが、リスクは大きくなる。一方、後者の場合は、エリアごとにリスク分散できるものの、パートナーが増える分、そのガバナンス（統制）のための手間とコストが大きくなる。

さて、台湾のタピオカ・ミルクティー・チェーンがなぜ中国大陸において店舗数を大きく増大しているのかという理由の一つとして、後者の「エリア・フランチャイズ方式」を戦略的に採っていることが挙げられる。

「CoCo都可」の場合は、人口一〇〇〇万人を目安として市場を細分化し、エリアごとに異なるパートナーと契約している。中国大陸には一〇〇〇万人クラスの都市も多いため、一つの大都市に何人もの加盟者が存在しているケースも生じている。市場を細分化する手法が取られる理由は、加盟者に自身が熟知する狭いエリアを担当させることで、市場動向を踏まえた適切な出店がスピーディーに実現できるからにほかならない。

また、加盟者との契約にも工夫が見られる。契約では、毎年の最低出店数（ノルマ）が定められているが、加盟者は店舗の利益の多くを手にすることができる契約内容であるため、加盟者は黙っていても積極的に店舗数を増やしていくこととなる[10]。しかも、隣接するエリアの加盟者との市場競争を余儀なくされるため、スピーディーに店舗を増やしていくことがより大きな利益につながることとなる。先述のごとく、一店当たりの出店投資は小さく、また店舗スタッフの確保がしやすいことも、店舗を短期間に増大させやすい要因となっている。

このようなことが、大陸での店舗急増につながっているのである。なお、契約上エリア内の出店はすべて現地パートナーによる直営店にせねばならず、現地パートナーの運営責任が明確になっているため、台湾の本部としては効率的に海外店舗のモニタリングやガバナンス（統制）が可能となっている点も注目に値する。

以上の五つが、近年、台湾のタピオカ・ミルクティー・チェーンが急速な国際化を遂げている要因である。これらの要因は、外食企業が広域での国際展開をスピーディーに成し遂げるための鍵を示していると言え、日本の外食企業にとっては示唆に富むものである。

---

(10)　加盟者の出資額は、総計一五〇～二〇〇万元（約三〇〇〇～四〇〇〇万円）程度になる。

9 「85度C」の中国大陸での成長とその要因

台湾の外食企業が中国大陸依存であることはすでに述べたが、そのなかでもとりわけ大陸での急成長を成し遂げたチェーンが、表6－1で海外店舗数二位に付けているカフェ&ケーキの「85度C」である。この企業が中国大陸で成長した要因は大きく分けて二つあった。以下、順に見ていきたい。

①大陸に合わせた業態の転換

この企業は、台湾では手ごろな価格のケーキとコーヒーを提供する店として急速に発展してきた。店内には席も用意されているが、その数は少なく、持ち帰りが中心の、小型で高回転の店舗となっている点が特徴である。

しかし、大陸進出にあたっては、慎重な市場調査結果を

中国（上海）の85度Ｃの店舗（撮影：李冰心）

ベースに業態の転換が行われた。すなわち、中国大陸ではケーキ市場よりもパン市場のほうが大きいことや、店舗内での飲食を希望する消費者が多いことを踏まえて焼き立てのパンを中心とし、それにケーキとカフェメニューを加えた品揃えとし、店内に多くの座席を確保してすぐに食べられるようにしたのである。

その結果、台湾と比較して店舗面積は約三倍にまで拡大した。もちろん、家賃負担も増大したため、家主と提携して共同経営を行うことで家賃の低減化を図ったり、二四時間営業の導入や宅配サービスで売り上げを増やしたりすることで家賃比率の低下に努めた。

とりわけ力が入れられたのは、パンやケーキの価格のリーズナブルさ、品質の安定性、それに品揃えの充実であった。顧客を飽きさせないため、とくにパンは一日に何度か入れ替えられ、来るたびに異なるパンが食べられるようになっている。このようなパンの品揃えの豊富さが、パン需要が拡大する上海の消費者の心をつかんだのである。

②生産ノウハウの標準化

このようなオペレーションを実現する鍵は、優秀なパン職人の存在である。しかし、優秀な職人を採用するコストや人件費は経営を圧迫する要因にもなるし、そもそも店舗数が増大していくなかで、質の高い職人を揃えることには限界もある。また、職人に依存しすぎると、商品の出来具合にバラツキが生じてしまうことにもなる。そこで85度Cでは、優秀な職人の確保をしつつも、職人の違いから生じる商品のバラツキを減少させるべく、パンとケーキにおける品質の標準化（職人依存からの脱却）を目指した取り組みも進めてきた。

具体的には、パンについては生地を工場で一括生産し、それを冷凍にして各店舗に配送して店舗で焼き上げる方式にした。この方式自体は、日本では一九八〇年代からベーカリーチェーンで用いられているものであるが、中国大陸での冷凍輸送インフラの発展に合わせて導入したものである。

ケーキについても工場で一括して焼き上げ、店舗では最後の仕上げ作業（飾りやトッピングなど）だけを行う方式を採っている。ケーキのトッピング材料も工場から各店舗に一括供給され、マニュアルに従った標準化された手順で仕上げが行われている。(11)

海外では社会インフラや法制度、あるいは気候や水が大きく異なるため、母市場のノウハウを再現することが難しくなる。したがって、店頭でのノウハウ依存度をいかに小さくして店舗ごとのバラツキを小さくし、商品やサービスの標準化を図るのかが重要となる。85度Cの中国大陸での成功は、五〇〇店舗近くある店舗の標準化との闘いの歴史でもあった。

10　アジア系外食企業との協調関係

本章では、アジア系外食企業を日系外食企業のアジア市場での競争相手として位置づけて分析を進めてきた。しかし、現実には、アジア系外食企業は日系外食業の「進出パートナー」としての側面ももち合わせている点には留意すべきである。

そこで次は、香港とシンガポールにおける現地外食企業との協調関係（パートナー性）に焦点をあて、その実態を明らかにしていきたい。

（1）香港から中国大陸へ

表6－1でも見たように、香港の外食企業で大規模に国際化を進めているのは、「大家楽集団（カフェ・ド・コラル）」と「美心集団（マキシム）」の二社である。両社は、中国大陸に深いコネクションとネットワークを有している。そこで近年では、日本の外食が両社と提携をして、大

（11）何秀玲「因地制宜85度C海外展店策略」『経済日報』二〇一〇年八月二七日付より。

陸に進出しようとするケースも見られる。具体的に見ていきたい。

①大家楽集団（カフェ・ド・コラル）

この企業は、香港で生まれた中華系のファーストフード店である。香港に三三〇店、大陸に一二〇店を展開している。この企業が有する大陸でのネットワークを利用すべく、二〇一四年に提携したのが日本の「グルメ杵屋」であった。大家楽集団は、香港でグルメ杵屋の日本食チェーンを展開するのみならず、マカオや広東省にも展開する予定とされる。グルメ杵屋側からすれば、大家楽と組むことで香港のみならず中国大陸への進出も果たせることとなる。

また、二〇一五年になると、サンマルクも「鎌倉パスタ」を大家楽集団と提携して、香港、マカオ、大陸に展開する契約を結んでいる。具体的な展開はこれからであるが、ともに大陸へのゲートウェイとして香港の外食企業を活用しようというケースである。なお、大家楽集団は、二〇一二年に台湾の85度Cが香港に進出した際の香港側のパートナーでもあり、アジア系外食企業同士の連携も含めた複雑な競争─協調関係が進展していることがうかがえる。

②美心集団（マキシム）

この企業は香港最大の外食企業であり、自社のレストランやベーカリーチェーンとともにスターバックスも展開している。この企業と二〇〇五年に提携したのが、回転寿司チェーンの「元気寿司」である。元気寿司は、一九九五年にシンガポールのパートナーと提携して香港市場に参入していたが、二〇〇五年にシンガポールのパートナーが香港の権利を美心集団に売却したため、期せずして美心集団が新たなパートナーとなった。

美心集団は、二〇一〇年に深圳《シンセン》に元気寿司を出店したのち広州、上海、北京、成都、重慶、杭州、蘇州へと店舗を拡大してきた。元気寿司からすれば、美心集団のネットワークと資本で大陸に出店できたことになる。現在は、中国大陸に三七店舗を出店している。また、美心集団は、二〇一一年に博多ラーメンチェーンの「一風堂」とも提携し、香港と広東省への展開を図っている。

（2）シンガポールから周辺国市場へ

シンガポールのアジア系外食企業は、日系の外食企業にとっては東南アジア周辺国市場へのゲートウェイとしての意味を有している。それゆえ、シンガポールのパートナーと提携を希望する日系外食企業も少なくない。同国には、現地の大手外食企業とともに、日本人が経営する外食企業も複数存在しており、現地の有力なパートナーとなり得る可能性ももっている。以下で、具体的に見ていきたい。

①ブレッド・トーク（Bread Talk）グループ

この企業は二〇〇〇年創業の現地企業であるが、焼き立てベーカリー店「Bread Talk」で急成長を遂げた企業であり、とくに中国大陸でのパン食ブームに乗って大陸での店舗数を急拡大させてきた。二〇一三年時点で、中国大陸だけで四二〇店舗（香港含まず）を展開し、海外全体（一七か国）で約七〇〇店舗を有している(12)（本章の扉写真参照）。

同社と提携をした日本の「三宝ラーメン」（新潟）は、シンガポール内に出店を行うよりも先に、ブレッド・トークとともに中国の上海に進出している点が注目される（二〇〇九年）。いわゆる華人ネットワークを生かした進出であり、シンガポールが東南アジア市場の拠点であるとともに、中国大陸へのゲートウェイにもなり得ることを示すものと言える。

②ダイヤモンド・ダイニング・シンガポール（Diamond Dinning Singapore）

これは、日本人が経営するシンガポールのコンサルタント会社「コマース社」を日本の外食企業ダイヤモンド・ダイニングが二〇一四年に買収したものである。元は日本の理容チェーン「QBハウス」のシンガポールでのフランチャイジーをしていたが、その後は外食領域に進出している。二〇〇七年に毘沙門ラーメン（北海道）がこの企業と提携してシンガポールで展開をはじめたが、二〇一〇年にはコマースとともにタイにも進出を果たしている。先述（第4章）のように、

シンガポールと香港で「ラーメンチャンピオン」という施設を運営している。(13)

③ジャパン・フード・ホールディング(Japan Food Holding)

日本人が経営するシンガポールの外食企業で、一九九七年に「味千ラーメン」のフランチャイジーとしてスタートした。セントラルキッチンを有していることから食材調達システムの構築は容易であり、さらにショッピングセンターのディベロッパーとの関係も深いことがゆえに出店力も有しているため、日本から多くのフランチャイズ契約のオファーが来るとされる。

現在は、麺屋武蔵、大阪王将、米八、ぼてじゅう、家族亭、華味鶏、久楽など多数の日系外食企業のシンガポール側のフランチャイジーとなっており、二〇〇九年に現地株式市場に上場を果たしている。また同社は、味千ラーメンのフランチャイジーとして、インドネシア(二〇〇三年)、マレーシア(二〇〇七年)、ベトナム(二〇一一年)でも店舗展開をしている。さらに、麺屋武蔵の香港と中国大陸でのフランチャイジーでもある。

このケースは、シンガポールでのフランチャイズ契約をきっかけに、シンガポール起点でアジ

(12) 同社 Annual Report、二〇一四年版より。
(13) 「ラーメンチャンピオン」は、シンガポール内に三か所、香港に二か所ある(タイにも出たが撤退済み)。

ア一円への展開が可能になる可能性を示すものとして興味深い。

④アールイー・アンド・エス・エンタープライズ（RE&S Enterprises）

日本人が経営するシンガポールの大手外食企業で、寿司チェーンの「ICHIBANBOSHI《いちばんぼし》」をはじめとする独自ブランドの外食チェーンをシンガポール内で複数展開している。近年では海外進出にも力を入れており、マレーシアやベトナム、ロシアにもすでに進出している。日本人が経営するため和食系の外食に強く、日本から進出する外食企業にとっては有力な競合となっている。

しかし同社は、二〇一四年夏、シンガポールで日本情報誌（英文）を発行する企業と共同で、ジュロンポイント（Jurong Point）というショッピングセンター内に「和テンション・プラザ（WAttention Plaza）」という日本

和テンション・プラザ（シンガポール、筆者撮影）

ブランドの食や食品を紹介する常設の催事スペースを設けた。この施設は、日本からアジア市場に進出しようとする日本企業が、リーズナブルなコストでアンテナ・ショップを出店して現地消費者の反応を見ることができるスペースであり（写真参照）、いわば日本食マーケティングのための情報収集・調査施設となっている。その点では、同社はシンガポールにおける貴重なサポーティング・インダストリー、あるいはパートナーとして位置づけることができる。

⑤明治屋

日本で輸入食品卸や食品スーパーを運営する明治屋のシンガポール店である。同社は、もともとシンガポールで船舶向けの食品卸売事業を行ってきたが、二〇〇三年に大丸百貨店が撤退した跡の食品売場を引き継いでスーパー運営にも乗り出している。

明治屋スーパーは、店舗内に数店舗分の外食テナントのスペースを有しており、日本から進出する外食企業の受け皿となっている。「やよい軒」の一号店もここに出された。日系の所有スペースであるため店舗開発も容易となるほか、多様な日本食品のアンテナ・ショップとしての機能も果たしており、さまざまな日本食品の市場調査施設としても機能している。

このように、海外の小売業は、外食のみならず、食品メーカーや農産物生産者（産地）のサポーティング・インダストリーにもなり得ることが分かろう。

図６－１：外食国際化における競合と協調

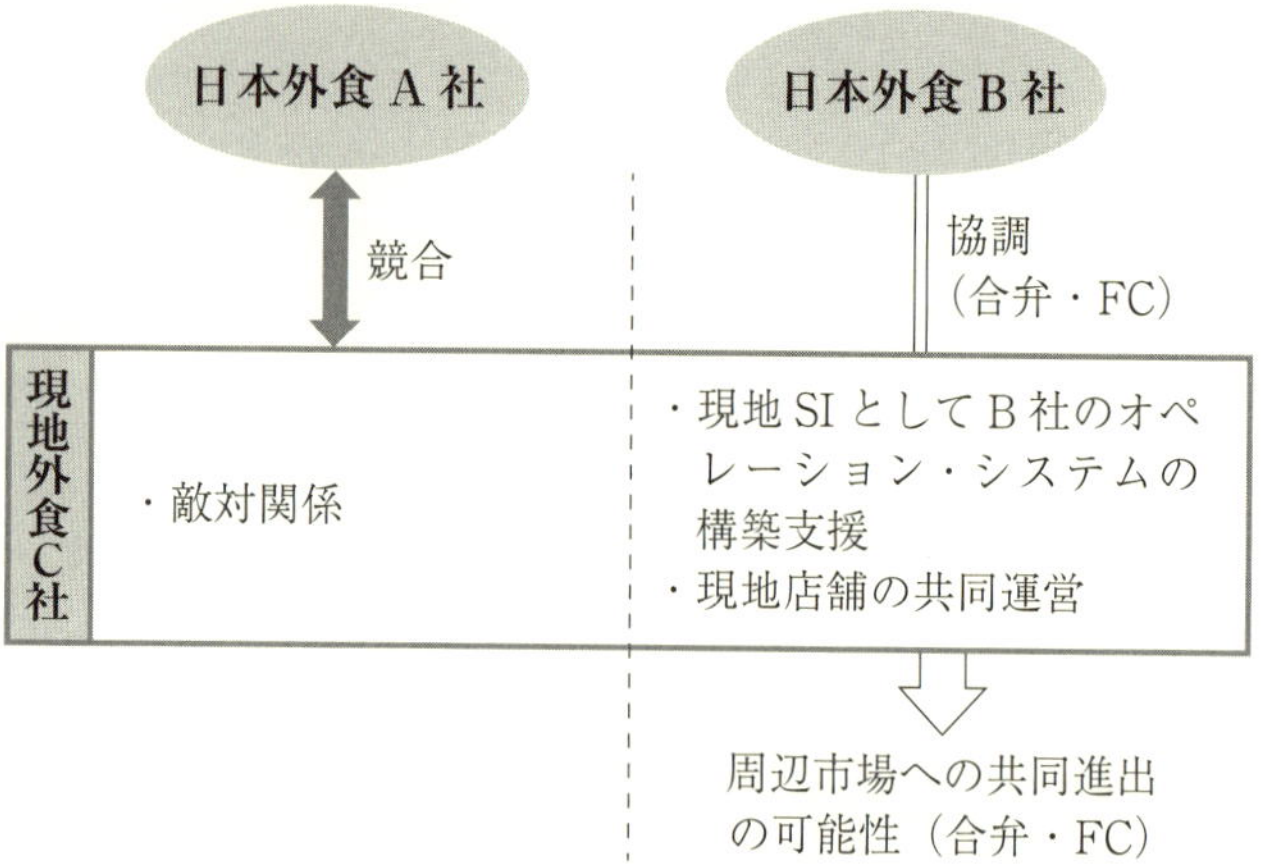

注）C 社は現地創業の日系企業も含む。
出所）筆者作成。

シンガポールには、これ以外にも日本人が経営する現地の外食チェーンが見られる。香港の外食企業もそうであるが、これらは、あるときは日系の競争相手として機能するが、別の場合には日系の外食国際化のパートナーとしても機能する（協調する）という二つの側面をもち合わせている。

国際化に際しては、このようなアジア系外食企業や小売業とどのように協調するのかという視点が必要となる。これらのことから、アジアでのケースを踏まえて進出先の外食企業との「競合－競争」関係をまとめると、**図６－１**のような図式となる。

11 日本における外食企業の国際化への示唆

以上の考察から、日本の外食企業の今後の海外進出に対するいくつかの示唆が浮かび上がってくる。最後に、それを整理しておきたい。

韓国や台湾の外食企業の国際化が与える示唆は、一言でいえば広域での国際化を実現するための要件であった。具体的には、韓国のデリ・マンジョーや台湾のタピオカ・ミルクティー・チェーンに見る業態やビジネスモデルの特性である。

店舗スペースが小さいために設備も小さくてすむことは、初期投資や家賃負担を軽くするし、食材が限定され標準化や管理がやさしいことや調理ノウハウが不要なことは、激しいジョブホッピング（転職）に耐えうるオペレーションを構築しやすい。これらの特性が、広域での国際化の条件となっているように推察できる。また、メニューについても、主要食材が宗教の影響を受けにくいチキンや、ベジタリアンやアレルギーの人々でも受容が容易な自然系のタピオカであることも大きな要件となっている。

これに対して日本の外食企業は、初期投資や店舗規模が比較的大きい業態が多く見られる。また、食材も複雑で多岐に及ぶものが多く、宗教的にもライフスタイル的にもそのまま受容することができないことも生じよう。したがって、海外進出にあたっては、まずは商品（使用食材や調理法）や設備も含めた店舗フォーマット、調理ノウハウなどの見直し（修正）を行い、設備や店頭ノウハウへの依存度を軽減することが求められる。

また、韓国の外食企業が韓国系製造業と連携しつつアフリカや南米に進出しているという事実は、川下の市場条件（所得や嗜好など）に目が行きがちな外食企業の市場選択に対して、逆に川上のサプライチェーンの視点から捉えるという新たな視角の必要性を教えている。そして、外食・サービス業の国際化が、製造業の国際化と絡みあって進展する性質を有することを示唆している点も重要と言える。

一方、香港やシンガポールにおける現地外食企業との「競争－協調」関係は、海外進出（市場参入）の多様な可能性を示唆していると言え、それらとどのような関係を結ぶのかが、今後の日系外食企業の海外戦略にとっては重要な課題となる。

終章

「オネスト・チェーン」で国境を越える

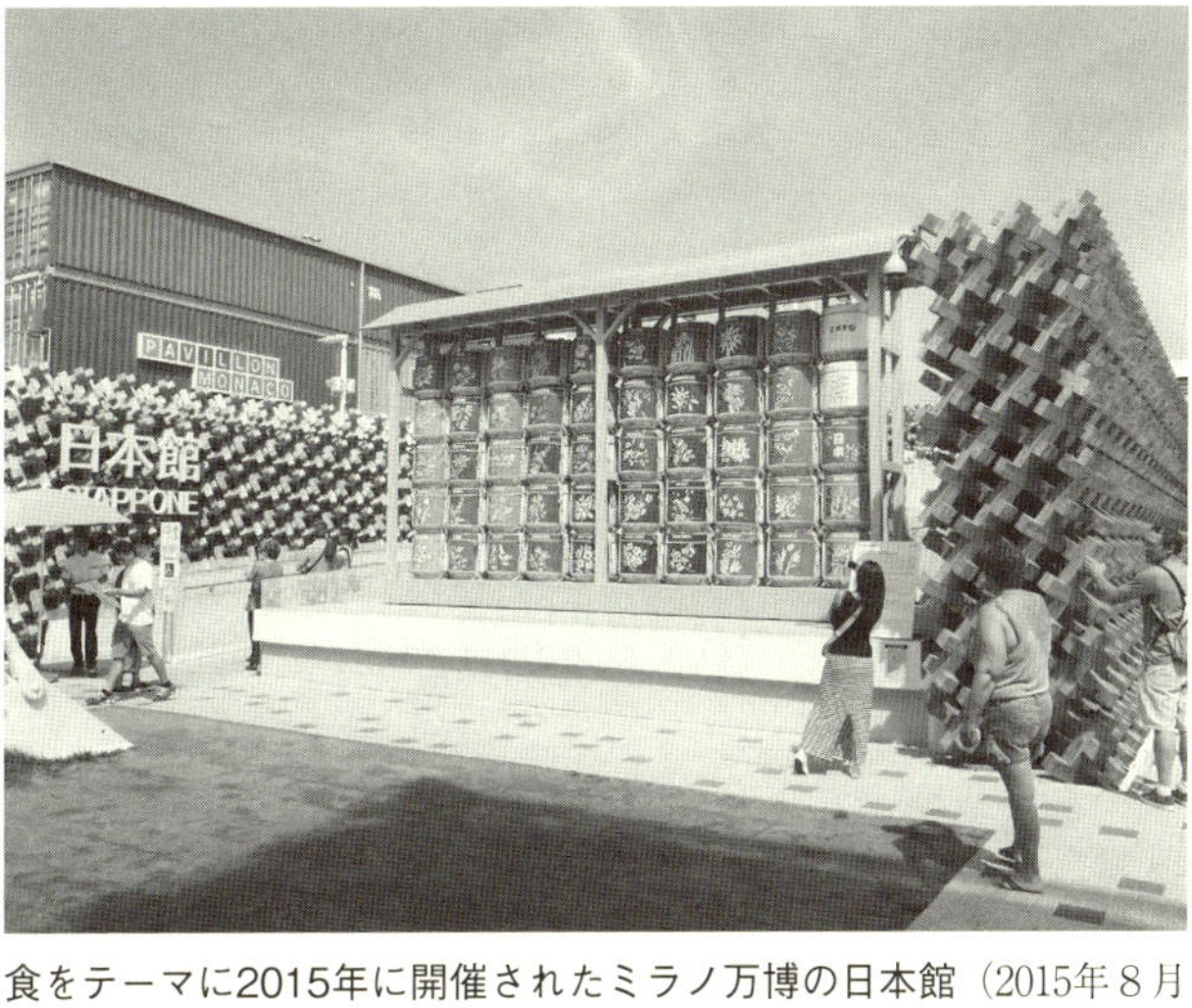

食をテーマに2015年に開催されたミラノ万博の日本館（2015年８月筆者撮影）

1 外食国際化の構図（全体像）

これまでの考察から、外食国際化の構図（全体像）が浮かび上がってくる。そのポイントを整理すると、以下の一〇項目となる。また、その構図をまとめたものが**図終－1**（二四四ページ）である。

❶外食は中小零細企業が多いことから、海外進出のきっかけは、経営の実態や環境とは断絶した経営者の意志や思い（戦略的意図）からはじまるケースが多い。（序章）

❷日本の外食業は戦後五〇年余りの間に一四〇〇件を超える海外進出を行ってきたが、進出後の業績は総じてよくない。その要因は、大きくは食文化適応をめぐる問題と、オペレーション・システム構築に絡む問題とに分けることができる。（序章）

❸進出先市場の食文化が外食企業に与える影響には多様なものがあるが、結論的には食文化は決定的な参入障壁とはならない。というのも、外食企業は製造業と比べて柔軟な文化適応力を有しているからである。したがって、適切な適応化を行うために、現地の食文化特性をどのようにして把握するのかが重要な課題となる。（第2章）

❹市場参入後の業績により重大な影響を与えているのは、現地でオペレーション・システムの構

築に絡む問題である。これは、食材調達システム、店舗開発システム、人材育成システムの三つの構築を指すが、このなかで日系外食業にとってもっとも構築が困難なものは人材育成システムであり、次いで店舗開発システムであった。食材調達システムは、何とか自力での構築が可能となっている。（第3章）

❺近年は、このようなオペレーション・システム構築をサポートする多様なサポーティング・インダストリー（SI）が海外に増大しつつあり、進出のインフラとして機能してきている。したがって、従来のように消費者の所得水準や嗜好といった視点から市場を選択するのではなく、SIの集積の厚みといった視点から市場を選択することが重要となっている。換言すれば、自社が必要とするインフラを見定め、それに適した市場選択をすることも必要となろう。（第4章）

❻SIを考える場合、鍵を握るのが海外における日系製造業の存在であった。食材調達システムの構築では、日本からの食品メーカーや調味料メーカーが重要な役割を果たしている。また、店舗開発システムにおいては日系の厨房設備メーカーの役割（メンテナンス体制）も重要となる。その意味で、外食国際化は製造業の国際化と連動する面をもつとともに、韓国企業に見るように海外におけるエスニックな企業ネットワークが新興市場への進出に重要な影響を与えることにもなっている。（第4章・第6章）

図終－1：外食国際化の構図

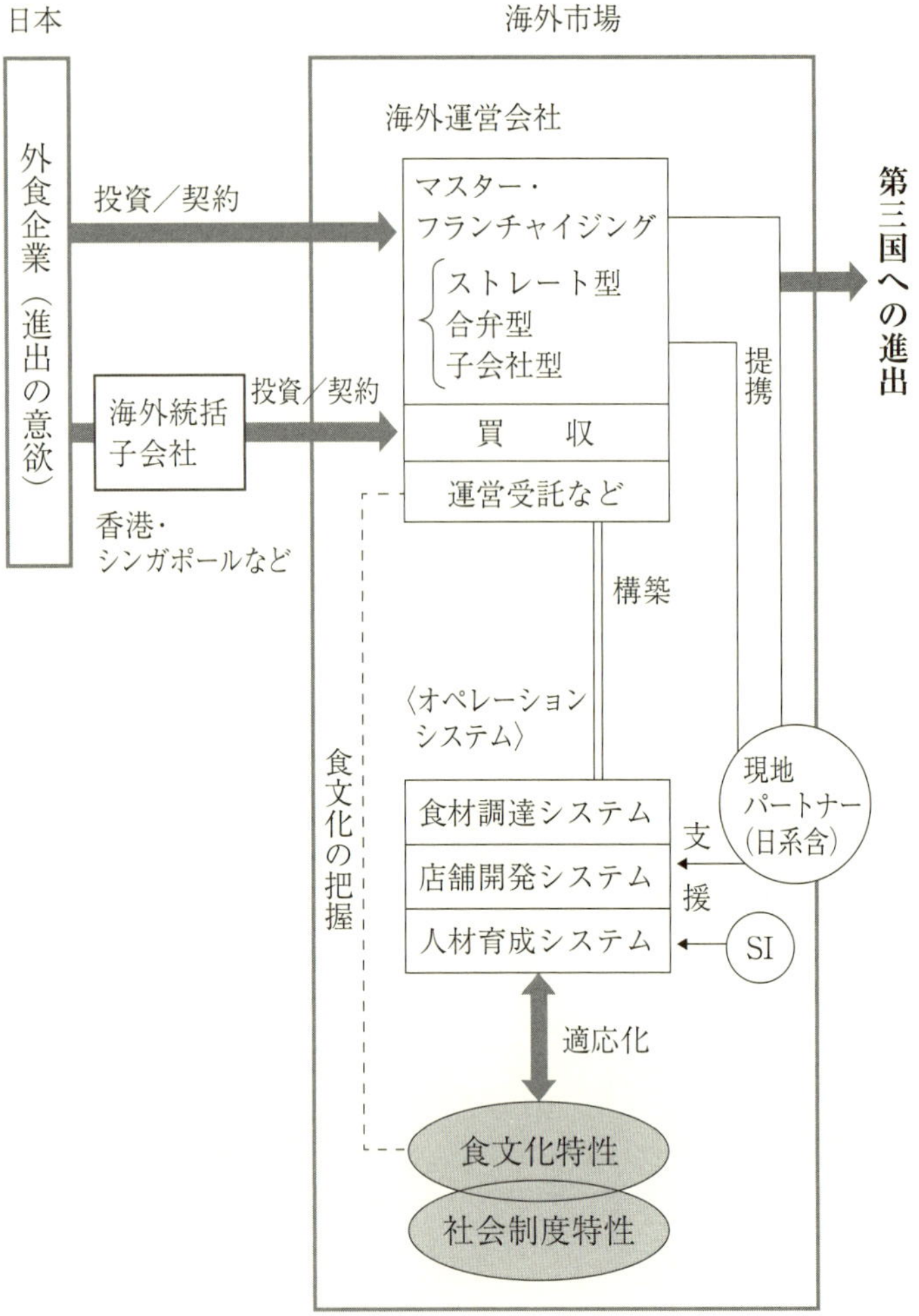

❼ＳＩを考える場合、より適格で総合的な支援が期待できる存在が現地パートナーである。それは、現地事情（食文化含む）に精通し、現地に多様なコネクションを有するがゆえにオペレーション・システムの構築において有利に働く。現地パートナーとの提携は、すなわち合弁での進出やフランチャイジングでの進出を意味するが、小零細外食企業にとってより有効な進出形態はストレート型のフランチャイジングである。もちろんリスクもあるが、これをどのように活用するのかが成否の鍵を握っている。（第５章）

❽実際、近年はストレート型のフランチャイジングで海外進出を行う小零細外食企業も増えてきている。その背景には、海外で創業した日本人経営の企業や個人が増大し、それらを現地パートナーとするケースが増えてきていることもある。（第５章・第６章）

❾近年、アジアではアジア系資本の外食企業（現地創業の日系含む）による国際化が進んできている。それらは、ある場合には日系外食企業の競争相手となるが、ある場合は有力なパートナー（ＳＩ）として機能する。それら現地の外食企業とどのような「競争－協調」関係を構築するのかが今後の鍵となる。（第６章）

❿また、近年では海外事業の統括子会社を香港やシンガポールに設置する外食企業も見られ、現地での機動性やリスクヘッジの観点から、それら海外子会社を介した投資や運営管理が進展してきている。（第６章）

2 コア・コンピタンスとしての「オネスト・チェーン（誠実さの連鎖）」

以上のように、外食国際化のダイナミズムにおけるＳＩやパートナーの役割は非常に大きい。ただ、ここで留意すべきは、ＳＩはあくまで現地の外食業全体のインフラであって日系の独占物ではないということである。

実際、海外のラーメン企業に生麺を供給する日系製麺業者は、日系ラーメン店だけではなく、現地の華人系や韓国人系のラーメン店にも生麺を卸している。スープや調味料のメーカーも同じである。したがって、そのような地場のラーメン店でも、その気になれば（コストを問わなければ）日系企業とほぼ変わらない品質のラーメンを提供することも可能となっている。つまり、現地でのインフラの整備が進めば進むほど、インフラの質が上がれば上がるほど、日本の外食企業が進出しやすくなるものの、同時に現地での競争優位性は低下していくという矛盾が生じることになる。

また、現地のパートナーも日系外食業と提携することでさまざまなノウハウを学ぶであろう。当然、それらは彼ら自身の外食業のオペレーションに反映されていくこととなる。たとえば、今後は日系外食業に頼ることなく、日本食の店を独自に運営するようになるかもしれない。つまり、彼らが日本人スタッフを雇って、日系のSIを利用しながら、新たな日本食ブランドを立ち上げることも可能となろう。実際、すでにかなり品質の高い日本食店を運営するアジア系資本も現れている。要するに、現地パートナーも日系のためだけの存在ではないのである。

では、日本の外食企業の海外での絶対的な競争優位性（コア・コンピタンス）は、どのような点に求めればよいのであろうか。

序章で、二〇〇三年以降の海外進出の急増には、日本の食における衛生管理の高さや健康への寄与が関係していることを述べた。その後、とくにアジアでは、日本の外食企業が提供する食（日本食）は、安全・安心というバリューとともに健康的というバリューも獲得してきている(1)（第3章コラム「日本ブランドとオペレーション・システム」参照）。いわば、そのようなバリューが現在の日本の外食業の競争優位性であることは間違いない。したがって、日本の外食企業が海外市場で目指すべきことは、この優位性をいかに高品質で実現するかということに尽きるであろう。

具体的には、「安全な食材を生産・調達し、それを衛生的に輸送・保管・加工調理し、付加価値の高い（立地やインテリア）食事空間（店舗）で、価値あるメニュー（現地の食文化や健康観あるいは外食事情に照らして、付加価値やコストパフォーマンスの高いメニュー）を、すぐれた

（1）健康的（ヘルシー）というバリューは、欧米においては一九七〇年代から獲得してきたものである。

接客サービスとともに提供すること」となるであろう。

問題は、このような一連の行為を、部分的にではなく切れ目のない連鎖として実現することができるかどうかである。顧客の「信頼」は、各部分における対応の確かさよりも、その「連鎖性の確かさ」に依拠していると言ってよいからである。これは「信頼の連鎖」とでも言うべきものであろうが、この連鎖は、その各段階に関与するすべての企業や人々の「誠実さ」によって支えられていることを忘れてはならない。

具体的に述べるなら、もし危険な農薬で汚染されている畑で野菜がつくられているようなら、その後の加工や調理をいくら衛生的に行っても、いくら店舗の接客を向上させても意味はなかろう。逆に、たとえ安全に野菜が栽培されても、下ごしらえをする工場で不衛生な加工（汚い水での洗浄やカット）が行われれば、あるいは店舗の調理場で不衛生な調理がなされれば、やはり意味はない。さらには、生産から店舗の調理段階までが完璧であっても、顧客のテーブルへのサーブや接客サービスが悪ければ台無しとなる。

すなわち、途中で一か所でも不誠実な対応（モラルハザード）が生じれば、このチェーンは成立しない（崩壊する）のである。その意味では、これは「誠実さの連鎖＝オネスト・チェーン(honest chain)」だと言うことができよう。

しかし、この「オネスト・チェーン」の構築こそ、多くの日本企業や日本人が得意とするものではないかと考えられる。日本では、農業関係者、食品メーカー、食品加工業者、輸送・配送業者など食品流通の各段階に携わる人々が、誠実に業務をこなすオネスト・チェーンがいわば当然のごとく成立している。何より、そのチェーンのオーガナイザーが外食企業にほかならない。これを海外で実現することは容易ではないが、筆者はこれができるのは日本の外食企業しかないと考えている。その根拠は、日本の外食企業が有する品質へのこだわりの強さである。

これまで、日本の外食企業の経営者、とくに小零細な外食業の経営者ほど職人的なこだわりが強いことを何度か述べてきた。それは、時として効率的なオペレーション・システムの構築やマニュアル化を難しくしたり、進出形態の選択やパートナー選択を難しくする要因にもなってきた。しかし、この職人的な食へのこだわりは、「食への誠実さ」そのものであることから、それこそがオネスト・チェーンの構築の基盤であり原動力であると言える。その意味では、日本の外食業の基底に流れる職人的なこだわりこそが、海外での競争優位性の源泉となる。

ただし、そのこだわりは、小零細外食企業ほど店頭での調理やメニュー（商品）そのものに向きがちとなり、オペレーション・システム全体にそのこだわりや誠実さを反映させるという視点が弱いのが現状である。したがって、日系外食業の課題は、海外でのオネスト・チェーンの実現を可能とするオペレーション・システムの構築にあると言える。

ところで、ここで気になるのが、日本国内で繰り返される食品偽装や不当表示、異物混入などの問題である。これは、単に国内での信用問題に留まらず、今後のわが国の外食国際化（ひいてはサービス国際化）のコア・コンピタンスを脅かす問題といっても過言でない。その意味で、国内におけるオネスト・チェーンの厳格化に向けての仕組みづくりも急務と言えよう。

3 オネスト・チェーンの「バリュー」をいかに伝えるのか

さて、このオネスト・チェーンを海外（とくに新興市場）で構築することは、たとえ部分的に実現しようとするのであっても、かなりのコスト（時間も含む）が必要となることは想像に難くない。換言すれば、誠実な対応をすればするほど売価が高くなり、現地の外食業との競争力が低下するという矛盾も生じることになる。これについての解決策が最終的な課題となる。

その解決策は、オネスト・チェーンが有するバリューを現地の消費者に適切に伝え、正しく理解してもらうことに尽きる。海外で筆者が目にする日本の外食業では、自らの誠実さやオペレーションの確かさ、そしてそれらの実現に要する手間とコストの大きさを消費者に十分伝え切れていないことが多いと感じる。

安全で品質の高い高価な原材料を使っていても、美味しさを追求した高額で先端的な調理設備を導入していても、また手間と努力を惜しまず衛生管理を厳しく実行していても、そのようなことが店頭ではほとんど謳《うた》われていない店が非常に多いのである。日本ではそれが当たり前のことだからであろうが、その結果、日系外食企業は類似の地場資本との明確な差異化ができず、価格が高いだけの店、割高な店と見られてしまっているケースも少なくない。

また、謳われていても、消費者の心に届く伝え方ができていないと感じることも多い。それは、価値を理解させやすい説明の仕方（ロジックの立て方）が市場ごとに異なるからにほかならない。簡単な例を挙げるなら、日本の「野菜ラーメン」を単に「ベジタブル・ラーメン」と直訳するのか、それとも「ヘルシー・ラーメン」とするのか、あるいは「ベジタリアン・ラーメン」と書くのかという問題である。市場によっては、「ベジタブル・ヌードル・スープ」としたほうがよい場合もあろう。どの表現が、その地域の人々に商品の価値を正しく分かりやすく伝えるのかは、言うまでもなく市場ごとに異なる。食文化への適応問題は、実はこのような価値を伝達する場面において重要となるのである。

いずれにしろ、自身の誠実さと、それが生み出す価値（バリュー）をどのように消費者に分かりやすく説明するのか、これも今後の外食国際化の重要な課題となろう。

あとがき

本書は筆者が国内外で行ってきた多くの外食業へのヒヤリング調査から得られた知見をベースに、外食国際化の現実とそれが進展していく仕組み（ダイナミズム）に迫ったものである。

本書で用いた企業ヒヤリングという手法については誤解も多いので、最後に手短に補足をしておきたい。企業ヒヤリングという行為は、新聞や雑誌記事のインタビューと同じようなもの（相手から何かを聞き出して、整理して書く）だと理解している人、あるいは面接方式のアンケート調査のように、あらかじめ用意した質問を企業の担当者に投げ掛け、返ってきた答えを整理して論文を書くことだと理解している人が意外に多い。もちろん、そういう側面もあることは否定しないが、筆者は企業ヒヤリングの目的は以下の二点にあると考えている。

一つは、現場の人々の話を通して実態や現状を確認し、研究対象への理解を深めるとともに、そのなかから研究上の課題を発見することである。実際、企業の方々の話を聞くと、思いもよらなかった事実が分かり、研究上の新しい視点やヒントを得ることも多い。もちろん、逆にこちら側の考えをぶつけてみて、それが正しいかどうかを確認することもあるが、筆者はできるだけ予断を排して話を聞くことを心掛けている。研究者のなかにも、あらかじめ結論を想定したうえでヒヤリングを行い、自分に都合のよい部分だけを抜き出して「根拠」として利用する人もいるが、筆者にとってヒヤリングは、むしろ「発見の現場」にほかならない。

二つ目は、ヒヤリングで得られた知見を、各企業に共通するものと個別事情によるものとに分類しつつ、そのような断片的な情報から全体の構造や動きが説明できる一般的な枠組み（フレーム）を導出することである。言うまでもなく、これは相当難しいが、多くの企業関係者から話を聞くうちに何かがぼんやりと見えてくる。そのぼんやりしたものを、いかにクリアに提示できるかどうかについては別の能力を求められるものの、筆者のヒヤリングは基本的にこちらのほうを目指したものである。

多くの理論や理論モデルは、実態とは別に「こうであるはずだ」「こうあるべきだ」という観念的な前提に立って構築されている。実態を知らない分、現実には重要な働きをしているファクターが抜け落ちている場合もあるものの、核心部分だけを切り取った明快な枠組みを提示できる可能性がある。

一方、実態調査を踏まえて帰納的に導かれたフレームは、複雑な現状を踏まえている分、シンプルさに欠ける面もあるものの、現実をより適切に説明できるものになる可能性がある。ともに一長一短があるが、本書は後者のアプローチをとったものである。

とはいえ、実態から一般的な動き（全体像）が見えてくるまでには、相当数のヒヤリングを重ねることが必要となることは言うまでもない。逆に言うなら、かぎられた数のヒヤリングでは無理である。筆者が、ヒヤリング調査の成果を適切な枠組み構築に結び付けられているかどうかは甚だ心許ないが、それは読者の判断に委ねたい。

さて、製造業や小売業の海外進出（産業立地論）を研究してきた筆者にとっては、外食業の海外進出問題は大変魅力的なテーマであった。というのも、何よりそれが、フランチャイジングという「契約」を使いながら進展しつつある現象であるからだ。つまり、国境を越えていく仕組みが、ほかとは根本的に違っていたからである。このフランチャイジングによる海外進出については、すでに筆者は二〇一〇年に『日本企業の国際フランチャイジング』（新評論）を上梓し、その全体像と理論的な枠組みや検討課題を示している。今回は、そのなかでももっとも急激に国際化が進みつつある外食領域に光を当て、その実態により深く迫りながら、今後の国際化やグローバル化の新しいあり方を捉えた。

筆者が外食業の国際化問題に手をつけるきっかけは、二〇〇〇年にアサヒビール学術振興財団から受けた研究助成であった。しかしその後は、外食業のことが気にはなりつつも、以前からのテーマであった小売業の海外進出問題に手をとられてきた。転機となったのは、二〇〇五年から日本学術振興会の科研費を受けて外食国際化を含む国際フランチャイジングの問題に本格的に取り組んだときからである。この成果が、二〇一〇年の前述の著書となった。

その後、二〇一一年からは外食国際化をテーマとした科研費研究に取り組めることとなり、研究が大きく進展した。その一部は、企業の現地適応化戦略を研究する現在の科研費研究（二〇一四〜二〇一六年度）にも引き継がれている。また、（財）アジア太平洋研究所の共同研究（二〇一二〜二〇一四年度）にかかわらせていただいたことも研究の進展に寄与した。さらに、この間の二〇一四年には日本フードサービス学会の研究助成を、二〇一三年と二〇一五年には関西学院大学の個人特別研究費も受けることができた。本書のベースとなっている多数の調査は、これらの研究費で支えていただいたものである。多くの関係者の方々に感謝したい。

もちろん、多忙ななか、当方の身勝手なヒヤリング調査や問い合わせ、資料提供に快くご協力いただいた多くの外食業界の関係者の方々には御礼の申し上げようもない。さらには、関西学院大学大学院生であった陳静樺さんと李冰心さんには台北や上海での調査や資料整理で、現在博士前期課程の院生である李素熙さんにはソウルでの現地調査や資料整理で、それぞれお世話になった。

末筆なったが、本書の出版をお引き受けいただいた株式会社新評論の武市一幸氏には、大幅な筆の遅滞を辛抱強く待っていただいた。この場を借りて心から御礼を申し上げたい。

二〇一五年一一月　　紅葉が深まる京都の自宅にて　　川端基夫

・Bové, J., Dufour, F., Luneau, G. (2000), *Le monde n'est pas une merchandise:des paysans contre la malbouffe*, La Découverte.（新谷淳一訳［二〇〇一］『地球は売り物じゃない』紀伊國屋書店）

・Bové, J., Aries, P., Terras, C. (2000), *José Bové, La revolte d'un paysan*, Editions Golias.（杉村昌明訳［二〇〇二］『ジョゼ・ボヴェ：あるフランス農民の反逆』柘植書房新社）

・Beck, U.(1997), Was ist Globalisierung? : Irrtumer des Globalismus − Antworten auf Globalisierung, Suhrkamp Verlag.（木前利秋・中村健吾監訳［二〇〇五］『グローバル化の社会学』国文社）

・Keillor, D.B. and Fields, M.D.(1996), "Perception of a Foreign Service Offering on a Overseas Market : The Case of Fast Food in Hong Kong", *Journal of international Consumer Marketing*, 9(1), 83-104.

・Ritzer, G.(1993), The McDonaldization of society : an investigation into the changing character of contemporary social life, Pine Forge Press.（正岡寛司訳［二〇〇一］『マクドナルド化する社会』早稲田大学出版部、一九九六年刊行の Revised Edition の訳）

・Ram, U.(2004), Glocommodification: How the Global Consumes the Local-McDonald's in Israel, *Current Sociology*, 52(1), 11-31.

・Root, R.F.(1987), *Entry Strategies for International Markets*, Lexington Books.

Root, R.F.(1994), Entry Strategies for International Markets (Revised and Expanded), Lexington Books.

・Issenberg.S. (2007), *The Sushi Economy, Globalization and the Making of a Modern Delicacy*, Gotham.（サーシャ・アイゼンバーグ／小川敏子訳［二〇〇八］『スシエコノミー』日本経済新聞社）
・Watson JL, (ed.) (1997), *Golden arches east: McDonald's in East Asia*, Stanford Univ. Press.（ジェームズ・ワトソン 編／前川啓治・竹内惠行・岡部曜子訳［二〇〇三］『マクドナルドはグローバルか』新曜社）
・青木四郎［二〇一五］『紅花の真実　青木湯之助の生涯』ゴマブックス。
・秋山岳志［一九九八］「外食産業がアジアで成功する方法」Jitsugyo no nihon, １９９８年九月号、七七～七九ページ。
・石毛直道［二〇一五］「日本の食文化研究」社会システム研究、特集号、九～一七ページ。
・石毛直道・小山修三・山口昌伴・栄久庵祥二［一九八五］『ロスアンジェルスの日本料理店――その文化人類学的研究』ドメス出版。
・市川　隆［一九九六］『正攻法の着想――金井紀年のビジネス理念と食の日米史』三五館。
・岩間一弘［二〇一三］「上海の日本食文化――メニューの現地化に関するヒヤリング調査報告」千葉商大紀要、51(1)、一～五四ページ。
・面澤淳市［一九九八］「わが国大手ＦＣ本部の海外進出は成功するか」財界、№46、五四～五七ページ。
・数原俊［一九九一］『海南島の思い出』私費出版。
・神山泉［二〇一二］「日本のチェーン、中国での実力」Food Biz, No.56, 七〇～八一ページ。
・河原成美［二〇〇七］『一風堂　ドラゴンに挑む！』柴田書店。

・川端基夫［二〇〇二］「日系外食産業の海外進出」研究紀要（アサヒビール学術振興財団）、15号、六九～七四ページ。
・川端基夫［二〇〇五a］『アジア市場のコンテキスト【東南アジア編】』新評論。
・川端基夫［二〇〇五b］「小売国際化のダイナミズムに与える店舗不動産の影響」経済地理学年報、51（1）、三四～五五ページ。
・川端基夫［二〇〇六］『アジア市場のコンテキスト【東アジア編】』新評論。
・川端基夫［二〇〇八a］「外食チェーンの中国市場進出：味千ラーメンはなぜ飛躍できたのか」流通情報、466号、四～一三ページ。
・川端基夫［二〇〇八b］「増大する日本の外食チェーンの海外進出」流通とシステム、135号、七二～七八ページ。
・川端基夫［二〇〇九］「吉野家ホールディングス」（大石芳裕編『日本企業のグローバルマーケティング』白桃書房、第2章、四一～五九ページ、所収）。
・川端基夫［二〇一〇］『日本企業の国際フランチャイジング――新興市場戦略としての可能性と課題』新評論。
・川端基夫［二〇一三a］「日系ラーメンチェーンによる海外での食材調達システムの構築プロセス――国境を越えた味の標準化に対する阻害要因」商学論究（関西学院大学）、60（4）、三二五～三四一ページ。
・川端基夫［二〇一三b］「外食グローバル化のダイナミズム――日系外食チェーンのアジア進出を例

に」流通研究（日本商業学会）、15（2）、一～二二ページ。
・川端基夫［二〇一四a］「日系外食企業のサポーティング・インダストリーの役割」商学論究（関西学院大学）62-1、四一～五九ページ。
・川端基夫［二〇一四b］「台湾系外食チェーンの急速な国際化とその要因」流通情報（流通経済研究所）No.510、四一～四九ページ。
・川端基夫［二〇一五a］「外食チェーンのアジア立地展開とバリューチェーン」鈴木洋太郎編著『日本企業のアジア・バリューチェーン戦略』新評論、第6章所収。
・川端基夫［二〇一五b］「わが国外食業の海外進出史」商学論究（関西学院大学）63-2、一～三七ページ。
・川端基夫［二〇一五c］「アジア系外食チェーンによる海外進出の実態とその特徴」日本フードサービス学会年報、20号、三六～四八ページ。
・月刊食堂編集部「特集　世界に示そう、外食のニッポン力　アジアの巨大市場に挑め」『月刊食堂』50（7）、二〇一一年、八二～一四六ページ。
・洪郁如［一九九八］「女性たち」（若林正丈編『もっと知りたい台湾』弘文堂、八六～一〇〇ページ、所収）
・国際協力銀行［二〇一四］「わが国製造業企業の海外事業展開に関する調査報告」。
・呉・合田［二〇〇一］「シンガポールにおける寿司の受容：寿司のグローバライゼーションとローカライゼーションをめぐって」東南アジア研究、39（2）、二五八～二七四ページ。
・斉藤もと［一九八八］『ニューヨークの鯉のぼり』ＰＨＰ研究所。

・桜井文生［二〇一三］「メキシコにおけるレストランサントリーの歴史」アミーゴ会だより（メキシコ・日本アミーゴ会）15号、一～二ページ。
・佐藤康一郎［二〇〇七］「日本の外食企業の中国進出」専修経営研究年報、32号、一三～三〇ページ。
・重光克昭［二〇一〇］『中国で一番成功している日本の外食チェーンは熊本の小さなラーメン屋だって知ってますか?』ダイヤモンド社。
・松栄舎編［一九六九］『松栄アルバム』。
・関　敏［二〇一一］『中国で繁盛店をつくるシンプルな方法』日経ＢＰ社。
・園田茂人［二〇〇三］「ラーメン中国を行く：東アジアのグローバル化と食文化の変容」中央評論（中央大学）№２４６。
・田中信彦［二〇〇七］「上海庶民が吉野家よりサイゼリアを選ぶ理由」週刊東洋経済、二〇〇七年二月三日号、五二～五五ページ。
・陳静樺［二〇一五］「日系外食企業の台湾進出と市場のコンテキスト――モスバーガーを例として」関西学院大学商学研究科博士前期課程修了論文（未刊行）。
・徳谷智史・寺村京子「外食企業が陥りやすい三つのワナと成功への道」Food Biz, No.56, pp.62-69。
・豊島昇［二〇一二］「消費される日本文化製品：タイにおける日本食大衆化の過程と現状」タイ国情報、46（3）、六二～七〇ページ、46（4）、七九～八九ページ。
・二幸編［一九九七］『食品の二幸：70年のあゆみ』。
・日本ＬＣＡ［二〇〇五］『中国外食市場の幕が開けた』ごま書房。

・初岡昌一郎［二〇〇六］「回想のライブラリー（9）」メールマガジン「オルタ」所収。
・浜本篤史・園田茂人［二〇〇七］「現代中国における日本食伝播の歴史と力学――北京の日本料理店経営者を対象にしたインタビューから――」『アジア太平洋討究』（早稲田大学アジア太平洋センター）No.9 (March 2007) 一～二〇ページ。
・藤尾政弘［二〇一二］「『人治の国』の複雑なビジネス作法」（インタビュー記事）『月刊食堂』51（11）、八六～八九ページ。
・フランチャイズ研究会［二〇一四］『FCチェーンの海外展開ハンドブック』。
・白貞壬・簡施儀・荘苑仙［二〇一三］「台湾外食業界における中小企業の海外進出」東アジア研究、58号、五一～六二ページ。
・松本紘宇［一九九五］『ニューヨーク竹寿司物語』朝日新聞社。
・松本紘宇［二〇一一］『ニューヨーク　変わりゆく街の食文化』明石書店。
・松坂屋編［一九六八］『カトレア』№48。
・松坂屋編［一九七一］『松坂屋60年史』。
・茂木信太郎［二〇一三］「外食産業のアジア進出について」ホスピタリティ・マネジメント（亜細亜大学）4（1）、五九～七四ページ。
・茂木友三郎［一九八三］『醤油がアメリカの食卓にのぼった日』PHP研究所。
・茂木友三郎［一九九〇］「醤油の国際化について――キッコーマンの海外進出」日本醸造協会誌、85（7）、四四五～四四九ページ。

主なヒヤリング企業一覧

（日本・日系56社、海外7社、関連会社24社の合計87社）社名やブランド名はヒヤリング時のもの

【日本の外食企業】［　］内は主要店舗ブランド

アブアウト［山頭火］（本社）
アンデルセン［アンデルセン］（コペンハーゲン）
壱番屋［CoCo壱番屋］（本社）
イートアンド［大阪王将］（本社）
ウエスト［ウエスト］（本社＊）
英国三越レストラン［三越レストラン］（ロンドン）
王将フードサービス［餃子の王将］（大連）
大戸屋ホールディングス［大戸屋］（本社、香港、バンコク、シンガポール、ニューヨーク）
家族亭［家族亭］（本社＊）
グロービートジャパン
［花月嵐・ちゃぶ屋とんこつらぁ麺］（本社）
元気寿司［元気寿司］（本社、台北、ハワイ）
サンパーク［豚骨火山］（シンガポール＊）
重光産業［味千ラーメン］（本社、香港、上海）
すかいらーく［スカイラーク］（バンコク）
スガキコシステムズ［すがきや］（本社）
ゼンショー［すき家］（クアラルンプール）
トライインターショナル［味噌屋・田所商店］（本社、ニューヨーク）
とらや（パリ）
ドンク［ドンク］（香港）
ハチバン［8番ラーメン］（本社、バンコク）
花正［ハナマサ］（本社）
プレナス［やよい軒］（本社、シンガポール）
ホッコク［どさん子］（本社）
源吉兆庵［源吉兆庵］（香港）
美濃吉［美濃吉］（ミラノ）
麦の穂［ビアードパパ］（本社）
モスフードサービス［モスバーガー］（本社、台北、香港、バンコク、シンガポール、ジャカルタ）
ロッテリア［ロッテリア］（日本本社、韓国本社）
吉野家［吉野家］（本社、米国、上海）
吉野家インターナショナル［吉野家］（本社）
ワイエスフード［山小屋］（本社＊）
ワタミ［和民］（本社、香港）
ワタミインターナショナル［和民・和亭］（香港本社、台北、シンガポール、上海）
「本社＊」と記したものはフランチャイズショー

の会場で本社の担当者からヒヤリングを行ったもの。

【海外の外食企業】［　］内は主要店舗ブランド

Genesis［BBQ］（韓国）
Won and Won［Bossam］（韓国）
Daeboga［Jukstory・33Gukbab］（韓国）
KG franchise［Kum Gang Chiken］（韓国）
六角國際事業［Chatime］（台湾）
森邦（Sun Spark Group）
［拉亜漢堡・Tino's Pizza］（台湾）
億可國際飲料［CoCo 都可］（台湾）

【海外の日系外食関連企業】［　］内はフランチャイジーとして運営する日系ブランド

Japan Food Holding（シンガポール）
［味千ラーメン、大阪王将、麺屋武蔵など］
RE&S（シンガポール）
Commerce Group（シンガポール）
［開高、らーめんチャンピオンなど］
Pt. Masuya Graha Trikencana（ジャカルタ）
［モスバーガー］
Japan Centre（ロンドン）
Ittenbari London（ロンドン）［龍旗信］
Sun Noodle（ロサンゼルス、ニュージャージー）
魔術食品工業（台北）

【外食関連企業：食品メーカー、卸売業、小売業、コンサルタント】

イルタポ（イタリア）
カネジン食品（日本本社、シンガポール、タイ）
ダイショー（タイ）
宝産業（日本本社）
ハウス食品（日本本社）
JFC（ドイツ）
三越（英国、イタリア）
明治屋（日本本社、シンガポール、オランダ）
ミュープランニング（日本本社）
Promote Japan Enterprise（シンガポール）

（注）電話などによるヒヤリング企業も少なからずあったが、それは除いている。

年次	ブランド名	企業名	業種	初進出先	進出形態	現状
'15	一康流	ワイエスF	ラーメン	オーストラリア	FC	1
	Golden Pork	一家ダイニング	ラーメン	ハワイ	子	1
	麺屋武蔵	麺屋武蔵	ラーメン	ハワイ	FC	1
	どさん子・とり鉄	ホッコク	ラーメン・焼鳥	オーストラリア	FC	1
	ペッパーランチ	ペッパーフードS	ステーキ	カナダ	FC	1
	どん	吉野家	ステーキ	タイ	FC	1
	ナポリスピザ	遠藤商事	ピザ	インドネシア	子	1
	ナポリスピザ	遠藤商事	ピザ	香港	子	1
	ナポリスピザ	遠藤商事	ピザ	中・北京	子	予
	鎌倉パスタ	サンマルク	和風パスタ	香港	FC	予
	大阪王将	イートアンド	中華	ミャンマー	FC	1
	サムライグリル	ホットランド	多国籍	ハワイ	合	1
	ベントス	アイチフーズ	弁当	シンガポール	子	予
	たこばやし	フードスタンドInt'l.	たこ焼	タイ	FC	1
	築地銀だこ	ホットランド	たこ焼	ハワイ	合弁	1
	ドトール	ドトール日レス	コーヒー	マレーシア	合	予
	ライナカフェ	トリドール	カフェ	韓国	子	1
	抹茶館	クリエイト・R	抹茶カフェ	台湾	子	1
	アキモト	アキモト	ベーカリー	ベトナム	合	1
	サンマルク	サンマルク	BKカフェ	タイ	FC	1
	PABLO	ドロキア・オラシイタ	チーズケーキ	韓国	FC	1
	PABLO	ドロキア・オラシイタ	チーズケーキ	フィリピン	FC	予
	BAKE	ホットランド	チーズタルト	香港	FC	1
	シャトレーゼ	シャトレーゼ	洋菓子	フィリピン	FC	予
	シャトレーゼ	シャトレーゼ	洋菓子	シンガポール	FC	1
	シャトレーゼ	シャトレーゼ	洋菓子	香港	FC	予
	シャトレーゼ	シャトレーゼ	洋菓子	台湾	FC	1
	シャトレーゼ	シャトレーゼ	洋菓子	中・上海	FC	1
	ミスタードーナッツ	ダスキン	ドーナッツ	インドネシア	FC	1
	九州パンケーキ	一平	パンケーキ	台湾	FC	1
	GABA	サタケ	おむすび	ハワイ	FC	1
	八天堂	八天堂	クリームパン	韓国	FC	1

注）2015年のデータは11月時点のもの。「予」は出店予定。

265　主要外食企業の海外進出の歴史（現地運営会社ベース）

年次	ブランド名	企業名	業種	初進出先	進出形態	現状
'15	ちんちくりん	ケーツーエス	お好み焼	米・LAX	子	予
	丸亀製麺	トリドール	うどん	イギリス	子	予
	丸亀製麺	トリドール	うどん	マレーシア	FC	2
	たも屋	たも屋	うどん	インドネシア	FC	1
	たも屋	たも屋	うどん	台湾	FC	2
	たも屋	たも屋	うどん	ベトナム	FC	予
	つるこし	GHF	うどん	台湾	子	1
	富士そば	ダイタン HD	そば	フィリピン	FC	1
	九州じゃんがら	タス21	ラーメン	タイ	FC	1
	味の時計台	味の時計台	ラーメン	タイ	FC	1
	哲麺	道とん堀	ラーメン	タイ	FC	1
	花月嵐	グロービート J	ラーメン	フィリピン	FC	1
	空	空	ラーメン	フィリピン	FC	1
	らーめん神戸(かんべ)	G-7HD	ラーメン	インドネシア	FC	1
	ばり馬	ウィズリンク	ラーメン	インドネシア	FC	3
	ばり馬	ウィズリンク	ラーメン	香港	FC	1
	三田製麺所	三田製麺所	ラーメン	香港	FC	1
	屯ちんラーメン	フーデックス	ラーメン	香港	子	予
	麺屋黒琥	遠藤商事	ラーメン	香港	子	1
	最高	吉山商店・雅楽	ラーメン	マカオ	共同	1
	哲麺	道とん堀	ラーメン	台湾	FC	1
	せたが屋	せたが屋	ラーメン	台湾	FC	1
	暖暮	暖暮	ラーメン	ベトナム	FC	1
	暖暮	暖暮	ラーメン	カナダ	FC	2
	一幸舎	ウインズ J	ラーメン	米・CA	FC	2
	一蘭	一蘭	ラーメン	米・NYC	子	予
	山小屋	ワイエス F	ラーメン	米・SV	FC	予
	山小屋	ワイエス F	ラーメン	イギリス	FC	予
	遣唐拉麺	ワイエス F	ラーメン	中・山西	FC	1
	潤	酒麺亭潤	ラーメン	ドイツ	FC	1
	味噌屋	トライ Int' l.	ラーメン	イタリア	FC	予
	まる玉	All for one corp.	ラーメン	オーストラリア	FC	1

年次	ブランド名	企業名	業種	初進出先	進出形態	現状
'15	グレート	イマジネーションズ	焼肉	香港	子	1
	ベジテジや	ゴリップ	焼肉	台湾	FC	1
	ベジテジや	ゴリップ	焼肉	韓国	子	予
	ふたご	FTG	焼肉	中・深圳	FC	1
	ふたご	FTG	焼肉	米・NYC	子	1
	牛角	コロワイド	焼肉	カンボジア	FC	予
	福みみ	KUURAKU	焼鳥	インドネシア	FC	1
	とりどーる	トリドール	焼鳥	インドネシア	FC	1
	がブリチキン。	ブルームダイニングS	唐揚げ	中・上海	FC	1
	がブリチキン。	ブルームダイニングS	唐揚げ	タイ	合	2
	まい泉	井筒まい泉	とんかつ	フィリピン	FC	3
	浜勝	リンガーハット	とんかつ	タイ	合	1
	さぼてん	GHF	とんかつ	マカオ	FC	1
	だるま	一門会	串かつ	フィリピン	FC	予
	串家物語	フジオフードSys.	串かつ	インドネシア	合	2
	ポムの樹	ポムフード	オムライス	タイ	合	1
	吉野家	吉野家	牛丼	ベトナム	合	1
	吉野家／はなまる	吉野家	牛丼／うどん	マレーシア	子	1
	てんや	テンCorp.	天丼	フィリピン	FC	1
	丼丼亭	グルメ杵屋	天丼	マレーシア	FC	1
	丼丼亭	グルメ杵屋	天丼	香港	FC	1
	CoCo壱番屋	壱番屋	カレー	フィリピン	FC	2
	CoCo壱番屋	壱番屋	カレー	マレーシア	FC	2
	カレーの王様	プラスゲート	カレー	タイ	FC	1
	C&C	京王レストラン	カレー	中・上海	合	1
	ぼてぢゅう	東京フード	お好み焼	タイ	FC	1
	ぼてぢゅう	東京フード	お好み焼	ベトナム	FC	予
	ぼてぢゅう	東京フード	お好み焼	フィリピン	FC	予
	道とん堀	道とん堀	お好み焼	フィリピン	合	1
	道とん堀	道とん堀	お好み焼	タイ	FC	1
	千房	千房	お好み焼	ベトナム	FC	1
	千房	千房	お好み焼	タイ	FC	1

267　主要外食企業の海外進出の歴史（現地運営会社ベース）

年次	ブランド名	企業名	業種	初進出先	進出形態	現状
'14	ビアードパパ	麦の穂	シュークリーム	UAE	FC	1
	ビアードパパ	麦の穂	シュークリーム	カンボジア	FC	2
	ビアードパパ	麦の穂	シュークリーム	NZL	FC	2
	てつおじさん	バランス	チーズケーキ	フィリピン	FC	1
	てつおじさん	バランス	チーズケーキ	マレーシア	FC	1
	てつおじさん	バランス	チーズケーキ	タイ	FC	1
	パーティランド	イデア	ヨーグルト	タイ	FC	1
	ミルキッシモ	ミルキッシモ	ジェラート	シンガポール	FC	1
	ミルキッシモ	ミルキッシモ	ジェラート	台湾	FC	1
	Royce	ロイズ	チョコレート	UAE	FC	2
	ベルクール	ベルクール	ケーキ	中・重慶	FC	1
	アンリシャルパンティエ	シュゼット	ケーキ	シンガポール	合	1
	モンサンクレール	モンサンクレール	ケーキ	韓国	子	1
	ヨックモック	ヨックモック	洋菓子	マカオ	FC	1
	モロゾフ	モロゾフ	洋菓子	UAE	FC	1
	いろは堂	いろは堂	おやき	タイ	FC	1
'15	サガミ	サガミ	和食	シンガポール	子	予
	俺の割烹	俺の	和食	香港	合	1
	Oreno	俺の	和食	中・上海	合	1
	KICHIRI	きちり	和食	米・NYC	子	予
	独楽（KOMA）	勝企画	和食	ベトナム	FC	1
	やよい軒	プレナス	定食	米・SFC	子	予
	大戸屋	大戸屋	定食	ベトナム	FC	1
	うちの食堂	フジオフードSys.	セルフ式和食	インドネシア	合	1
	テリヤキジャパン	トリドール	和食FF	ケニア	子	1
	つぼ八	つぼ八	居酒屋	マレーシア	FC	1
	つぼ八	つぼ八	居酒屋	インドネシア	FC	予
	つぼ八	つぼ八	居酒屋	シンガポール	FC	1
	秘密基地	レコ琉球	居酒屋	台湾	子	1
	世界の山ちゃん	エスワイフード	居酒屋	台湾	FC	1
	どん亭	吉野家	しゃぶしゃぶ	台湾	合	1
	牛角	レインズInt'l.	焼肉	台湾	FC	2

年次	ブランド名	企業名	業種	初進出先	進出形態	現状
'14	黒龍	夢ノ弥	ラーメン	香港	FC	1
	鶴麺	オリエンタル・ヌードル	ラーメン	ハワイ	子	2
	鉄板牧場	カスタマーズディライト	ステーキ	韓国	FC	1
	ペッパーランチ	ペッパーフードS	ステーキ	カンボジア	FC	1
	ポポラマーマ	ジェーシーコムサ	イタリア	インドネシア	合	3
	VITO	コレート	ピザ	カンボジア	FC	1
	サルバトーレ・クオモ	ワイズテーブル	ピザ	台湾	合	1
	洋麺屋五右衛門	ドトール日レス	パスタ	香港	子	2
	AWキッチン	イートウォーク	パスタ	インドネシア	FC	1
	和茶房・夢見屋	イタリアトマト	和風パスタ	ラオス	子	1
	ブルーマリン	トリドール	多国籍	ハワイ	子	1
	大阪王将	イートアンド	中華	フィリピン	FC	1
	大阪李朝園	RHD	韓国	香港	FC	1
	フレッシュネスバーガー	フレッシュネス	ハンバーガー	ミャンマー	FC	1
	かえで	かえで	唐揚げ	ベトナム	FC	5
	Tokyo Bento	トリドール	弁当	米・LAX	子	1
	アールエフワン	ロックフィールド	総菜	香港	FC	2
	健菜キッチン	健菜厨房	総菜	シンガポール	子	1
	築地銀だこ他	ホットランド	たこ焼	カンボジア	子	3
	銀のあん	ホットランド	タイ焼	韓国	子	1
	Soup Stock Tokyo	スマイルズ	スープ	シンガポール	子	2
	ナポリスピザ	遠藤商事	ピザ	ベトナム	FC	1
	MOMI&TOY'S	モミアンドトイ	クレープ	カンボジア	FC	1
	ブランジェ浅野屋	浅野屋	ベーカリー	シンガポール	合	1
	エーワンベーカリー	エーワンBK	ベーカリー	AUS	子	1
	サンマルク	サンマルク	BKカフェ	フィリピン	FC	1
	MUJI	良品計画	カフェ	中・成都	子	1
	MUJI	良品計画	カフェ	台湾	子	1
	抹茶工房	クリエイトR	抹茶カフェ	中・大連	合	1
	モクオラ・ディキシー・ダイナー	エーディーエモーション	パンケーキ	タイ	FC	1
	鯛パフェ	大ふく	和カフェ	シンガポール	FC	2

269 主要外食企業の海外進出の歴史（現地運営会社ベース）

年次	ブランド名	企業名	業種	初進出先	進出形態	現状
'14	博多一風堂	力の源カンパニー	ラーメン	フィリピン	FC	1
	清水家	WDI	ラーメン	中・成都	子	1
	麺屋いろは	天高く	ラーメン	中・武漢	FC	2
	麺屋いろは	天高く	ラーメン	フィリピン	FC	1
	豚骨火山	サンパーク	ラーメン	インドネシア	FC	1
	ばり馬	ウィズリンク	ラーメン	マレーシア	FC	1
	らーめん神戸(かんべ)	G-7HD	ラーメン	マレーシア	子	1
	ばんから	花研	ラーメン	マレーシア	FC	1
	ばんから	花研	ラーメン	インドネシア	FC	1
	大勝軒	麺屋こうじ G	ラーメン	カナダ	FC	1
	家家家	家家家	ラーメン	カナダ	FC	1
	寿や	寿やフーズ	ラーメン	フィリピン	子	1
	宅麺(TAKMEN)	グルメ INV	ラーメン	シンガポール	子	1
	秀ちゃん	ディアンドエッチ	ラーメン	カンボジア	FC	1
	CHABTON	グロービート J	ラーメン	シンガポール	FC	4
	博多一幸舎	ウインズ J	ラーメン	香港	子	1
	博多元助(一幸舎)	ウインズ J	ラーメン	AUS	FC	1
	がんてつ	アイエーカンパニー	ラーメン	タイ	FC	2
	宮本／豚皇／味噌番長	友心	ラーメン	タイ	FC	3
	豚骨一燈	麺屋一燈 G	ラーメン	タイ	FC	1
	常勝軒	麺屋こうじ G	ラーメン	タイ	FC	1
	華楊	華楊	ラーメン	タイ	FC	1
	どさん子	どさん子	ラーメン	フランス	子	1
	どさん子	どさん子	ラーメン	米・LAX	子	1
	金田家	金田家	ラーメン	香港	FC	1
	金田家	金田家	ラーメン	イギリス	FC	1
	一風堂	力の源カンパニー	ラーメン	イギリス	子	1
	たけぞう	たけぞう	ラーメン	ドイツ	子	1
	吉田製麺所	吉田製麺所	ラーメン	フィリピン	FC	1
	空海	リファインフーズ	ラーメン	台湾	FC	1
	えびそば一幻	山フードカンパニー	ラーメン	台湾	FC	1
	えびそば一幻	山フードカンパニー	ラーメン	インドネシア	FC	1

年次	ブランド名	企業名	業種	初進出先	進出形態	現状
'14	Bowls	ソラチ	豚丼	台湾	FC	1
	てんや	テン Corp.	天丼	インドネシア	FC	2
	黄金カレー	G-7HD	カレー	ベトナム	子	1
	SAMA	ハイブリッジ・J	スープカレー	香港	FC	1
	丸亀製麺	トリドール	うどん	ベトナム	FC	5
	丸亀製麺	トリドール	うどん	AUS	子	3
	こだわり麺や	ウエストフードプランニング	うどん	マレーシア	FC	1
	麦まる	グルメ杵屋	うどん	中・上海	FC	1
	つるまる	フジオフードSys.	うどん	タイ	合	1
	四代目横井製麺所	歌行燈	うどん	台湾	子	1
	里のうどん	ワンオータス	うどん	タイ	FC	1
	里のうどん	ワンオータス	うどん	ハワイ	FC	1
	信濃路	感動カンパニー	うどん	ベトナム	FC	1
	はなまる	吉野家HD	うどん	中・武漢	子	1
	古奈屋	古奈屋	カレーうどん	韓国	FC	1
	信州王滝	王滝	そば	台湾	子	1
	富士そば	ダイタンHD	そば	台湾	合	1
	そじ坊	グルメ杵屋	そば	中・上海	FC	1
	MISOYA	トライ Int'l.	ラーメン	ベトナム	子	1
	MISOYA	トライ Int'l.	ラーメン	マカオ	FC	1
	MISOYA	トライ Int'l.	ラーメン	グアム	FC	1
	MISOYA富	トライ Int'l.	ラーメン	米・LAS	FC	1
	山頭火	アブ・アウト	ラーメン	米・SEA	FC	1
	坂内	麺食	ラーメン	米・CA	子	1
	麺屋武蔵	麺屋武蔵	ラーメン	中・深セン	FC	1
	麺屋武蔵	麺屋武蔵	ラーメン	マカオ	FC	1
	酉圓屋(とりまるや)	イタリアトマト	ラーメン	ラオス	子	1
	山小屋	ワイエスフード	ラーメン	ミャンマー	FC	1
	山小屋	ワイエスフード	ラーメン	ベトナム	FC	1
	一康流	ワイエスフード	ラーメン	フィリピン	FC	1
	博多一風堂	力の源カンパニー	ラーメン	タイ	子	1

271　主要外食企業の海外進出の歴史（現地運営会社ベース）

年次	ブランド名	企業名	業種	初進出先	進出形態	現状
'14	魚○本店	浜倉的商店製作所	居酒屋	グアム	子	1
	れたす	D イノベーション	しゃぶしゃぶ	韓国	子	1
	モーモーパラダイス	ワンダーテーブル	しゃぶしゃぶ	ベトナム	FC	1
	しゃぶしゃぶ神戸	神戸物産	しゃぶしゃぶ	米・NYC	子	1
	温野菜	レインズ Int'l.	しゃぶしゃぶ	シンガポール	子	1
	博多華味鳥	トリゼンフーズ	水炊き	台湾	子	1
	染乃井	R ファクトリー	鉄板懐石	台湾	子	1
	鶏金	石田企画	鶏鍋・鉄板焼	シンガポール	FC	1
	ふたご	FTG カンパニー	焼肉	香港	FC	1
	ふたご	FTG カンパニー	焼肉	ハワイ	子	1
	金舌／しゃぶ里	D イノベーション	焼肉	インドネシア	子	2
	KINTAN（金舌）	D イノベーション	焼肉	イギリス	子	1
	炭亭	鴻池 KSJ	焼肉	タイ	合	1
	牛角	コロワイド	焼肉	ベトナム	合	1
	NIKUTARO	三百屋	焼肉	ベトナム	FC	1
	まるみち	ディーアール	ホルモン焼	中・上海	FC	1
	とりのすけ	ティーネット	焼鳥居酒屋	台湾	子	2
	はなび屋	JFF Sys.	焼鳥居酒屋	タイ	FC	1
	ひびき	ひびき	焼鳥	シンガポール	子	1
	てけてけ	ユナイテッド＆コレクティブ	焼鳥	ミャンマー	合	1
	矢場とん	矢場とん	とんかつ	タイ	FC	1
	かつや	アークランドS	とんかつ	韓国	子	3
	かつや	アークランドS	とんかつ	台湾	子	1
	杏子	アトム	とんかつ	台湾	子	6
	杏子	アトム	とんかつ	タイ	子	1
	だるま	一門会	串カツ	タイ	合	1
	だるま	一門会	串カツ	韓国	FC	2
	すき家	ゼンショー HD	牛丼	台湾	子	1
	すき家	ゼンショー HD	牛丼	インドネシア	子	1
	吉野家	吉野家 HD	牛丼	中・青島	子	3
	吉野家	吉野家 HD	牛丼	中・武漢	子	1

年次	ブランド名	企業名	業種	初進出先	進出形態	現状
'13	Royce	ロイズ	チョコレート	AUS	FC	1
	源吉兆庵	源吉兆庵	和菓子	マレーシア	子	2
	ヨックモック	ヨックモック	洋菓子	香港	FC	4
	ルピシア	ルピシア	紅茶	シンガポール	FC	1
	ルピシア	ルピシア	紅茶	フランス	FC	1
'14	祥雲龍吟	龍吟	日本料理	台湾	FC	1
	やよい軒	プレナス	定食	AUS	子	1
	やよい軒	プレナス	定食	台湾	子	1
	大戸屋	大戸屋	定食	ベトナム	FC	1
	和食さと	サトレストラン Sys.	和食	タイ	合	1
	サガミ	サガミ	和食・そば	インドネシア	子	1
	サガミ	サガミ	和食・そば	タイ	子	1
	匠花蝶(たくみかちょう)	フードワークス	和食	シンガポール	共同	1
	まいどおおきに食堂	フジオフード Sys.	和食	台湾	合	1
	タニタ食堂	タニタ	和食	中・瀋陽	FC	1
	鱈卵屋(たららんや)	ふくや	明太子	香港	子	1
	はま寿司	ゼンショー HD	寿司	中・上海	子	1
	日向（HINATA）	シンクリエイトワークス	寿司	タイ	子	1
	鮨	鮨	寿司	タイ	子	1
	銀座鮨正	アミノ	寿司	マレーシア	子	1
	海神	ヘンリーブロス	寿司	シンガポール	子	1
	おのでら	LEOC	寿司	香港	子	1
	おのでら	LEOC	寿司	フランス	子	1
	くら寿司	くら Corp.	回転寿司	台湾	子	1
	中島水産	中島水産	持帰り寿司	ベトナム	子	2
	田舎家	WDI	炉端焼	UAE	FC	1
	和民	ワタミ Int' l.	居酒屋	カンボジア	合	1
	世界の山ちゃん	エスワイフード	居酒屋	香港	子	1
	世界の山ちゃん	エスワイフード	居酒屋	タイ	FC	1
	炎丸	PranZ(プランズ)	居酒屋	香港	FC	1
	炎丸	PranZ(プランズ)	居酒屋	中・上海	FC	1
	三代目 尊－MIKOTO	エレキング	居酒屋	シンガポール	合	1

273　主要外食企業の海外進出の歴史（現地運営会社ベース）

年次	ブランド名	企業名	業種	初進出先	進出形態	現状
'13	五行	力の源カンパニー	ラーメンD	香港	子	1
	りょう次	オフィスりょう次	ラーメン居酒屋	カナダ	子	1
	長崎ちゃんぽん	リンガーハット	ちゃんぽん	香港	合	1
	ワイン厨房	TAMAYA	イタリア	タイ	FC	撤退
	洋麺屋五右衛門	ドトール日レス	パスタ	フィリピン	FC	撤退
	すぱげっ亭	すぱげっ亭	パスタ	カナダ	FC	1
	銀座ライオン	サッポロライオン	ビアホール	シンガポール	子	2
	東京純豆腐	ブランズアンドカンパニー	韓国料理	タイ	FC	1
	ブルーマリン	トリドール	多国籍	ハワイ	子	1
	華御結	西田 Corp.	おにぎり	香港	子	10
	寺岡餃子	寺岡商店	餃子	タイ	FC	3
	アンナミラーズ	井村屋G	パイ持帰り	中・天津	子	1
	スラッピーケークス	ミールワークス	パンケーキ	シンガポール	FC	2
	プロント	プロント Corp.	カフェバー	中・上海	FC	1
	MUJI	良品計画	カフェ	香港	子	1
	ベジャード	ベジャード	カフェ	中・上海	FC	1
	ベビーモンシェール	モンシェール	洋菓子カフェ	香港	子	2
	モンシュシュ	モンシェール	洋菓子カフェ	韓国	FC	3
	一保堂	一保堂	日本茶カフェ	米・NYC	子	1
	抹茶館	クリエイトR	抹茶カフェ	シンガポール	子	2
	辻利茶屋	つじり	抹茶カフェ	中・上海	FC	2
	松之助	松之助	BKカフェ	米・NYC	子	撤退
	糧友	糧友パン	ベーカリー	香港	FC	2
	Güte（グーテ）	エーワンBK	ベーカリー	タイ	合	4
	ドンク	ドンク	ベーカリー	タイ	FC	1
	UCC珈琲	上島珈琲	珈琲	ベトナム	FC	1
	渡邊珈琲店	511	日式喫茶	シンガポール	子	1
	ビアードパパ	麦の穂	シュークリーム	パキスタン	FC	1
	てつおじさん	バランス	チーズケーキ	中・上海	子	67
	マリオンクレープ	マリオン	クレープ	中・上海	FC	6
	Royce	ロイズ	チョコレート	インド	FC	4

年次	ブランド名	企業名	業種	初進出先	進出形態	現状
'13	大福屋	D イノベーション	ラーメン	中・上海	子	2
	大福屋	D イノベーション	ラーメン	香港	子	1
	博多一風堂	力の源カンパニー	ラーメン	マレーシア	合	3
	ラーメン凪	凪スピリッツ	ラーメン	フィリピン	FC	2
	ラーメン俺式	せたが屋	ラーメン	タイ	FC	撤退
	松壱家	MGHD	ラーメン	香港	子	1
	一蘭	一蘭	ラーメン	香港	子	2
	山頭火	アブ・アウト	ラーメン	フィリピン	FC	4
	山頭火	アブ・アウト	ラーメン	タイ	FC	1
	山頭火	アブ・アウト	ラーメン	ハワイ	FC	1
	博多ん丸	トリドール	ラーメン	AUS	子	1
	一康流	ワイエスフード	ラーメン	フィリピン	FC	6
	山小屋	ワイエスフード	ラーメン	マカオ	FC	2
	康竜軒	ワイエスフード	ラーメン	中・蘇州	プロ	2
	博多一風堂	力の源カンパニー	ラーメン	中・広東	合	5
	豚骨火山	サンパーク	ラーメン	タイ	子	2
	麺屋いろは	天高く	ラーメン	香港	FC	1
	麺屋こうじ	麺屋こうじ G	ラーメン	シンガポール	FC	1
	山岸一雄	麺屋こうじ G	ラーメン	シンガポール	FC	1
	豚ゴッド	麺屋こうじ G	ラーメン	シンガポール	FC	1
	まる玉	All for one corp.	ラーメン	カナダ	FC	1
	博多一幸舎	ウインズ J	ラーメン	台湾	FC	2
	博多一幸舎	ウインズ J	ラーメン	中・広州	FC	3
	博多一幸舎	ウインズ J	ラーメン	ベトナム	FC	1
	麺屋武蔵	麺屋武蔵	ラーメン	台湾	FC	4
	麺屋武蔵	麺屋武蔵	ラーメン	中・上海	FC	1
	大勝軒	麺屋こうじ G	ラーメン	香港	FC	1
	なんつッ亭	なんつッ亭	ラーメン	タイ	FC	1
	大正亭	つぼ八	ラーメン	タイ	FC	1
	宮本／豚皇	友心	ラーメン	シンガポール	FC	1
	宮本	友心	ラーメン	香港	FC	撤退
	豚骨一燈	麺屋一燈 G	ラーメン	シンガポール	FC	1

275　主要外食企業の海外進出の歴史（現地運営会社ベース）

年次	ブランド名	企業名	業種	初進出先	進出形態	現状
'13	孫三郎	インショック J Int'l.	焼肉	タイ	合	1
	孫三郎	インショック J Int'l.	焼肉	フィリピン	合	1
	牛角	レインズ Int'l.	焼肉	フィリピン	FC	2
	ふたご	FTG カンパニー	焼肉	台湾	FC	2
	KAZU	三百屋	焼肉	カンボジア	FC	2
	牛繁（炭宝貝）	牛繁ドリーム Sys.	焼肉	中・上海	FC	5
	かつくら	フクナガ	とんかつ	中・上海	FC	1
	新宿さぼてん	GHF	とんかつ	中・北京	合	4
	新宿さぼてん	GHF	とんかつ	フィリピン	FC	2
	かつや	アークランド S	とんかつ	タイ	FC	3
	銀座梅林	銀座梅林	とんかつ	フィリピン	FC	3
	マ・メゾン	マメゾン	とんかつ	マレーシア	FC	2
	てんや	テン Corp.	天丼	タイ	FC	4
	天吉屋	ワンダーテーブル	天丼	台湾	FC	1
	すき家	ゼンショー HD	牛丼	メキシコ	子	3
	吉野家	吉野家	牛丼	カンボジア	FC	4
	CoCo 壱番屋	壱番屋	カレー	インドネシア	FC	3
	ゴーゴーカレー	ゴーゴー Sys.	カレー	インドネシア	FC	撤退
	丸亀製麺	トリドール	うどん	香港	FC	6
	丸亀製麺	トリドール	うどん	ロシア	子	5
	丸亀製麺	トリドール	うどん	インドネシア	FC	20
	丸亀製麺	トリドール	うどん	台湾	子	15
	すぎのや(杉之屋)	すぎのや	うどん	中・上海	合	1
	つるまる	フジオフード Sys.	うどん	米・LAX	子	1
	讃岐うどん元気玉	ウエストフード プランニング	うどん	台湾	合	1
	たも屋	たも屋	うどん	シンガポール	FC	1
	宮武讃岐製麺所	フォーシーズ	うどん	タイ	合	1
	温や	麦の穂	うどん	台湾	子	1
	稲庭養助	佐藤養助商店	稲庭うどん	台湾	合	1
	富士そば	ダイタン HD	そば	インドネシア	子	撤退
	MISOYA	トライ Int'l.	ラーメン	米・CHI	子	1

年次	ブランド名	企業名	業種	初進出先	進出形態	現状
'13	梅の花	梅の花	豆腐料理	タイ	合	1
	赤から	甲羅	八丁味噌鍋	韓国	FC	1
	うま屋	ウイング	鍋	ベトナム	FC	1
	まいどおおきに食堂	フジオフード Sys.	セルフ和食	タイ	合	3
	はし田	はし田	寿司	シンガポール	FC	1
	大漁鳴門市場	インショック J Int' l.	寿司	中・上海	子	1
	鮨	鮨	寿司	シンガポール	子	1
	おのでら	LEOC	寿司	ハワイ	子	1
	千両	元気寿司	回転寿司	タイ	FC	1
	千両	元気寿司	回転寿司	インドネシア	FC	1
	和民	ワタミ Int' l.	居酒屋	韓国	合	1
	白木屋	モンテローザ	居酒屋	シンガポール	子	2
	北海道つぼ八	つぼ八	居酒屋	タイ	FC	5
	いぶし銀次郎	みたのクリエイト	居酒屋	タイ	合	3
	目利きの銀次	みたのクリエイト	居酒屋	香港	FC	3
	てっぺん	てっぺん	居酒屋	タイ	FC	1
	炎丸	PranZ(プランズ)	居酒屋	インドネシア	FC	1
	時代屋／anji	時代屋	居酒屋／バー	カンボジア	子	2
	忍者	グロブリッジ	居酒屋	カンボジア	子	2
	くふ楽	KUURAKU G	居酒屋	インド	合	2
	陣や	ラ・ブレア・D	炉端	インドネシア	FC	1
	温野菜	レインズ Int' l.	しゃぶしゃぶ	台湾	子	1
	しゃぶ菜	クリエイト R	しゃぶしゃぶ	香港	子	1
	雷神	雷神	鉄板焼	インドネシア	FC	1
	MR. GRILL	セレーノ	炭火焼	カンボジア	子	1
	東京トンテキ	東京トンテキ	トンテキ	フィリピン	FC	2
	八兵衛	肉のやしま	焼鳥	台湾	FC	1
	焼鳥家すみれ	D イノベーション	焼鳥	シンガポール	子	3
	鳥波多(TORIHADA)	スプラウト G	焼鳥	タイ	子	1
	金舌（KINTAN）	D イノベーション	焼肉	香港	子	2
	純	JA 全農ミートフーズ	焼肉	香港	子	2
	伊藤課長	つぼ八	焼肉	タイ	FC	1

277 主要外食企業の海外進出の歴史（現地運営会社ベース）

年次	ブランド名	企業名	業種	初進出先	進出形態	現状
'12	モスバーガー	モスフードS	ハンバーガー	韓国	合	10
	モスバーガー	モスフードS	ハンバーガー	中・広州	合	5
	KAWARA	エスエルディー	Cafe & Bar	シンガポール	子	1
	MOMI&TOY' S	モミアンドトイ	クレープ	インドネシア	合	3
	MOMI&TOY' S	モミアンドトイ	クレープ	スペイン	合	撤退
	Harajuku Delights	家族亭	クレープ	インド	合	撤退
	ブリアン	ブリアン	ベーカリー	中・上海	FC	2
	ドンク／ジョアン	ドンク	ベーカリー	シンガポール	FC	2
	サンマルク	サンマルク	BKカフェ	シンガポール	合	2
	WIRED CAFE	カフェカンパニー	カフェ	香港	子	2
	抹茶館	クリエイトR	抹茶カフェ	香港	子	5
	抹茶館	クリエイトR	抹茶カフェ	中・成都	子	2
	TSUJIRI	つじり	抹茶カフェ	シンガポール	FC	2
	ドトール	ドトール日レス	珈琲	シンガポール	子	1
	星乃屋珈琲	ドトール日レス	珈琲	シンガポール	子	1
	岡田珈琲	岡田珈琲	珈琲	シンガポール	FC	1
	コルネ	コルネット	洋スイーツ	マレーシア	合	3
	シャトレーゼ	シャトレーゼ	洋スイーツ	オランダ	子	2
	ビアードパパ	麦の穂	シュークリーム	中・上海	子	75
	ビアードパパ	麦の穂	シュークリーム	メキシコ	FC	撤退
	ビアードパパ	麦の穂	シュークリーム	トルコ	FC	撤退
	ビアードパパ	麦の穂	シュークリーム	サウジアラビア	FC	3
	R. L	アール・エル	ワッフル	中・上海	合	4
	Royce	ロイズ	チョコレート	韓国	FC	6
	Royce	ロイズ	チョコレート	米・NYC	FC	3
	ユーハイム	ユーハイム	洋菓子	香港	FC	1
	ヨックモック	ヨックモック	洋菓子	UAE	FC	17
'13	神楽家	リブレ	日本料理	台湾	FC	1
	和食さと	サトレストランSys.	和食	インドネシア	合	2
	権八	グローバルD	和食	香港	FC	1
	筑前屋	カスタマーズディライト	和食	タイ	子	1

年次	ブランド名	企業名	業種	初進出先	進出形態	現状
'12	がんてつ	アイエーカンパニー	ラーメン	マレーシア	FC	1
	景勝軒	景勝軒	ラーメン	シンガポール	子	3
	うま馬	ヴィガー	ラーメン	シンガポール	FC	1
	まる玉	All for one corp.	ラーメン	香港	FC	1
	麺屋青山	AOJ	ラーメン	シンガポール	FC	撤退
	常勝軒	麺屋こうじG	ラーメン	香港	FC	撤退
	バリ男	バリ男	ラーメン	香港	FC	撤退
	ばりこて	バリッドコンプリートテクニカ	ラーメン	香港	FC	1
	亀王	大真実業	ラーメン	タイ	FC	2
	麺屋わたる	イーケーシー	ラーメン	韓国	子	2
	うま屋	ディ・エー・アイ	ラーメン	中・上海	FC	撤退
	龍旗信	龍旗信	ラーメン	イギリス	FC	1
	追風丸	追風丸	ラーメン	米・LAX	FC	2
	雷神	ZAKKUSHI	ラーメン	カナダ	合	1
	空海	リファインフーズ	ラーメン	米・SEA	FC	2
	永谷園拉麺	永谷園	ラーメン	中・上海	合	2
	リンガーハット	リンガーハット	ちゃんぽん	ハワイ	子	1
	リンガーハット	リンガーハット	ちゃんぽん	台湾	FC	2
	ペッパーランチ	ペッパーフードS	ステーキ	ベトナム	FC	5
	カプリチョーザ	WDI	イタリア	中・成都	子	2
	カプリチョーザ	WDI	イタリア	シンガポール	FC	撤退
	サルバトーレ・クオモ	ワイズテーブル	イタリア	韓国	FC	2
	洋麺屋五右衛門	ドトール日レス	パスタ	台湾	子	3
	洋麺屋五右衛門	ドトール日レス	パスタ	韓国	子	1
	鎌倉パスタ	サンマルク	パスタ	中・上海	子	5
	トニーローマ	WDI	BBQ	インドネシア	FC	撤退
	大阪王将	イートアンド	中華	中・上海	合	3
	大阪王将	イートアンド	中華	韓国	合	2
	大阪王将	イートアンド	中華	タイ	合	3
	大阪王将	イートアンド	中華	シンガポール	FC	8
	Long Jhon Silvers	ゼンショー	シーフード	シンガポール	FC	22

279　主要外食企業の海外進出の歴史（現地運営会社ベース）

年次	ブランド名	企業名	業種	初進出先	進出形態	現状
'12	幸楽苑	幸楽苑	ラーメン	タイ	合	5
	フジヤマ55	55style	ラーメン	タイ	FC	1
	フジヤマ55	55style	ラーメン	香港	FC	1
	吉田屋	55style	ラーメン	米・LAX	FC	1
	山頭火	アブ・アウト	ラーメン	台湾	子	3
	山頭火	アブ・アウト	ラーメン	インドネシア	FC	2
	山小屋	ワイエスフード	ラーメン	インドネシア	FC	4
	山小屋	ワイエスフード	ラーメン	マレーシア	FC	3
	ばくだんや	ばくだん屋	ラーメン	香港	FC	1
	豚骨火山	サンパーク	ラーメン	シンガポール	子	2
	ばり馬	ウィズリンク	ラーメン	シンガポール	子	2
	共栄ラーメン	共栄ラーメン	ラーメン	マレーシア	FC	撤退
	麺屋いろは	天高く	ラーメン	米・CA	FC	撤退
	三ツ矢堂製麺	Int' lDCorp.	ラーメン	フィリピン	FC	1
	吉虎	吉虎	ラーメン	フィリピン	FC	3
	優勝軒	麺屋こうじG	ラーメン	フィリピン	FC	1
	優勝軒	麺屋こうじG	ラーメン	米・CA	FC	2
	無双	麺屋こうじG	ラーメン	香港	FC	1
	鷹の爪	鷹の爪	ラーメン	シンガポール	FC	1
	三田製麺所	三田製麺所	ラーメン	台湾	FC	3
	麺屋三士	三士	ラーメン	グアム	FC	1
	麺屋三士	三士	ラーメン	シンガポール	FC	2
	麺屋縁（enishi）	麺屋縁	ラーメン	台湾	FC	1
	麺や輝（teru）	麺や輝	ラーメン	台湾	子	1
	長浜ナンバーワン	長浜ナンバーワン	ラーメン	台湾	FC	1
	長浜ナンバーワン	長浜ナンバーワン	ラーメン	香港	FC	1
	鳥華(支那そばきび)	インファ	ラーメン	台湾	FC	撤退
	太龍軒	三田製麺所	ラーメン	台湾	FC	1
	神楽拉麺屋	エムズコレクション	ラーメン	中・吉林	FC	1
	鶴亀堂	めんや	ラーメン	インドネシア	FC	1
	田ぶし	グリーンCorp.	ラーメン	インドネシア	子	2
	とんめん	ハートドリーム	ラーメン	タイ	合	撤退

年次	ブランド名	企業名	業種	初進出先	進出形態	現状
'12	ゴーゴーカレー	ゴーゴー Sys.	カレー	香港	FC	1
	スマイルカレー	インショック J Int'l.	カレー	中・上海	子	1
	新宿カレー	レストラン京王	カレー	中・上海	FC	1
	えびすけ	バセロン	洋食	タイ	子	1
	洋々亭	下川ビルディング	洋食	タイ	FC	1
	Pecori	ファイブ G	オムライス	シンガポール	合	1
	丸亀製麺	トリドール	うどん	タイ	合	17
	丸亀製麺	トリドール	うどん	中・上海	合	20
	丸亀製麺	トリドール	うどん	中・北京	子	7
	丸亀製麺	トリドール	うどん	韓国	子	10
	うどんウエスト	ウエスト	うどん	韓国	FC	1
	ふじやま製麺	グロブリッジ	うどん	AUS	子	2
	ゆで太郎	ゆで太郎 Sys.	そば	台湾	FC	1
	そじ坊	グルメ杵屋	そば	米・CA	FC	2
	MISOYA	トライ Int'l.	ラーメン	タイ	合	2
	MISOYA	トライ Int'l.	ラーメン	カナダ	合	1
	Yushoken	RDC	ラーメン	米・CA	子	2
	空（SORA）	空	ラーメン	米・LAS	FC	1
	梅光軒	梅光軒	ラーメン	香港	FC	1
	梅光軒	梅光軒	ラーメン	台湾	FC	2
	味の時計台	時計台観光	ラーメン	台湾	FC	1
	九忠	九忠	ラーメン	中・上海	FC	撤退
	六朗	バセロン	ラーメン	中・上海	子	1
	ららら	ららら	ラーメン	中・大連	子	撤退
	ラーメン凪	凪スピリッツ	ラーメン	インドネシア	FC	1
	ラーメン凪	凪スピリッツ	ラーメン	台湾	FC	4
	麺屋武蔵	麺屋武蔵 G	ラーメン	シンガポール	FC	8
	麺屋武蔵	麺屋武蔵 G	ラーメン	マレーシア	FC	2
	大陽のトマト麺	イートアンド	ラーメン	台湾	FC	2
	乾杯一風堂	力の源カンパニー	ラーメン	台湾	合	7
	博多一風堂	力の源カンパニー	ラーメン	AUS	FC	2
	博多一風堂	力の源カンパニー	ラーメン	中・上海	合	10

281　主要外食企業の海外進出の歴史（現地運営会社ベース）

年次	ブランド名	企業名	業種	初進出先	進出形態	現状
'12	塚田農場	エーピーカンパニー	鶏鍋専門店	シンガポール	子	3
	スシロー	あきんどスシロー	回転寿司	中・上海	合	撤退
	活けいけ丸	ヘンリーブロス	回転寿司	シンガポール	子	1
	shinji	かねさか	寿司	シンガポール	子	2
	日向（HINATA）	シンクリエイトワークス	寿司	マレーシア	子	1
	鍋源	物語 Corp.	寿司・火鍋	中・上海	子	3
	和民	ワタミ Int'l.	居酒屋	フィリピン	FC	3
	白木屋	モンテローザ	居酒屋	台湾	子	2
	二重丸	コロワイド	居酒屋	ベトナム	FC	5
	八十八商店／祭	円相フードS	居酒屋／和食	ベトナム	合	5
	型無	型無	居酒屋	シンガポール	子	3
	YUJI	ダイヤモンドD	居酒屋	米・LAX	子	撤退
	kemuri	エンレスト	炉端焼き	中・上海	子	1
	新宿さぼてん	GHF	とんかつ	カナダ	FC	1
	まい泉	井筒まい泉	とんかつ	タイ	FC	3
	浜勝	リンガーハット	とんかつ	ハワイ	子	1
	かつや	アークランドS	とんかつ	香港	子	5
	牛角	レインズ Int'l.	焼肉	マレーシア	FC	3
	牛角	レインズ Int'l.	焼肉	タイ	FC	2
	伊藤課長	つぼ八	焼肉	シンガポール	FC	1
	あじや	あじくら	焼肉	中・上海	FC	2
	浦江亭	浦江亭	焼肉	カンボジア	FC	1
	新橋備長亭	新橋備長亭	焼鳥	カンボジア	FC	1
	酉玉	ツインズD	焼鳥	香港	FC	1
	福井鶏王	サザンパワー	鶏から揚げ	中・上海	FC	1
	花ちゃ花ちゃ	ブルームDS	焼鳥鉄板焼	タイ	FC	2
	ぼてぢゅう	東京フード	鉄板焼き	台湾	FC	6
	エビス参	ダイネット	もつ焼	タイ	合	1
	すき家	ゼンショーHD	牛丼	マレーシア	子	4
	丼丼屋	アントワークス	丼	香港	FC	11
	ゴールドカレー	ゴールドカレー	カレー	タイ	FC	2
	シロクマカレー	シロクマカレー	カレー	香港	FC	2

年次	ブランド名	企業名	業種	初進出先	進出形態	現状
'11	トニーローマ	WDI	イタリア	米・CA	子	4
	サンマルク	サンマルク	パスタ	中・上海	子	4
	洋麺屋五右衛門	ドトール日レス	パスタ	中・上海	合	4
	和茶房・夢見屋	イタリアントマト	和風パスタ	フィリピン	FC	1
	アロハテーブル	ゼットン	ハワイアンカフェ	韓国	FC	1
	モスバーガー	モスフードS	ハンバーガー	AUS	子	5
	はらドーナッツ	むく	ドーナッツ	韓国	FC	5
	ミスタードーナツ	ダスキン	ドーナッツ	マレーシア	FC	20
	マーベラスクリーム	マーベラスJ	アイスクリーム	タイ	FC	撤退
	ビアードパパ	麦の穂	シュークリーム	ポーランド	FC	撤退
	ビアードパパ	麦の穂	シュークリーム	ブルネイ	FC	撤退
	てつおじさん	バランス	チーズケーキ	台湾	子	6
	たい夢	オーバン	タイ焼	中・上海	子	12
	Royce	ロイズ	チョコレート	ブルネイ	FC	3
	Royce	ロイズ	チョコレート	インドネシア	FC	4
	Royce	ロイズ	チョコレート	ロシア	FC	4
	ユーハイム	ユーハイム	洋菓子	シンガポール	FC	1
	ユーハイム	ユーハイム	洋菓子	中・上海	FC	2
	K・MIYAKE	ル・フォワイエ	ケーキ	中・上海	子	1
	ヨックモック	ヨックモック	洋菓子	台湾	FC	3
'12	Chrysan	菊乃井	日本料理	イギリス	FC	撤退
	天空龍吟	龍吟	日本料理	香港	子	1
	知暮里／筑前屋	カスタマーズディライト	和食	フィリピン	子	2
	美食山荘	クリエイトR	和食	中・吉林	合	1
	うまや	JR九州	和食・麺	中・上海	子	5
	がぜん	イーケーシー	和食・麺	韓国	子	2
	ほっともっと	プレナス	定食	韓国	合	3
	大戸屋	大戸屋	定食	中・上海	合	2
	大戸屋	大戸屋	定食	米・NYC	子	4
	一二味／しゃぶ菜	クリエイトR	定食／しゃぶしゃぶ	シンガポール	子	10

283　主要外食企業の海外進出の歴史（現地運営会社ベース）

年次	ブランド名	企業名	業種	初進出先	進出形態	現状
'11	徳川	徳川	ラーメン	中・北京	FC	撤退
	TETSU	クリレス HD	ラーメン	中・北京	FC	撤退
	匠	匠	ラーメン	中・北京	FC	撤退
	えるびす福神	ユー・ピー	ラーメン	中・上海	FC	1
	8番らーめん	ハチバン	ラーメン	中・大連	合	撤退
	屯ちんラーメン	フーデックス	ラーメン	中・上海	子	2
	屯ちんラーメン	フーデックス	ラーメン	台湾	子	4
	麺屋三士	三士	ラーメン	台湾	FC	3
	むつみ屋	ハートランド	ラーメン	タイ	FC	3
	秀家	秀家	ラーメン	タイ	FC	4
	まる玉	All for one corp.	ラーメン	タイ	FC	撤退
	博多一幸舎	ウインズJ	ラーメン	インドネシア	合	11
	博多一幸舎	ウインズJ	ラーメン	シンガポール	FC	3
	博多元助	ウインズJ	ラーメン	シンガポール	FC	1
	がんてつ	アイエーカンパニー	ラーメン	シンガポール	FC	2
	大勝軒	麺屋こうじG	ラーメン	シンガポール	FC	撤退
	力	麺屋こうじG	ラーメン	シンガポール	FC	撤退
	麺屋いろは	天高く	ラーメン	シンガポール	FC	撤退
	つけめん哲	YUNARI	ラーメン	シンガポール	FC	撤退
	バリ男	バリ男	ラーメン	シンガポール	FC	撤退
	味千ラーメン	重光産業	ラーメン	ベトナム	FC	2
	つじ田	WILL	ラーメン	米・LAX	子	2
	陣や	ラ・ブレア・D	ラーメン	カナダ	FC	1
	八八八拉麺	さんぱち	ラーメン	カナダ	FC	撤退
	なりたけ	なりたけ	ラーメン	フランス	子	1
	味の蔵	味の蔵	ラーメン	シンガポール	FC	1
	長崎ちゃんぽん	リンガーハット	ちゃんぽん	米・CA	子	1
	ペッパーランチ	ペッパーフードS	ステーキ	マカオ	FC	1
	フォルクス	吉野家 HD	ステーキ	台湾	FC	2
	カプリチョーザ	WDI	イタリア	ベトナム	FC	2
	カプリチョーザ	WDI	イタリア	マレーシア	FC	2
	カプリチョーザ	WDI	イタリア	米・CA	子	1

年次	ブランド名	企業名	業種	初進出先	進出形態	現状
'11	東京ハヤシライス倶楽部	エムファクトリー	ハヤシライス	韓国	FC	10
	寅八軒	ドトール日レス	洋食	中・上海	FC	1
	マ・メゾン	マ・メゾン	洋食	フィリピン	FC	1
	グリル満天星	満天星	洋食	韓国	FC	撤退
	ぼてぢゅう	東京フード	お好み焼き	韓国	FC	7
	道とん堀	道とん堀	お好み焼き	タイ	FC	3
	道とん堀	道とん堀	お好み焼き	台湾	FC	1
	温や	麦の穂	うどん	中・上海	子	1
	丸亀製麺	トリドール	セルフうどん	ハワイ	子	2
	はなまる	吉野家 HD	セルフうどん	中・上海	子	11
	はなまる	吉野家 HD	セルフうどん	中・成都	子	撤退
	横井うどん	歌行燈	セルフうどん	タイ	子	1
	釜や本舗	元気寿司	セルフうどん	香港	FC	撤退
	古奈屋	古奈屋	カレーうどん	タイ	FC	3
	麦まる、丼丼亭	グルメ杵屋	セルフうどん、丼	米・CA	子	1
	MISOYA	トライ Int'l.	ラーメン	米・NYC	合	1
	MISOYA	トライ Int'l.	ラーメン	米・SV	子	1
	哲麺	道とん堀	ラーメン	タイ	FC	4
	山頭火	アブ・アウト	ラーメン	マレーシア	FC	1
	麺屋武蔵	麺屋武蔵 G	ラーメン	香港	FC	5
	秀ちゃん	ディアンドエッチ	ラーメン	香港	FC	1
	鳥華(支那そばきび)	インファ	ラーメン	香港	子	撤退
	麺屋　豆の詩	豆の詩	ラーメン	香港	FC	撤退
	博多一風堂	力の源カンパニー	ラーメン	香港	合	5
	博多一風堂	力の源カンパニー	ラーメン	韓国	FC	3
	せたが屋	せたが屋	ラーメン	韓国	FC	1
	MIST	CHABUYA J	ラーメン	韓国	FC	撤退
	つじ田	WILL	ラーメン	中・北京	FC	撤退
	みその	みその	ラーメン	中・北京	FC	撤退
	麺屋いろは	天高く	ラーメン	中・北京	FC	撤退

285　主要外食企業の海外進出の歴史（現地運営会社ベース）

年次	ブランド名	企業名	業種	初進出先	進出形態	現状
'11	馳走三昧／はらみや	クリエイト R	和食／焼肉	シンガポール	子	2
	やよい軒	プレナス	定食	シンガポール	合	5
	スシロー	あきんどスシロー	回転寿司	韓国	子	6
	元気寿司	元気寿司	回転寿司	シンガポール	FC	3
	うまい鮨勘	アミノ	回転寿司	中・上海	FC	1
	和民	ワタミ Int' l.	居酒屋	マレーシア	FC	3
	炎丸／天	PranZ(プランズ)	居酒屋・焼肉	シンガポール	合	4
	黒尊	ヘンリーブロス	炉端焼き	シンガポール	子	1
	三代目文治	アベゼン	牛タン・おでん	シンガポール	子	1
	赤から	甲羅	八丁味噌鍋	中・青島	子	3
	かごの屋	家族亭	しゃぶしゃぶ	タイ	合	10
	宮	コロワイド	焼肉居酒屋	香港	子	4
	幸正宗	フーデックス	焼肉割烹	中・上海	子	1
	牛角	レインズ Int' l.	焼肉	カナダ	FC	2
	大阪焼肉でん	ゼンショク	焼肉	中・上海	合	1
	孫三郎	インショック J Int' l.	焼肉	香港	子	1
	孫三郎	インショック J Int' l.	焼肉	シンガポール	合	1
	孫三郎	インショック J Int' l.	焼肉	中・上海	合	1
	大地／牛 New	大地	焼肉	中・瀋陽	FC	4
	郷とり燦鶏	ジェーシーコムサ	焼鳥居酒屋	台湾	FC	1
	鳥屯	ビーライン	焼鳥	中・北京	FC	1
	鳥屋花	鳥屋花	鳥料理	タイ	FC	2
	銀座梅林	銀座梅林	とんかつ	中・上海	FC	3
	銀座梅林	銀座梅林	とんかつ	韓国	FC	2
	新宿さぼてん	GHF	とんかつ	香港	合	3
	吉野家	吉野家 HD	牛丼	タイ	FC	18
	すき家	ゼンショー HD	牛丼	タイ	子	10
	CoCo 壱番屋	壱番屋	カレー	シンガポール	FC	4
	CoCo 壱番屋	壱番屋	カレー	米・CA	子	4
	ゴーゴーカレー	ゴーゴー Sys.	カレー	ブラジル	FC	1
	いずみカリー	いずみカリー	カレー	香港	FC	7

年次	ブランド名	企業名	業種	初進出先	進出形態	現状
'10	八八八拉麺	さんぱち	ラーメン	韓国	子	撤退
	どさん子	ホッコク	ラーメン	中・上海	FC	撤退
	長崎らーめん西海	アーバン	ラーメン	中・成都	FC	2
	久楽（くら）	奥原流　久楽	ラーメン	シンガポール	FC	1
	陣や	ラ・ブレアD	ラーメン／炉端	米・LAX	子	10
	長崎ちゃんぽん	リンガーハット	ちゃんぽん	タイ	合	1
	ロイヤルホスト	ロイヤルHD	ファミレス	中・上海	合	撤退
	カフェ・グラッチェ	すかいらーく	イタリア	中・上海	子	2
	洋麺屋五右衛門など	ドトール日レス	パスタ	シンガポール	合	15
	壁の穴	壁の穴	パスタ	シンガポール	FC	1
	モスバーガー	モスフードS	ハンバーガー	中・福建	子	15
	フレッシュネスバーガー	フレッシュネス	ハンバーガー	シンガポール	FC	撤退
	くくる	白ハト食品	たこ焼	中・上海	子	6
	MOMI&TOY'S	モミアンドトイ	クレープ	台湾	子	4
	MOMI&TOY'S	モミアンドトイ	クレープ	中・上海	子	24
	上島珈琲店	上島珈琲	珈琲	台湾	子	3
	宮越屋珈琲	宮越商事	珈琲	中・上海	FC	1
	モンシュシュ	モンシェール	洋菓子カフェ	中・上海	子	4
	TSUJIRI辻利茶屋	つじり	抹茶カフェ	台湾	合	2
	エーワンベーカリー	エーワンBK	ベーカリー	中・深セン	合	7
	リトル・マーメイド	アンデルセン	ベーカリー	中・上海	子	3
	プルマンベーカリー	プルマンBK	ベーカリー	シンガポール	子	1
	ビアードパパ	麦の穂	シュークリーム	SLV	FC	撤退
	ビアードパパ	麦の穂	シュークリーム	ベトナム	FC	2
	ミルキッシモ	ミルキッシモ	ジェラート	香港	FC	撤退
	mochi CREAM	モチクリームJ	和スイーツ	ウクライナ	FC	6
	アローツリー	アローツリー	ケーキ	台湾	FC	1
	Royce	ロイズ	チョコレート	中・上海	FC	8
'11	枝魯枝魯(ギロギロ)	枝魯枝魯	日本料理	ハワイ	子	1
	SHOKUDO	ダイヤモンドD	和食	ハワイ	子	2
	美時MITOKI	信濃路	和食	AUS	子	1

287　主要外食企業の海外進出の歴史（現地運営会社ベース）

年次	ブランド名	企業名	業種	初進出先	進出形態	現状
'10	新宿さぼてん	GHF	とんかつ	シンガポール	合	3
	杏子	アトム	とんかつ	韓国	FC	1
	浪漫館横浜	惣 Int' l.	カツサンド	シンガポール	FC	撤退
	吉野家	吉野家	牛丼	インドネシア	FC	43
	すき家	ゼンショー HD	牛丼	ブラジル	子	9
	神戸らんぷ亭	神戸らんぷ亭	牛丼	インドネシア	FC	3
	神戸らんぷ亭	神戸らんぷ亭	牛丼	中	合	1
	CoCo 壱番屋	壱番屋	カレー	香港	子	7
	ほっともっと	プレナス	持帰り弁当	中・北京	子	6
	家族亭	家族亭	そば・うどん	中・上海	合	撤退
	つるこし	GHF	うどん	シンガポール	合	1
	麺場　旺味	トライ Int' l.	ラーメン	台湾	合	1
	秀ちゃん	ディアンドエッチ	ラーメン	米・NYC	プロ	3
	豚王	凪スピリッツ	ラーメン	香港	合	撤退
	MIST	CHABUYAJ	ラーメン	香港	FC	撤退
	なんつッ亭／八福丸	なんつッ亭	ラーメン	シンガポール	子	2
	せたが屋	せたが屋	ラーメン	タイ	FC	撤退
	つじ田	WILL	ラーメン	タイ	FC	撤退
	初代けいすけ	グランキュイジーヌ	ラーメン	タイ	FC	撤退
	KEISUKE	グランキュイジーヌ	ラーメン	シンガポール	子	7
	池袋大勝軒	麺屋こうじ G	ラーメン	タイ	FC	2
	山岸	麺屋こうじ G	ラーメン	タイ	FC	撤退
	助屋　銀屋	助屋、銀屋	ラーメン	タイ	FC	撤退
	支那そば　きび	きび	ラーメン	タイ	FC	撤退
	山頭火	アブ・アウト	ラーメン	カナダ	FC	2
	Ramen Play	三宝	ラーメン	シンガポール	FC	9
	山小屋	ワイエスフード	ラーメン	台湾	FC	2
	まる玉	All for one corp.	ラーメン	インドネシア	FC	5
	まる玉	All for one corp.	ラーメン	マレーシア	FC	3
	ちゃぶ屋とんこつらぁ麺	グロービート J	ラーメン	タイ	FC	15
	毘沙門	中村食品工業	ラーメン	タイ	FC	4

年次	ブランド名	企業名	業種	初進出先	進出形態	現状
'09	Café SOURCE	Café SOURCE	カフェ	韓国	子	1
	アフタヌーンティー	サザビーズ	カフェ	中・上海	子	3
	ミスタードーナツ	ダスキン	ドーナツ	中・上海	合	18
	メープルハウス	メープルハウス	クレープ	中・蘇州	FC	1
	ビアードパパ	麦の穂	シュークリーム	ロシア	FC	7
	mochi CREAM	モチクリームJ	和スイーツ	韓国	FC	9
	北の綿雪	NS マネジメント	氷菓子	中・上海	子	1
	マーベラスクリーム	マーベラスJ	アイスクリーム	シンガポール	合	撤退
'10	kunio tokuoka	京都吉兆	日本料理	シンガポール	FC	撤退
	旬の舞	家族亭	和食	タイ	FC	1
	和食さと	サトレストラン Sys	和食	台湾	合	3
	富寿司	富寿司	寿司	シンガポール	子	3
	レインボーロールスシ	WDI	寿司	タイ	FC	1
	がってん寿司	RDC	回転寿司	米・LAX	子	9
	がってん寿司	RDC	回転寿司	韓国	子	5
	平禄寿司	ジー・テイスト	回転寿司	AUS	FC	撤退
	平禄寿司	ジー・テイスト	回転寿司	中・上海	FC	撤退
	元気寿司	元気寿司	回転寿司	中・深セン	FC	37
	陣や	ラ・ブレアD	炉端	香港	FC	撤退
	和民	ワタミ Int' l.	居酒屋	中・広州	子	5
	笑笑・白木屋	モンテローザ	居酒屋	韓国	子	4
	EN　八吉	一六堂	居酒屋	香港	FC	1
	しげぞう	TKSG	居酒屋	米・POX	子	1
	やんちゃ	大地	居酒屋	ベトナム	子	1
	土やさい	ティークリエイト	野菜居酒屋	台湾	子	撤退
	モーモーパラダイス	ワンダーテーブル	しゃぶしゃぶ	中・上海	FC	1
	やまや	やまや食工房	もつ鍋	米・CA	FC	1
	やまや	やまや食工房	もつ鍋	韓国	FC	3
	富山海	ビーライン	火鍋	中・北京	子	撤退
	牛角	レインズ Int' l.	焼肉	香港	FC	8
	牛角	レインズ Int' l.	焼肉	米・CHI	子	6
	なぎ屋／寅圭	オープンD	焼鳥・焼肉	タイ	合	6

289　主要外食企業の海外進出の歴史（現地運営会社ベース）

年次	ブランド名	企業名	業種	初進出先	進出形態	現状
'09	丼丼亭	グルメ杵屋	丼	タイ	FC	撤退
	ゴーゴーカレー	ゴーゴー Sys.	カレー	シンガポール	FC	撤退
	ラケル(RAKERU)	ラケル	オムライス	ベトナム	FC	撤退
	得得・家族亭	家族亭	うどん	シンガポール	FC	3
	家族亭・大阪串屋	家族亭	そば・うどん	タイ	FC	撤退
	温や	麦の穂	うどん	米・NYC	子	1
	稲庭養助	佐藤養助商店	稲庭うどん	香港	FC	1
	玄	玄	ラーメン	香港	FC	撤退
	味千	重光産業	ラーメン	韓国	FC	1
	ばくだんや	ばくだん屋	ラーメン	タイ	FC	1
	拉麺玩家	三宝	ラーメン	中・上海	合	4
	麺屋開高	長山食糧工業	ラーメン	シンガポール	FC	2
	博多まるきん	まるきん	ラーメン	中・北京	FC	撤退
	山小屋	ワイエスフード	ラーメン	中・深セン	FC	3
	八八八拉麺	さんぱち	ラーメン	台湾	子	撤退
	八八八拉麺	さんぱち	ラーメン	中・北京	合	1
	誠屋	マコトフードS	ラーメン	中・上海	FC	3
	博多一風堂	力の源カンパニー	ラーメン	シンガポール	子	4
	がむしゃら	がむしゃら	ラーメン	AUS	FC	1
	鶴橋風月	イデア	お好み焼き	韓国	子	2
	京都・よしの	吉野	お好み焼き	タイ	FC	1
	築地銀だこ	ホットランド	たこ焼	シンガポール	子	2
	ペッパーランチ	ペッパーフードS	ステーキ	中・広東省	FC	5
	Wolfgang's Steak	WDI	ステーキ	ハワイ	合	1
	オールデイズ	セブン＆アイ	ファミレス	中・北京	合	1
	Salvatore Kuomo	ワイズテーブル	イタリア	韓国	FC	2
	和茶房・夢見屋	イタリアトマト	和風パスタ	タイ	FC	1
	ストロベリーコーンズ	いちごHD	ピザ	米・CA	FC	撤退
	フレッシュネスバーガー	フレッシュネス	ハンバーガー	マカオ	FC	1
	南翔饅頭店	クリエイトR	小籠包	中・上海	合	8
	岡田珈琲	岡田珈琲	喫茶店	香港	FC	1
	Paul Basset	ワイズテーブル	カフェ	韓国	FC	36

年次	ブランド名	企業名	業種	初進出先	進出形態	現状
'08	ジョイフル	ジョイフル	ファミレス	中・上海	子	撤退
	和食さと	サトレストラン Sys.	ファミレス	中・上海	子	1
	ストロベリーコーンズ	いちご HD	ピザ	カナダ	FC	1
	モスバーガー	モスフード S	ハンバーガー	インドネシア	合	2
	ぱん屋	ぱん屋	ベーカリー	インドネシア	FC	7
	アンデルセン	タカキ BK	ベーカリー	デンマーク	子	2
	源吉兆庵	源吉兆庵	和菓子	中・上海	FC	1
	アフタヌーンティー	サザビーズ	カフェ	台湾	合	5
	mochi CREAM	モチクリーム J	和スイーツ	香港	FC	撤退
	Royce	ロイズ	チョコレート	フィリピン	FC	6
'09	銀平	湯川	日本料理	中・上海	子	1
	まいどおおきに食堂	フジオフード Sys.	和食	タイ	FC	撤退
	大戸屋	大戸屋	定食	シンガポール	子	3
	くら寿司	くら Corp.	回転寿司	米・LAX	子	7
	元気寿司	元気寿司	回転寿司	インドネシア	FC	撤退
	かっぱ寿司	かっぱ Corp.	回転寿司	韓国	合	5
	レインボーロールスシ	WDI	寿司	台湾	FC	1
	田舎家	WDI	炉端焼	米・NYC	子	1
	つぼ八	つぼ八	居酒屋	シンガポール	合	1
	和民	ワタミ	居酒屋	シンガポール	子	8
	折原商店	折原	日本酒居酒屋	シンガポール	子	1
	エビス参	ダイネット	もつ焼	中・上海	合	1
	神屋流博多道場	R ファクトリー	もつ鍋	香港	FC	2
	Mus Mus	RETOWN	蒸し鍋	ベトナム	FC	1
	酉玉	ツインズ D	焼鳥	シンガポール	FC	1
	田丸屋本店	田丸屋本店	焼肉	タイ	子	1
	銀座梅林	銀座梅林	とんかつ	香港	FC	5
	銀座梅林	銀座梅林	とんかつ	シンガポール	FC	2
	かつ盛	宮食	とんかつ	インドネシア	FC	2
	浪漫館横浜	惣 Int'l.	カツサンド	香港	FC	1
	浪漫館横浜	惣 Int'l.	カツサンド	タイ	FC	4
	松屋	松屋フーズ	牛丼	中・上海	子	4

291　主要外食企業の海外進出の歴史（現地運営会社ベース）

年次	ブランド名	企業名	業種	初進出先	進出形態	現状
'08	吉野家	吉野家	牛丼	中・福建	合	6
	すき家	ゼンショー	牛丼	中・上海	子	90
	CoCo 壱番屋	壱番屋	カレー	韓国	合	24
	CoCo 壱番屋	壱番屋	カレー	タイ	合	22
	ヨシミ	ヨシミ	スープカレー	シンガポール	FC	1
	ラケル(RAKERU)	ラケル	オムライス	シンガポール	FC	撤退
	益正	益正 G	オムカレー	中・北京	合	撤退
	古奈屋	古奈屋	カレーうどん	台湾	FC	1
	ぼてぢゅう	東京フード	お好み焼き	シンガポール	FC	15
	松玄	ピューターズ	そば・寿司	米・NYC	FC	撤退
	喜多方ラーメン蔵	キタカタ	ラーメン	中・上海	合	1
	博多一風堂	力の源カンパニー	ラーメン	米・NYC	子	2
	和	トライ Int' l.	ラーメン	ブラジル	FC	1
	ばくだんや	ばくだん屋	ラーメン	台湾	FC	撤退
	ばんから	花研	ラーメン	タイ	FC	4
	桂花	桂花	ラーメン	タイ	FC	1
	らーめん山頭火	アブ・アウト	ラーメン	香港	子	4
	らーめん山頭火	アブ・アウト	ラーメン	シンガポール	合	2
	藤一番	エクサグローバル F	ラーメン	タイ	FC	1
	知多ラーメンゆたか亭	ユタカ G	ラーメン	タイ	FC	2
	千客面来	久保田製麺	ラーメン	中・上海	FC	撤退
	金の豚	林泉堂	ラーメン	モンゴル	プロ	1
	築地銀だこ	ホットランド	たこ焼	中・上海	子	撤退
	くくる／らぽっぽ	白ハト食品	たこ焼	ハワイ	子	撤退
	和茶房・夢見亭	イタリアトマト	和風パスタ	香港	子	4
	サイゼリヤ	サイゼリヤ	イタリア	台湾	子	8
	サイゼリヤ	サイゼリヤ	イタリア	香港	子	19
	サイゼリヤ	サイゼリヤ	イタリア	シンガポール	子	10
	ピエトロ	ピエトロ	イタリア	韓国	FC	撤退
	Wolfgang' s Steak	WDI	ステーキ	米・CA	合	撤退
	ペッパーランチ	ペッパーフード S	ステーキ	フィリピン	FC	23
	ペッパーランチ	ペッパーフード S	ステーキ	マレーシア	FC	6

年次	ブランド名	企業名	業種	初進出先	進出形態	現状
'07	サンマルク	サンマルク	BK カフェ	米・LAX	子	撤退
	カフェ・クロワッサン	ロイヤル HD	BK カフェ	中・北京	子	撤退
	ミスタードーナツ	ダスキン	ドーナツ	韓国	合	19
	桜みち	ホットランド	どら焼き	香港	子	撤退
	mochi CREAM	モチクリーム J	和スイーツ	ハワイ	FC	撤退
	タフ	茶布向春園	日本茶カフェ	米・NYC	子	撤退
	ビアードパパ	麦の穂	シュークリーム	カナダ	FC	5
	ビアードパパ	麦の穂	シュークリーム	タヒチ	FC	撤退
	マリオンクレープ	マリオン	クレープ	シンガポール	FC	撤退
	マリオンクレープ	マリオン	クレープ	台湾	FC	撤退
	マリオンクレープ	マリオン	クレープ	香港	FC	撤退
	マリオンクレープ	マリオン	クレープ	韓国	FC	撤退
	ヤマザキ	山崎製パン	ベーカリー	中・成都	子	1
	Royce	ロイズ	チョコレート	タイ	FC	4
'08	枝魯枝魯	枝魯枝魯	日本料理	フランス	子	1
	美濃吉	美濃吉	和食	中・北京	子	1
	大戸屋	大戸屋	定食	インドネシア	FC	8
	大戸屋	大戸屋	定食	香港	子	3
	火の音水の音	フジオフード Sys.	定食	ハワイ	FC	1
	元気寿司	元気寿司	回転寿司	米・SEA	子	4
	がってん寿司	RDC	回転寿司	中・上海	子	9
	まいもん寿司	エムアンドケイ	回転寿司	フィリピン	合	撤退
	匠　東京	ケーズカラナリープランニング	炉端	シンガポール	FC	1
	はなの舞	チムニー	海鮮居酒屋	中・大連	子	撤退
	八剣伝	マルシェ	居酒屋	中・上海	FC	1
	和民	ワタミ	居酒屋	中・上海	子	24
	てっぺんコリア	てっぺん Int' l.	居酒屋	韓国	子	3
	モーモーパラダイス	ワンダーテーブル	しゃぶしゃぶ	タイ	FC	6
	和幸	和幸商事	とんかつ	中・成都	FC	3
	新宿さぼてん	GHF	とんかつ	タイ	合	8
	てんや	テン Corp.	天丼	中・上海	FC	撤退

293　主要外食企業の海外進出の歴史（現地運営会社ベース）

年次	ブランド名	企業名	業種	初進出先	進出形態	現状
'07	中心屋	中心屋	居酒屋	中・大連	子	1
	元気寿司	元気寿司	回転寿司	クウェート	FC	1
	平禄寿司	ジー・テイスト	回転寿司	タイ	FC	4
	銀座梅林	銀座梅林	とんかつ	ハワイ	FC	1
	とんかつ杏子	アトム	とんかつ	台湾	FC	6
	ゴーゴーカレー	ゴーゴー Sys.	カレー	米・NYC	子	5
	歌行燈・歌舞伎	歌行燈	うどん・そば	中・成都	子	2
	毘沙門	中村食品産業	ラーメン	シンガポール	FC	2
	味千ラーメン	重光産業	ラーメン	マレーシア	FC	5
	味千ラーメン	重光産業	ラーメン	台湾	合	2
	らあめん花月嵐	グロービートJ	ラーメン	台湾	FC	16
	味の時計台	時計台観光	ラーメン	中・上海	合	撤退
	梅光軒	梅光軒	ラーメン	シンガポール	合	2
	北浜商店	北浜商店	ラーメン	台湾	FC	1
	まる玉	All for one corp.	ラーメン	シンガポール	FC	4
	えるびす福神	ユー・ピー	ラーメン	中・北京	FC	撤退
	助屋	助屋	ラーメン	中・大連	FC	3
	誠屋	マコトフードS	ラーメン	台湾	FC	2
	せたが屋	せたが屋	ラーメン	米・NYC	子	2
	一燈行	マコトフードS	ラーメン	台湾	FC	2
	龍（ロン）	ワイアール Corp.	ラーメン	フィリピン	FC	2
	むつみ屋	ハートランド	ラーメン	中・青島	FC	撤退
	ペッパーランチ	ペッパーフードS	ステーキ	AUS	FC	6
	ペッパーランチ	ペッパーフードS	ステーキ	香港	FC	19
	ペッパーランチ	ペッパーフードS	ステーキ	タイ	FC	16
	サイゼリヤ	サイゼリヤ	イタリア	中・広州	子	89
	カプリチョーザ	WDI	イタリア	韓国	FC	撤退
	タオルミーナ	WDI	シチリア	ハワイ	子	1
	オーシャンルーム	ゼットン	シーフード	AUS	子	撤退
	モスバーガー	モスフードS	ハンバーガー	タイ	合	6
	フレッシュネスバーガー	フレッシュネス	ハンバーガー	香港	FC	1
	CHAHO	中村茶舗	抹茶カフェ	タイ	FC	7

年次	ブランド名	企業名	業種	初進出先	進出形態	現状
'06	火間土	ベンチャーリンク	和食D	中・深セン	子	2
	柿安	柿安	和食ビュッフェ	中・上海	子	撤退
	大戸屋	大戸屋	定食	台湾	子	19
	やよい軒	プレナス	定食	タイ	合	33
	まいどおおきに食堂	フジオフードSys.	和食	中・上海	子	4
	鶴	ちよだ鮨	寿司	米・NYC	子	撤退
	牛角	レインズInt'l.	焼肉	インドネシア	FC	2
	松玄	ピューターズ	そば・寿司	ハワイ	子	撤退
	山小屋・ばさらか	ワイエスフード	ラーメン	タイ	合	16
	ポムの樹	ポムフード	オムライス	韓国	FC	撤退
	ペッパーランチ	ペッパーフードS	ステーキ	インドネシア	FC	38
	ココス	ゼンショー	アメリカ	米・DE	子	撤退
	カプリチョーザ	WDI	イタリア	フィリピン	FC	撤退
	サルバトーレ・クオモ	ワイズテーブル	イタリア	中・上海	合	1
	ベビーフェイス	ベビーフェイス	カフェ	インドネシア	合	1
	モスバーガー	モスフードS	ハンバーガー	香港	子	15
	メープルハウス	メープルハウス	カフェバー	中・蘇州	子	1
	クーツグリーンティ	フードエックスグローブ	和風喫茶	米・SEA	子	1
	築地銀だこ	ホットランド	たこ焼	タイ	子	2
	築地銀だこ・銀カレー	ホットランド	たこ焼	台湾	子	5
	北海道アイスクリーム	甘や	アイスクリーム	シンガポール	子	7
	ビアードパパ	麦の穂	シュークリーム	AUS	FC	撤退
	ビアードパパ	麦の穂	シュークリーム	タイ	FC	撤退
	ビアードパパ	麦の穂	シュークリーム	イギリス	FC	撤退
	フォーリーブズ	山崎製パン	ベーカリー	シンガポール	運営	31
	Royce	ロイズ	チョコレート	台湾	FC	5
	源吉兆庵	源吉兆庵	和菓子	タイ	FC	1
	神戸風月堂	神戸風月堂	洋菓子	米・CA	FC	2
	ヨックモック	ヨックモック	洋菓子	タイ	FC	2
'07	なだ万	なだ万	日本料理	ハワイ	FC	1
	なだ万	なだ万	日本料理	中・広州	FC	1
	権八	グローバルD	和食	米・CA	子	1

295　主要外食企業の海外進出の歴史（現地運営会社ベース）

年次	ブランド名	企業名	業種	初進出先	進出形態	現状
'05	CoCo 壱番屋	壱番屋	カレー	台湾	合	27
	藤一番	エクサグローバルF	ラーメン	香港	FC	撤退
	味千ラーメン	重光産業	ラーメン	カナダ	FC	3
	ちゃぶ屋	グロービートJ	ラーメン	米・LAX	子	撤退
	八八八拉麺	さんぱち	ラーメン	中・瀋陽	子	撤退
	八番麺屋	ハチバン	ラーメン	中・北京	合	撤退
	九秀ラーメン	ディアンドエッチ	ラーメン	中・上海	合	撤退
	麺屋翔太	麺屋翔太	ラーメン	台湾	子	撤退
	よってこや	イートアンド	ラーメン	中・上海	子	4
	美春	美春	ラーメン	シンガポール	FC	1
	味の蔵	味の蔵	ラーメン	中・大連	合	8
	めんちゃんこ亭／かつ濱	松屋フーズ	ラーメン・とんかつ	米・NYC	子	3
	オムライス亭	オムライス亭	オムライス	韓国	FC	撤退
	トニーローマ	WDI	BBQ	ハワイ	合	撤退
	ペッパーランチ	ペッパーフードS	ステーキ	台湾	FC	4
	ペッパーランチ	ペッパーフードS	ステーキ	シンガポール	FC	37
	ペッパーランチ	ペッパーフードS	ステーキ	中・北京	FC	18
	カプリチョーザ	WDI	イタリア	台湾	FC	10
	イタリアトマト	イタリアトマト	イタリア	中・上海	子	9
	プロント	プロント Corp.	イタリア	韓国	子	撤退
	餃子の王将	王将フードS	中華	中・大連	子	撤退
	シカゴピザ	トロナJ	ピザ	香港	FC	撤退
	シカゴピザ	トロナJ	ピザ	中・上海	FC	撤退
	ユニカフェ	ユニカフェ	コーヒー	中・大連	合	1
	ビアードパパ	麦の穂	シュークリーム	マレーシア	FC	5
	サーティーワン	サーティーワン	アイスクリーム	台湾	FC	1
	Royce	ロイズ	チョコレート	マレーシア	FC	7
'06	喜多方	キタカタ	日本料理	中・北京	FC	撤退
	和食えん	ビーワーオー	和食	台湾	子	2
	彩菜炉房がぜん	イーケーシー	和食	ハワイ	合	1
	美食酒家ちゃんと	ちゃんと	和食	米・NYC	子	撤退

年次	ブランド名	企業名	業種	初進出先	進出形態	現状
'04	らーめん山頭火	アブ・アウト	ラーメン	米・CA	子	8
	大阪王将	イートアンド	ラーメン	香港	合	4
	ころちゃん	ころちゃんのコロッケ屋	コロッケ	イギリス	子	撤退
	ころちゃん	ころちゃんのコロッケ屋	コロッケ	ケニア	子	撤退
	サイゼリヤ	サイゼリヤ	イタリア	中・北京	子	43
	ババ・ガンプ・シュリンプ	WDI	シーフード	インドネシア	合	1
	リトル・マーメイド	アンデルセン	ベーカリー	台湾	FC	撤退
	コートロザリアン	イートアンド	BK カフェ	香港	FC	1
	ヤマザキ	山崎製パン	BK カフェ	中・上海	子	16
	クレープハウス・ユニ	ユニピーアール	クレープ	中	合	1
	ミスタードーナツ	ミスタードーナツ	ドーナツ	台湾	合	57
	ビアードパパ	麦の穂	シュークリーム	インドネシア	FC	18
	ビアードパパ	麦の穂	シュークリーム	米・LAX	子	26
	ビアードパパ	麦の穂	シュークリーム	フィリピン	FC	5
	珈琲館	マナベ	コーヒー	フィリピン	FC	撤退
	MAQUI' S	マキィズ	チョコレート	インドネシア	合	19
'05	なだ万	なだ万	日本料理	中・上海	FC	1
	KABUKI	歌行燈	日本料理	タイ	子	2
	NINGYA（忍者）	ウィル・プランニング	和食	米・NYC	FC	1
	大戸屋	大戸屋	定食	タイ	FC	45
	うまい鮨勘	アミノ	寿司	中・大連	子	撤退
	うまい鮨勘	アミノ	寿司	カナダ	子	撤退
	千代田鮨	ちよだ鮨	持帰り寿司	台湾	子	2
	和民	ワタミ Int' l.	居酒屋	中・深セン	子	10
	和民	ワタミ Int' l.	居酒屋	台湾	合	17
	笑笑／白木屋	モンテローザ	居酒屋	中・上海	子	6
	火間土	ベンチャーリンク	和食 D	台湾	子	1
	牛角	レックス HD	焼肉	米・NYC	子	4
	トラジ	トラジ	焼肉	ハワイ	子	1
	ベントス	アイチフーズ	弁当	米・LAX	子	2
	浪漫館横浜	惣 Int' l.	カツサンド	台湾	FC	撤退

297　主要外食企業の海外進出の歴史（現地運営会社ベース）

年次	ブランド名	企業名	業種	初進出先	進出形態	現状
'03	アールエフワン	ロックフィールド	総菜	米・SFO	子	1
	リトル・マーメイド	アンデルセン	ベーカリー	香港	FC	7
	ビアードアパパ	麦の穂	シュークリーム	中・杭州	子	撤退
'04	和食 EN	ビーワイオー	日本料理	米・NYC	子	1
	MEGU（メグ）	フードスコープ	日本料理	米・NYC	子	2
	峰寿司	JD ワールド	寿司	香港	合	7
	すし健	すし健	寿司	米・LAX	子	1
	盛賀美（サガミ）	エー・エス・サガミ	和食	中・上海	合	3
	有楽和食	ハートランド	和食	中・北京	FC	撤退
	よってこや	イートアンド	和食	ハワイ	FC	1
	笑笑／白木屋	モンテローザ	居酒屋	香港	子	4
	梅の花	梅の花	豆腐料理	米・LAX	子	撤退
	牛角	レインズ Int' l.	焼肉	シンガポール	合	7
	浦江亭	浦江亭	焼肉	ベトナム	FC	5
	大吉	ダイキチ Sys.	焼鳥	中・上海	子	撤退
	大吉	ダイキチ Sys.	焼鳥	AUS	FC	撤退
	ざっ串（くふ楽）	KUURAKU	串焼	カナダ	合	3
	新宿さぼてん	GHF	とんかつ	台湾	子	23
	浪漫館横浜	惣 Int' l.	カツサンド	中・上海	FC	1
	吉野家	吉野家	牛丼	中・フホホト	FC	10
	吉野家	吉野家	牛丼	マレーシア	FC	撤退
	吉野家	吉野家	牛丼	中・深セン	合	18
	吉野家	吉野家	牛丼	AUS	合	撤退
	松屋	松屋フーズ	牛丼	中・青島	子	撤退
	銀カレー･築地銀だこ	ホットランド	カレー･たこ焼	香港	子	13
	CoCo 壱番屋	壱番屋	カレー	中・上海	合	45
	8番らーめん	ハチバン	ラーメン	中・上海	合	撤退
	らーめん元八	ハチバン	ラーメン	香港	合	8
	らーめん元八	ハチバン	ラーメン	台湾	子	3
	味千ラーメン	重光産業	ラーメン	AUS	FC	5
	八八八拉麺	さんぱち	ラーメン	香港	子	撤退
	78一番ラーメン	力の源カンパニー	ラーメン	中・上海	合	撤退

年次	ブランド名	企業名	業種	初進出先	進出形態	現状
'02	長崎ちゃんぽん	リンガーハット	ちゃんぽん	中・青島	子	撤退
	ころちゃん	ころちゃんのコロッケ屋	コロッケ	シンガポール	子	撤退
	麻布茶房	甘や	和風喫茶	香港	FC	7
	クレープハウス・ユニ	ユニピーアール	クレープ	米 CA	FC	撤退
	ビアードパパ	麦の穂	シュークリーム	台湾	FC	9
	ビアードパパ	麦の穂	シュークリーム	シンガポール	FC	2
	ビアードパパ	麦の穂	シュークリーム	韓国	FC	38
	Royce	ロイズコンフェクト	チョコレート	香港	FC	4
'03	竹葉亭	竹葉亭	日本料理	シンガポール	FC	1
	寅福	フォーシーズ	和食	米・LAX	合	撤退
	小僧寿し(Kozo Sushi)	小僧寿し本部	持帰り寿司	ハワイ	子	8
	中島水産	中島水産	持帰り寿司	香港	子	1
	高粋舎(ハイカラヤ)	ジー・フード	居酒屋	韓国	子	7
	モーモーパラダイス	ワンダーテーブル	しゃぶしゃぶ	台湾	合	14
	吉野家	吉野家	牛丼	中・上海	合	9
	ぼてぢゅう	東京フード	お好み焼き	中・上海	FC	1
	新ばし	新ばし	そば	シンガポール	FC	1
	味千ラーメン	重光産業	ラーメン	インドネシア	FC	4
	8番らーめん	ハチバン	ラーメン	マレーシア	合	撤退
	山頭火	アブ・アウト	ラーメン	香港	FC	撤退
	翔太郎	翔太郎	ラーメン	香港	FC	撤退
	六坊	六坊	ラーメン	香港	FC	撤退
	福福	福福	ラーメン	香港	FC	撤退
	ごっつう	ごっつう	ラーメン	香港	FC	撤退
	満天	満天	ラーメン	香港	FC	撤退
	ペッパーランチ	ペッパーフードS	ステーキ	韓国	FC	1
	ピエトロ	ピエトロ	イタリア	中・上海	合	撤退
	サイゼリヤ	サイゼリヤ	イタリア	中・上海	子	86
	桃風（トーフウ）	すかいらーく	中華	米・シアトル	子	撤退
	パパ・ガンプ・シュリンプ	WDI	シーフード	米・NYC	合	1
	フレッシュネスバーガー	フレッシュネス	ハンバーガー	韓国	FC	撤退

299　主要外食企業の海外進出の歴史（現地運営会社ベース）

年次	ブランド名	企業名	業種	初進出先	進出形態	現状
'00	サントリー	サントリー	日本料理	中・大連	FC	撤退
	元気寿司	元気寿司	回転寿司	タイ	FC	撤退
	台湾カレーハウス	ハウス	カレー	台湾	子	統合
	円	オンワード樫山	そば	フランス	子	1
	味千ラーメン	重光産業	ラーメン	フィリピン	FC	1
	めんちゃんこ亭	鬼が島本舗	ラーメン	ハワイ	子	1
	天下一品	天下一品	ラーメン	ハワイ	FC	1
	イタリアトマト	イタリアトマト	イタリア	台湾	FC	撤退
	TGI フライデーズ	ワタミ	アメリカ	グアム	子	1
	クレープハウス・ユニ	ユニピーアール	クレープ	韓国	子	撤退
	ミスタードーナツ	ミスタードーナツ	ドーナツ	中・上海	子	撤退
	珈琲館	マナベ	コーヒー	韓国	FC	撤退
	UCC カフェ	上島珈琲	コーヒー	フィリピン	FC	25
	麻布茶房	甘や	和菓子	台湾	FC	16
'01	橙家	ちゃんと	居酒屋	香港	プロ	1
	うおや一丁	ウィル Corp.	居酒屋	香港	FC	4
	和民・和亭	ワタミ Int' l.	居酒屋	香港	合	32
	牛角	レインズ Int' l.	焼肉	米・CA	FC	15
	新宿さぼてん	GHF	とんかつ	韓国	FC	81
	吉野家	吉野家	牛丼	フィリピン	FC	7
	味千ラーメン	重光産業	ラーメン	米・LAX	FC	4
	ひらまつ	ひらまつ	フランス	フランス	子	撤退
	カフェラ	上島珈琲	コーヒー	韓国	子	撤退
	ビアードパパ	麦の穂	シュークリーム	香港	子	7
	Royce（ロイズ）	ロイズコンフェクト	チョコレート	シンガポール	FC	5
'02	会	伊藤園	和食	米・NYC	子	撤退
	寿司慶	井原水産	寿司	米・LAX	子	撤退
	牛角	レインズ Int' l.	焼肉	ハワイ	子	3
	牛角	レインズ Int' l.	焼肉	台湾	合	7
	味千ラーメン	重光産業	ラーメン	タイ	FC	8
	風風ラーメン	リズム食品	ラーメン	中・上海	FC	撤退
	むつみ屋	ハートランド	ラーメン	米・LAX	FC	撤退

年次	ブランド名	企業名	業種	初進出先	進出形態	現状
'97	養老乃瀧	養老乃瀧	居酒屋	カナダ	FC	撤退
	白木屋	モンテローザ	居酒屋	台湾	子	撤退
	元気寿司	元気寿司	回転寿司	台湾	FC	撤退
	元気寿司	元気寿司	回転寿司	米・NYC	FC	撤退
	上海カレーハウス	ハウス	カレー	中・上海	子	統合
	味千ラーメン	重光産業	ラーメン	シンガポール	FC	18
	藤一番	エクサグローバル F	ラーメン	グアム	子	2
	麺工房	フンドーダイ	ラーメン	香港	合	撤退
	ドトール	ドトールコーヒー	コーヒー	ロシア	合	撤退
	UCC カフェ	上島珈琲	コーヒー	中・上海	合	撤退
	源吉兆庵	源吉兆庵	和菓子	イギリス	FC	1
'98	稲ぎく	稲ぎく	日本料理	フィリピン	FC	1
	サントリー	サントリー	日本料理	中・上海	FC	撤退
	福助	沖浦建設	回転寿司	中・北京	合	1
	吉野家	吉野家	牛丼	シンガポール	FC	18
	プロント	プロント Corp.	イタリア	台湾	FC	撤退
	ベリーニカフェ	ワンダーテーブル	イタリア	台湾	子	7
	ル・バトー	ストロベリーコーンズ	多国籍	米・LAX	子	撤退
	モスバーガー	モスフード S	ハンバーガー	マレーシア	合	撤退
	ロッテリア	ロッテリア	ハンバーガー	ベトナム	合	196
	たこばやし	よしもと	たこ焼	韓国	FC	撤退
	珈琲館	マナベ	コーヒー	中・上海	合	撤退
	サンムーラン	山崎製パン	BK カフェ	マレーシア	子	4
	源吉兆庵	源吉兆庵	和菓子	香港	子	1
'99	シャロン	シャロン Int' l.	日本料理	中・上海	合	1
	赤坂ラーメン	ストロングサトウ	ラーメン	台湾	FC	5
	珍珍珍	康和産業	ラーメン	台湾	FC	撤退
	イタリアトマト	イタリアトマト	イタリア	米・CA	FC	3
	ピッツァモーレ	マリノ	イタリア	韓国	FC	1
	ココス	ココス J	アメリカ	中・北京	FC	撤退
	珈琲館	マナベ	コーヒー	中・北京	FC	撤退
	サンムラーン	山崎製パン	BK カフェ	シンガポール	子	4

301　主要外食企業の海外進出の歴史（現地運営会社ベース）

年次	ブランド名	企業名	業種	初進出先	進出形態	現状
'95	ハナマサ	ハナマサ	焼肉	中・洛陽	合	撤退
	ハナマサ	ハナマサ	焼肉	モンゴル	合	撤退
	ハナマサ	ハナマサ	焼肉	韓国	FC	撤退
	吉野家	吉野家	牛丼	タイ	FC	撤退
	マ・メゾン／とんかつ	マ・メゾン	洋食	シンガポール	子	7
	8番らーめん	ハチバン	ラーメン	中・北京	合	撤退
	麺愛麺	重光産業など	ラーメン	中・北京	合	撤退
	スガキヤ	スガキコ Sys.	ラーメン	台湾	合	15
	なかむら	なかむら	ラーメン	ハワイ	FC	1
	トニーローマ	WDI	BBQ	ハワイ	合	撤退
	重慶飯店	重慶飯店	中華	シンガポール	子	撤退
	トゥーザハーブズ	フォーシーズ	ピザ	ハワイ	FC	撤退
	クレープハウス・ユニ	ユニピーアール	クレープ	香港	子	撤退
	ミスタードーナツ	ミスタードーナツ	ドーナツ	タイ	FC	230
	ミスタードーナツ	ミスタードーナツ	ドーナツ	フィリピン	FC	1540
	レインボーハット	カネボウ F	アイスクリーム	中・上海	合	撤退
	茶座・吉川	吉川商事	喫茶	中・吉林	合	撤退
	源吉兆庵	源吉兆庵	和菓子	米・NYC	子	6
'96	なだ万	なだ万	日本料理	インドネシア	FC	1
	百人一朱	マイカルイスト	日本料理	イタリア	子	撤退
	養老乃瀧	養老乃瀧	居酒屋	中・北京	合	撤退
	吉野家	吉野家	牛丼	韓国	FC	撤退
	味千ラーメン	重光産業	ラーメン	香港	FC	367
	トマト&オニオン	トマト&オニオン	ステーキ	韓国	FC	撤退
	キリンビアフェスタ	PFC	ビアホール	韓国	FC	撤退
	カプリチョーザ	WDI	イタリア	サイパン	合	1
	トニーローマ	WDI	BBQ	韓国	FC	1
	キーコーヒー	キーコーヒー	コーヒー	台湾	子	10
	モンスーンカフェ	グローバル D	カフェ	米・LAX	子	1
'97	なだ万	なだ万	日本料理	中・北京	FC	1
	養老乃瀧	養老乃瀧	居酒屋	タイ	FC	撤退
	養老乃瀧	養老乃瀧	居酒屋	シンガポール	FC	撤退

年次	ブランド名	企業名	業種	初進出先	進出形態	現状
'93	養老乃滝	養老乃滝	居酒屋	台湾	合	撤退
	蔵	キタカタ	ラーメン	AUS	FC	撤退
	イタリアトマト	イタリアトマト	イタリア	シンガポール	子	撤退
	モスバーガー	モスフードS	ハンバーガー	シンガポール	合	28
	ファーストキッチン	ファーストキッチン	ハンバーガー	中・上海	合	撤退
	とらや	虎屋	和菓子	米・NYC	子	撤退
	源吉兆庵	源吉兆庵	和菓子	シンガポール	子	1
'94	サントリー	サントリー	日本料理	インドネシア	FC	撤退
	元気寿司	元気寿司	回転寿司	シンガポール	FC	撤退
	ハナマサ	ハナマサ	しゃぶしゃぶ	中・南京	合	撤退
	ハナマサ	ハナマサ	焼肉	中・鄭州	合	撤退
	吉野家	吉野家	牛丼	インドネシア	FC	撤退
	吉野家	吉野家	牛丼	中・遼寧省	FC	66
	CoCo壱番屋	壱番屋	カレー	ハワイ	FC	5
	新ばし	新ばし	そば	AUS	子	撤退
	味千ラーメン	重光産業	ラーメン	台湾	合	撤退
	聘珍樓	聘珍樓	中華	タイ	FC	1
	イタリアトマト	イタリアトマト	イタリア	マレーシア	合	撤退
	ピーチェNY	WDI	イタリア	米・NYC	合	撤退
	すかいらーく	すかいらーく	ファミレス	韓国	FC	撤退
	ヴィ・ド・フランス	山崎製パン	BKレストラン	米・各地	買収	5
	ロッテリア	ロッテリア	ハンバーガー	中・北京	合	撤退
	モスバーガー	モスフードS	ハンバーガー	中・上海	合	撤退
	源吉兆庵	源吉兆庵	和菓子	台湾	子	6
'95	鴨川	鴨川G	日本料理	台湾	FC	撤退
	北の家族	アート・ライフ	居酒屋	台湾	FC	撤退
	伊太都麻	イタリアトマト	寿司	米・SFO	FC	撤退
	元気寿司	元気寿司	回転寿司	香港	FC	59
	元気寿司	元気寿司	回転寿司	マレーシア	FC	撤退
	中島水産	中島水産	持帰り寿司	マレーシア	子	1
	中島水産	中島水産	持帰り寿司	台湾	子	1
	はや	はや	焼肉	中・上海	合	撤退

303　主要外食企業の海外進出の歴史（現地運営会社ベース）

年次	ブランド名	企業名	業種	初進出先	進出形態	現状
'91	カプリチョーザ	WDI	イタリア	グアム	合	3
	すかいらーく	すかいらーく	ファミレス	タイ	合	撤退
	モスバーガー	モスフードS	ハンバーガー	台湾	合	238
	クレープハウス・ユニ	ユニピーアール	クレープ	フィリピン	FC	撤退
	ヴィ・ド・フランス	山崎製パン	ベーカリー	米・各地	買収	－
	ドンク	ドンク	ベーカリー	台湾	子	8
	カフェ・ラ・ボエム	グローバルD	カフェ	米・各地	子	1
	ポッカカフェ	ポッカ Corp.	カフェ	香港	合	32
	ドトール	ドトールコーヒー	コーヒー	台湾	FC	3
	アントステラ	アントステラ	クッキー	台湾	FC	22
'92	大吉寿司	ヤオハン	持帰り寿司	米・NYC	子	譲渡
	酔虎伝	マルシェ	居酒屋	タイ	合	撤退
	ハナマサ	ハナマサ	焼肉	マレーシア	合	撤退
	ハナマサ	ハナマサ	焼肉	フィリピン	合	撤退
	ハナマサ	ハナマサ	焼肉	中・天津	合	撤退
	ハナマサ	ハナマサ	焼肉	中・沈陽	合	撤退
	ハナマサ	ハナマサ	焼肉	中・上海	受託	撤退
	吉野家	吉野家	牛丼	中・北京	FC	215
	吉野家	吉野家	牛丼	フィリピン	合	撤退
	歌行燈	歌行燈	うどん･そば	タイ	子	2
	小諸そば	三ツ和	そば･うどん	フィリピン	FC	1
	8番らーめん	ハチバン	ラーメン	タイ	合	102
	ピエトロ	ピエトロ	イタリア	ハワイ	子	1
	サッポロライオン	サッポロライオン	ビアレストラン	タイ	子	撤退
	ロイヤルホスト	ロイヤル	ファミレス	台湾	合	15
	CHO･CHO･SAN	JR 東海	和風 FF	AUS	合	撤退
	クレープハウス・ユニ	ユニピーアール	クレープ	シンガポール	FC	撤退
	珈琲館	マナベ	コーヒー	台湾	FC	撤退
'93	サントリー	サントリー	日本料理	台湾	FC	撤退
	元気寿司	元気寿司	回転寿司	ハワイ	子	13
	中島水産	中島水産	持帰り寿司	シンガポール	合	20
	MATSURI	JR 東海･キッコーマン	鉄板焼	イギリス	子	1

年次	ブランド名	企業名	業種	初進出先	進出形態	現状
'90	河久	河久	日本料理	中・上海	子	2
	みつこし	三越百貨店	日本料理	中・北京	合	撤退
	そごう	そごう百貨店	日本料理	タイ	合	撤退
	アサヒ	そごう百貨店	日本料理	イタリア	共同	撤退
	彩菜	髙島屋	日本料理	米・LAX	共同	撤退
	鴨川	鴨川G	日本料理	米・ATL	子	撤退
	鴨川	鴨川G	日本料理	中・北京	FC	撤退
	マリンポリス	ダイワ通商	回転寿司	米・WA	子	11
	小僧寿し	小僧寿し本部	持帰り寿司	韓国	FC	撤退
	ハナマサ	ハナマサ	焼肉	中・北京	合	撤退
	MIKOSHI	モスフードS	ラーメン	米・LAX	子	撤退
	イタリアトマト	イタリアトマト	イタリア	台湾	FC	4
	とうりゃんせ	とうりゃんせ	お好み焼き	タイ	子	撤退
	ミスタードーナツ	ミスタードーナツ	ドーナツ	AUS	子	撤退
	ドトール	ドトール	コーヒー	韓国	合	撤退
	アントステラ	アントステラ	クッキー	香港	FC	3
	カフェ・そごう	そごう百貨店	カフェ	イタリア	子	撤退
	イタリアトマト	イタリアトマト	ケーキ/カフェ	香港	子	23
	不二家	不二家	ケーキ	タイ	子	撤退
'91	稲ぎく	稲ぎく	日本料理	中・上海	FC	2
	ブレラ	そごう百貨店	日本料理	イタリア	子	撤退
	日本橋	三越百貨店	日本料理	スペイン	子	撤退
	新僑愛百菜美食庁	東京丸一商事	日本料理	中・北京	合	撤退
	天	キリンビール	日本料理	AUS	子	撤退
	鴨川	鴨川G	日本料理	AUS	子	撤退
	天満屋	天満屋	和食	AUT	子	撤退
	キッコーマン星岡	キッコーマン／伊勢丹	鉄板焼き	AUT	合	撤退
	ハナマサ	ハナマサ	焼肉	シンガポール	FC	撤退
	吉野家	吉野家	牛丼	香港	合	60
	本むら庵	本むら庵	そば	米・NYC	子	撤退
	レ・サブール	藤越	フランス	イギリス	子	撤退

305　主要外食企業の海外進出の歴史（現地運営会社ベース）

年次	ブランド名	企業名	業種	初進出先	進出形態	現状
'88	中納言	中納言	海鮮和食	AUS	子	撤退
	村さ来	日本料飲コンサルタンツ	居酒屋	米・SFO	FC	撤退
	シャロン	シャロン Int'l.	和食	サイパン	子	撤退
	吉野家	吉野家	牛丼	台湾	合	50
	ココス	ココス J	CA	韓国	FC	撤退
	聘珍樓	聘珍樓	中華	香港	子	6
	広島	おたふくソース	お好み焼き	米・LAX	子	撤退
	糧友	糧友 G	ベーカリー	台湾	子	撤退
	サンメリー	サンメリー	ベーカリー	AUS	子	撤退
	アンデルセン	タカキ BK	ベーカリー	AUS	買収	撤退
	ヤマザキ	山崎製パン	ベーカリー	AUS	子	撤退
	ヤマザキ	山崎製パン	ベーカリー	米・NYC	子	撤退
	パティスリー・ヤマザキ	山崎製パン	ケーキ	フランス	子	1
'89	オータニ・ガーデン	ニューオータニ	日本料理	米・CA	子	撤退
	吉太郎	加ト吉	和食	香港	合	撤退
	知多家	チタカ Int'l.	カレー	台湾	合	撤退
	あさくま	あさくま	ステーキ	中・北京	合	撤退
	シャロン	シャロン	ステーキ	中・北京	合	撤退
	千房	千房	お好み焼き	米・NYC	合	撤退
	千房	千房	お好み焼き	ハワイ	合	1
	千房	千房	お好み焼き	AUS	子	撤退
	とうりゃんせ	とうりゃんせ	お好み焼き	グアム	FC	撤退
	めんちゃんこ亭	ヨネハマ G	ラーメン	米・NYC	子	撤退
	リンガーハット	リンガーハット	ちゃんぽん	米・SV	子	撤退
	タコス・エルパソ	京樽	メキシカン	米・CA	買収	撤退
	キリンプラザ	キリンビール	ビアレストラン	香港	合	撤退
	モスバーガー	モスフード S	ハンバーガー	ハワイ	子	撤退
	カフェ・ブリストル	京樽	カフェ	米・CA	買収	撤退
	サンメリー	サンメリー	ベーカリー	韓国	合	撤退
	エーワンベーカリー	エーワン BK	ベーカリ	台湾	子	撤退
'90	稲ぎく	稲ぎく	日本料理	中・北京	FC	1

年次	ブランド名	企業名	業種	初進出先	進出形態	現状
'86	クレープハウス・ユニ	ユニピーアール	クレープ	マレーシア	FC	撤退
	サンジェルマン	東急フーズ	ベーカリー	台湾	子	撤退
	サンジェルマン	東急フーズ	ベーカリー	シンガポール	子	撤退
	アンデルセン	タカキ BK	ベーカリー	米・SFO	子	19
	アローム（東海堂）	アローム BK	ベーカリー	香港	FC	52
	コモ	富士パン	ベーカリー	香港	合	撤退
	サンメリー	サンメリー	ベーカリー	台湾	合	撤退
	エーワンベーカリー	エーワン BK	ベーカリー	香港	子	53
	キーウエストクラブ	東京ブラウス	カフェ	インドネシア	FC	撤退
	ヨックモック	ヨックモック	洋菓子	米・LAX	子	49
'87	サントリー	サントリー	日本料理	米・BST	子	撤退
	ふるさと	ふるさと G	日本料理	香港	合	撤退
	鴨川	鴨川 G	日本料理	シンガポール	子	撤退
	シャロン	シャロン Int'l.	和食	中・上海	合	6
	キク	日本国民食	和食	米・IL	合	撤退
	四季	そごう商事	和食	台湾	子	撤退
	本家かまどや	本家かまどや	和食	米・LAX	子	撤退
	寿司田	寿司田	寿司	米・NYC	合	2
	ハナマサ	ハナマサ	焼肉	インドネシア	FC	撤退
	秋吉	秋吉 G 本部	串焼	台湾	FC	4
	風来坊	風来坊	手羽先	米・LAX	子	3
	ロイヤル	ロイヤル	ハンバーガー	AUS	買収	撤退
	クレープハウス・ユニ	ユニピーアール	クレープ	インドネシア	FC	撤退
	サンジェルマン	東急フーズ	ベーカリー	台湾	子	撤退
	サンジェルマン	東急フーズ	ベーカリー	シンガポール	子	撤退
	ヤマザキ	山崎製パン	ベーカリー	台湾	合	45
	UCC カフェ	上島珈琲	コーヒー	台湾	合	9
	ヒロタ	ヒロタ	洋菓子	台湾	合	撤退
'88	サントリー	サントリー	日本料理	スペイン	子	撤退
	銀杏	髙島屋	日本料理	ハワイ	子	撤退
	椿山荘	ヤオハン	日本料理	米・NYC	合	撤退
	贔屓屋	大台	日本料理	香港	子	撤退

307　主要外食企業の海外進出の歴史（現地運営会社ベース）

年次	ブランド名	企業名	業種	初進出先	進出形態	現状
'85	サンアトム	サンアトム	寿司	米・LAX	FC	撤退
	本家かまどや	本家かまどや	持帰り弁当	台湾	FC	撤退
	ハニー	ニチイフーズ	和風 FF	香港	FC	撤退
	エルパソ·キャンティナ	京樽	メキシコ料理	米・CA	買収	撤退
	トニーローマ	WDI	BBQ	グアム	合	撤退
	トニーローマ	WDI	BBQ	ハワイ	合	撤退
	明治サンテオレ	明治サンテオレ	ハンバーガー	台湾	FC	撤退
	モーツアルト	三越百貨店	カフェ	AUT	子	撤退
	LION	サッポロビール	BK カフェ	中・大連	合	撤退
	サンジェルマン	東急フーズ	ベーカリー	タイ	合	撤退
	フォンテーヌ	木村総本店	ベーカリー	米・CA	子	撤退
	ドンク	ドンク	ベーカリー	香港	子	3
	UCC カフェ	上島珈琲	コーヒー	香港	合	8
'86	稲ぎく	稲ぎく	日本料理	シンガポール	共同	1
	稲ぎく	稲ぎく	日本料理	香港	FC	1
	稲ぎく	稲ぎく	日本料理	インドネシア	FC	1
	サントリー	サントリー	日本料理	カナダ	FC	撤退
	らん月	銀座らん月	日本料理	米・ORL	子	1
	大乃や	魚国総本社	日本料理	ドイツ	子	撤退
	シャロン	シャロン	和食	香港	子	撤退
	一銭蒸気	日本飲料コンサル	居酒屋	米・LAX	合	1
	寿司岩	寿司岩	寿司	米・DET	合	1
	小僧寿し(SushiBoy)	小僧寿し本部	持帰り寿司	米・LAX	子	12
	京樽	京樽	持帰り寿司	ハワイ	子	撤退
	本家かまどや	本家かまどや	持帰り弁当	米・LAX	子	撤退
	ベニハナ	紅花	鉄板焼	イギリス	子	撤退
	秋吉	秋吉 G 本部	焼鳥	米・SFO	FC	撤退
	ロイヤル	ロイヤル	チキン	ハワイ	買収	撤退
	新僑三宝楽	サッポロ HD	洋食・ベーカリー	中・北京	合	8
	ロッテリア	ロッテリア	ハンバーガー	台湾	FC	撤退
	ロイヤル	ロイヤル	ハンバーガー	ハワイ	買収	撤退
	クレープハウス・ユニ	ユニピーアール	クレープ	台湾	FC	撤退

年次	ブランド名	企業名	業種	初進出先	進出形態	現状
'83	ラ・エスカール	キャフトフード	フランス	米・SFO	子	撤退
	サックス・テリヤキ	モスフードS	和風FF	米・LAX	子	撤退
	全栄	全栄	持帰り弁当	グアム	FC	撤退
	ラ・メゾーン・ブランチ	アートコーヒー	ベーカリー	タイ	合	撤退
	キムラベーカリー	岡山木村屋	ベーカリー	ハワイ	子	撤退
	パナッシュ	敷島パン	ベーカリー	香港	子	撤退
'84	なだ万	なだ万	日本料理	シンガポール	FC	1
	三越レストラン	三越百貨店	日本料理	イギリス	子	撤退
	鴨川	鴨川G	日本料理	マレーシア	FC	撤退
	ほっかほっか亭	ほっかほっか亭	持帰り弁当	台湾	FC	撤退
	本家かまどや	本家かまどや	持帰り弁当	ハワイ	FC	撤退
	こがね	こがね	持帰り弁当	台湾	FC	撤退
	全栄	全栄	持帰り弁当	インドネシア	FC	撤退
	とん通	とん通	とんかつ	グアム	FC	撤退
	得得	得得	うどん	韓国	FC	撤退
	さつまラーメン	さつまラーメン	ラーメン	韓国	FC	撤退
	トニーローマ	WDI	BBQ	ハワイ	合	1
	ハニー	ニチイフーズ	和風FF	マレーシア	FC	撤退
	新橋二幸	東京丸一商事	洋食／喫茶	中・北京	合	撤退
	すかいらーく	すかいらーく	ハンバーガー	米国	資参	撤退
	クレープハウス・ユニ	ユニピーアール	クレープ	香港	合	撤退
	ヤマザキ	山崎製パン	ベーカリー	タイ	合	85
	糧友	糧友G	ベーカリー	香港	子	撤退
	UCCカフェ	上島珈琲	コーヒー	タイ	合	3
	UCCカフェ	上島珈琲	コーヒー	シンガポール	FC	撤退
'85	サントリー	サントリー	日本料理	シンガポール	子	撤退
	ジパング	なだ万	日本料理	マレーシア	FC	1
	日本橋	三越百貨店	日本料理	米・NYC	子	撤退
	三越	三越百貨店	日本料理	AUT	子	撤退
	あさくま	あさくま	日本料理	米・LAX	子	撤退
	五人百姓	京樽	日本料理	中・北京	合	1
	養老乃滝	養老乃滝	居酒屋	米・LAX	共同	撤退

309　主要外食企業の海外進出の歴史（現地運営会社ベース）

年次	ブランド名	企業名	業種	初進出先	進出形態	現状
'80	サントリー	サントリー	日本料理	イタリア	合	撤退
	サントリー	サントリー	日本料理	ハワイ	合	1
	小僧寿し	小僧寿し本部	持帰り寿司	ハワイ	FC	8
	トニーローマ	WDI	BBQ	ハワイ	子	1
	スタンズ	敷島パン	ベーカリー	米・LAX	買収	撤退
	フロインドリーブ	フロインドリーブ	ベーカリー	AUS	子	撤退
	とらや	虎屋	和菓子	フランス	子	1
'81	なだ万	なだ万	日本料理	香港	子	2
	京／出島	シンエーフーヅ	和食	オランダ	子	撤退
	鮨京樽	京樽	寿司バー	米・CA	子	撤退
	ウエスト	ウエスト	ラーメン	シンガポール	子	撤退
	？	高崎弁当	フランス	米・LAX	子	撤退
	ヤマザキ	山崎製パン	ベーカリー	香港	子	51
	ラブズベーカリー	第一屋製パン	ベーカリー	ハワイ	買収	撤退
'82	白梅（なだ万）	なだ万	日本料理	米・NYC	子	1
	三越レストラン	三越百貨店	日本料理	米・ORL	子	撤退
	カモン・オブ・コーベ	シャロン	和食	米・SEA	子	撤退
	体心	タイシン	和食	フランス	子	撤退
	小僧寿し	小僧寿し本部	持帰り寿司	グアム	FC	撤退
	さつまラーメン	さつまラーメン	ラーメン	ハワイ	FC	撤退
	加州風洋食館／カフェ・グラッツエ／藍屋／しゃぶ葉	すかいらーく	CA	台湾	FC	37
	ランティ	シャロン	ファミレス	マレーシア	合	撤退
	サンジェルマン	東急フーズ	ベーカリー	香港	子	撤退
'83	味の街	ウエスト	和食	シンガポール	子	撤退
	イースト	ウエスト	和食	米・NYC	子	10
	栄寿司	元禄商事	寿司	ハワイ	合	撤退
	甚兵衛	甚兵衛	持帰り寿司	米・NYC	FC	撤退
	カレーハウス	ハウス	カレー	米・LAX	子	10
	おめん(A・ZEN)	あ・ぜんJ	うどん・和食	米・NYC	子	1
	さつまラーメン	さつまラーメン	ラーメン	NCL	合	撤退

年次	ブランド名	企業名	業種	初進出先	進出形態	現状
'73	ハイハイ	キッコーマン	和風 FF	米・BST	合	撤退
	ヒロタ	ヒロタ	洋菓子	フランス	子	撤退
'74	どさん子	北国商事	ラーメン	米・NYC	商標	撤退
	えぞ菊	えぞ菊	ラーメン	ハワイ	子	5
	フラハット	ニユートーキヨー	ショーレストラン	ハワイ	子	撤退
'75	サントリー	サントリー	日本料理	ブラジル	子	撤退
	サントリー	サントリー	日本料理	フランス	子	撤退
	日本橋	三越百貨店	日本料理	イタリア	子	撤退
	海鮮宮	長崎屋	海鮮	シンガポール	子	撤退
	築地玉寿司	築地玉寿司	寿司	米・LAX	子	撤退
	京樽	京樽	持帰り寿司	ハワイ	子	撤退
	元禄	元禄寿司	持帰り寿司	米・NYC	子	撤退
	吉野家	吉野家	牛丼	米・DEN	子	105
	TARO	山田食品産業	ラーメン	米・NYC	子	撤退
	どさん子	北国商事	ラーメン	米・NYC	合	撤退
	新橋亭	新橋亭	中華料理	台湾	子	撤退
	スエヒロ	スエヒロ食品	鉄板焼き	メキシコ	合	1
	グルメ	グルメ	サンドイッチ	米・OL	子	撤退
'76	大和（大阪）	ニューミュンヘン	日本料理	香港	子	撤退
	ユーハイム	ユーハイム	洋菓子	西ドイツ	子	撤退
'77	サントリー	サントリー	日本料理	イギリス	子	撤退
	ベニハナ	紅花	日本料理	西ドイツ	FC	撤退
	サンジェルマン	東急フーズ	ベーカリー	ハワイ	合	6
	サンジェルマン	東急フーズ	ベーカリー	フランス	子	撤退
	ヤマザキ	山崎製パン	ベーカリー	米・LAX	子	1
'78	日本橋	三越百貨店	日本料理	イラン	子	撤退
	小銭すし	太田商産	持帰り寿司	ハワイ	FC	撤退
	スティーブン	日本国民食	ハンバーガー	米・LAX	子	撤退
'79	寿司田	寿司田	寿司	米・NYC	子	2
	ロッテリア	ロッテ	ハンバーガー	韓国	合	1116
'80	サントリー	サントリー	日本料理	AUS	合	撤退

311　主要外食企業の海外進出の歴史（現地運営会社ベース）

年次	ブランド名	企業名	業種	初進出先	進出形態	現状
'56	さいとう	さいとう	日本料理	米・NYC	子	撤退
'63	東京会館	永和 G	日本料理	米・LAX	子	撤退
'64	金田中	金田中	日本料理	香港	合	撤退
	ふるさと	ふるさと G	日本料理	ハワイ	子	撤退
	柳光亭	柳光亭	日本料理	西ドイツ	受託	撤退
	ベニハナ	紅花	鉄板焼き	米・NYC	子	(112)
'65	西東レストラン	さいとう	日本料理	香港	合	撤退
'67	CHIKI－TERI	小泉 G	鳥照り焼き	米・LAX	子	撤退
'68	マツザカヤ・ハウス	松栄舎	日本料理	フィリピン	受託	撤退
'69	KEGON	小泉 G	日本料理	米・NYC	子	撤退
'70	サントリー	サントリー	日本料理	メキシコ	合	7
	Mon Cher Tom Tom	瀬里奈	日本料理	ハワイ	FC	1
	さくら	南海観光	日本料理	グアム	子	撤退
	田川	赤坂田川	日本料理	ベルギー	合	1
	山城	山城屋	寿司	米・NYC	合	撤退
'71	ほり川	福助	日本料理	米・LAX	FC	撤退
	GASHO OF JAPAN	青木 Corp.	日本料理	米・NYC	子	2
	石亭	石亭 G	日本料理	米・SFO	子	撤退
	ふるさと	ふるさと G	日本料理	マカオ	子	撤退
	車屋	車屋	日本料理	グアム	子	撤退
'72	星岡茶寮	星岡物産	日本料理	シンガポール	子	撤退
	ふるさと	ふるさと G	日本料理	インドネシア	FC	撤退
	不二家	不二家	日本料理	米・SFO	子	撤退
	JUN	塚本 G	日本料理	フランス	子	撤退
	東天紅	小泉 G	中華・和食	米・OH	子	撤退
	スナック竹	友愛商事	お好み焼	ハワイ	子	撤退
'73	サントリー	サントリー	日本料理	イタリア	子	撤退
	シロ・オブ・J	髙島屋	日本料理	米・NYC	子	撤退
	稲ぎく	稲ぎく	日本料理	米・NYC	FC	撤退
	大都会	キッコーマン	鉄板焼き	西ドイツ	合	2
	スエヒロ	スエヒロ食品	すき焼き	AUS	合	撤退
	けやき	小泉 G	鉄板焼き	米・NYC	子	撤退

主要外食企業の海外進出の歴史

（現地運営会社ベース）

データベースに関する留意事項

資　料：業界雑誌、JETROの調査資料、業界関係者の著作、研究紀要、新聞記事、企業HPやIR関係資料、ウェブ上の各種記事などを基に一部は本社に問い合わせた。進出年が不明なものは除外。

対　象：飲食店のほか、総菜・弁当・菓子などの中食店も対象とした。

進出年：１号店の出店年。

企業名：スペースの関係で一部を省略。
BK：ベーカリー、Corp.：コーポレーション、D：ダイニング、G：グループ、HD：ホールディング（ス）、Int'l.：インターナショナル、J：ジャパン、S：サービス、Sys.：システム（ズ）

進出先：米国や中国については１号店が出された大都市を記載。出店地が大都市ではない場合は州名か省名を記載。
国名：AUT：オーストリー、AUS：オーストラリア、NZL：ニュージランド、UAE：アラブ首長国連邦（ドバイ、アブダビ）
州名：CA：カリフォルニア州、DE：デラウェア州、IL：イリノイ州、OH：オハイオ州、OL：オレゴン州、
都市名：BST：ボストン、CHI：シカゴ、DEN：デンバー、DET：デトロイト、LAX：ロサンゼルス、ORL：オーランド、POX：ポートランド、SEA：シアトル、SFO：サンフランシスコ、SV：シリコンバレー、NYC：ニューヨーク

進出形態：この項目には確度の低いものも混じる。
子：子会社（独資）、合：合弁、FC：ストレート・フランチャイジング、商標：現地企業への商標貸与のみ、受託：運営受託、共同：共同出資、資参：資本参加、買収：現地企業の買収（M&A）、プロ：プロデュース

著者紹介

川端　基夫（かわばた・もとお）
1956年生まれ。
大阪市立大学大学院修了
博士（経済学）［大阪市立大学］
関西学院大学商学部教授

著書『改訂版　立地ウォーズ』（新評論、2013年）
『アジア市場を拓く』（新評論、2011年、第24回アジア・太平洋賞）
『日本企業の国際フランチャイジング』（新評論、2010年、日本商業学会賞）
『立地ウォーズ』（新評論、2008年、人文地理学会賞）
『アジア市場のコンテキスト【東アジア編】』（新評論、2006年）
『アジア市場のコンテキスト【東南アジア編】』（新評論、2005年）
『小売業の海外進出と戦略』（新評論、2000年、日本商業学会賞）
『アジア市場幻想論』（新評論、1999年）
など。

外食国際化のダイナミズム
――新しい「越境のかたち」――

（検印廃止）

2016年1月25日　初版第1刷発行

著　者　川　端　基　夫
発行者　武　市　一　幸

発行所　株式会社　新　評　論

〒169-0051 東京都新宿区西早稲田3-16-28
電話　03(3202)7391
振替・00160-1-113487

落丁・乱丁はお取り替えします。
定価はカバーに表示してあります。
http://www.shinhyoron.co.jp

印刷　フォレスト
製本　松　岳　社
装幀　山田英春
写真　川端基夫
（但し書きのあるものは除く）

©川端基夫　2016

Printed in Japan
ISBN978-4-7948-1026-7

JCOPY <（社）出版者著作権管理機構 委託出版物>
本書の無断複写は著作権法上での例外を除き禁じられています。複写される場合は、そのつど事前に、（社）出版者著作権管理機構（電話 03-3513-6969、FAX 03-3513-6979、e-mail: info@jcopy.or.jp）の許諾を得てください。

新評論　好評既刊　川端基夫の本

川端　基夫

改訂版　立地ウォーズ

企業・地域の成長戦略と「場所のチカラ」

激しさを増す企業・地域の立地戦略と攻防。そのダイナミズムに迫る名著が、最新の動向・戦略・事例を反映した待望の改訂版として再生！

[四六上製　288 頁　2400 円　ISBN978-4-7948-0933-9]

川端　基夫

アジア市場を拓く

小売国際化の 100 年と市場グローバル化

100 年に及ぶ日本小売業の海外進出史。その苦闘の歴史から「アジア市場の真実」と「市場との正しい向き合い方」を探る。

[A5 上製　344 頁　2800 円　ISBN978-4-7948-0884-4]

川端　基夫

日本企業の国際フランチャイジング

新興市場戦略としての可能性と課題

少子高齢化・人口減少の中で急増する企業の海外市場開拓。グローバル時代の商法を初めて理論的・実証的に解明。

[A5 上製　276 頁　2500 円　ISBN978-4-7948-0831-8]

川端　基夫

アジア市場のコンテキスト【東南アジア編】

グローバリゼーションの現場から

企業のグローバル化と対峙して多様な攻防を繰り広げる、アジアのローカル市場のダイナミズムを追う。

[四六上製　268 頁　2200 円　ISBN978-4-7948-0677-2]

川端　基夫

アジア市場のコンテキスト【東アジア編】

受容のしくみと地域暗黙知

中国、韓国、台湾の消費市場のダイナミズムを現場の視点で解読し、グローバル化の真実を明らかにする。

[四六上製　312 頁　2500 円　ISBN4-7948-0697-3]

表示価格は本体価格（税抜）です。